하루 15분 국어 독해력의 기틀을 다지는

뿌리깊은 초등국어 독해력

4단계

초판 24쇄 발행일 2024년 11월 11일 **발행처** (주)마더텅 **발행인** 문숙영

책임편집 임경진 **진행** 남희정, 정반석

집필 구주영 선생님(당동초), 김태호 선생님, 신명우 선생님(서울교대부초), 오보람 선생님(은천초),

최성훈 선생님(울산 내황초), 서혜림 선생님, 박지애, 문성준, 김영광, 허주희, 김수진, 김미래, 오은화, 정소현, 신은진,

김하늘, 임일환, 이경은, 박성수, 김진희, 이다경, 김다애, 장지훈, 마더텅 초등국어 편집부

해설집필·감수 김태호 선생님, 신명우 선생님(서울교대부초), 김지남 선생님(서울교대부초), 최성훈 선생님(울산 내황초)

교정 백신희, 안예지, 이복기 **베타테스트** 김창국, 장태호, 한은수, 김태희, 서효원, 이주헌

삽화 김미은, 김복화, 서희주, 이혜승, 이효인, 장인옥, 최준규

디자인 김연실, 양은선 **컷** 이혜승, 박성은, 양은선 **인디자인편집** 박수경

제작 이주영 **주소** 서울시 금천구 가마산로 96, 708호 **등록번호** 제1-2423호(1999년 1월 8일)

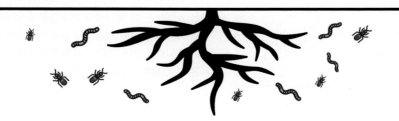

이 책의 구성

구성 1 주간학습계획표

해당 회차를 어떻게 공부하면 좋을지 설명해두었습니다. 학습 전에 꼭 읽어보세요.

〈뿌리깊은 초등국어 독해력〉은 공부할 내용을 주 단위로 묶었습니다.
'주간학습계획표'는 한 주 동안 공부할 내용을 미리 살펴보고, 학생 스스로 계획을 세울 수 있도록 도와줄 것입니다.

구성 2 독해 지문

글의 내용과 관련된 사진이나 삽화가 수록되어 있어요. 독해가 어려우면 그림을 보고 내용을 미리 짐작해보아요.

지문 아래에 어려운 낱말을 모아서 뜻을 풀이했어요. 사전을 따로 안 찾아도 돼요.

〈뿌리깊은 초등국어 독해력〉에는 다양한 글감과 여러 가지 형식의 글이 실려 있습니다. 글의 길이와 어휘의 난이도를 고려해 1회차부터 40회차까지 점점 어려워지도록 엮었습니다. 그리고 지문마다 글을 독해하는 데 학생들이 거부감을 줄일 수 있도록 글의 내용과 관련된 사진이나 삽화를 수록했습니다. 여기에 따로 사전을 찾아보지 않도록 '어려운 낱말'을 지문의 아래에 두었습니다.

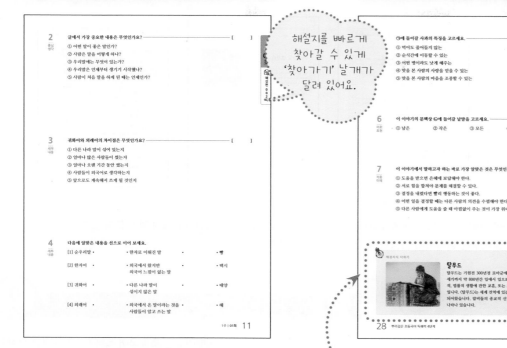

해설지를 빠르게
찾아갈 수 있게
'찾아가기' 날개가
달려 있어요.

〈뿌리깊은 초등국어 독해력〉에서 독해 문제는
모두 7문제가 출제됩니다. 중심생각을 묻는 문제부터
세부내용, 그리고 글의 내용을 응용해야 풀 수 있는
추론 문제까지 이어지도록 문제를 배치했습니다.
이러한 구성의 문제를 풀다 보면 먼저 숲을 보고
점차 나무에서 심지어 작은 풀까지 보는 방법으로
자연스레 글을 읽게 될 것입니다.

국어 독해력을 기르는 데 필요한 것은 무엇보다
배경지식입니다. 배경지식을 알고 읽는 글과
그렇지 않은 글에 대한 이해도는 하늘과 땅 차이입니다.
〈뿌리깊은 초등국어 독해력〉에는 해당 회차의
지문과 관련된 내용이면서 학생들의 배경지식을 넓히는 데
도움이 될 만한 글들이 곳곳에 자리하고 있습니다.

〈뿌리깊은 초등국어 독해력〉에는
어휘·어법만을 따로 복습할 수 있는
별도의 쪽이 회차마다 들어있습니다.
마치 영어 독해 공부를 하듯 해당 회차
지문에서 어렵거나 꼭 알아두어야 할
낱말들만 따로 선정해 확인하는 순서입니다.
총 3단계로 이뤄져 있습니다. 1,2단계는
해당 회차 지문에서 나온 낱말을 공부하고,
3단계에서는 어휘 또는 어법을 확장하여
공부할 수 있습니다.

한 회를 마칠 때마다 걸린 시간 및
맞힌 문제의 개수, 그리고 '평가 붙임딱지'를
붙일 수 있는 (자기주도평가)란이 있습니다.
모든 공부를 다 마친 후 스스로 그 결과를
기록함으로써 학생은 그날의 공부를
다시 한 번 되짚어볼 수 있습니다.
그리고 하나하나 성취해가는
기쁨도 느낄 수 있습니다.

구성 7 다양한 주간 부록

바른 언어 생활 알아보기

꼭 알아두어야 할 맞춤법

독해에 도움이 되는 배경지식

알아두면 도움 되는 관용 표현

〈뿌리깊은 초등국어 독해력〉에는 주마다 독해에 도움이 될 만한 다양한 부록이 실려 있습니다. 독해에 도움이 될 만한 배경지식부터, 독해력을 길러주는 한자까지 다양한 주제와 이야기로 구성되어 있습니다.

구성 8 정답과 해설

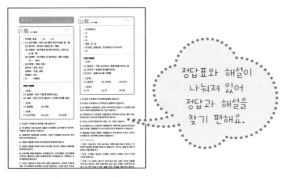

정답표와 해설이 나뉘어 있어 정답과 해설을 찾기 편해요.

〈뿌리깊은 초등국어 독해력〉은 정답뿐만 아니라 문제를 이해할 수 있도록 도와주는 해설도 수록되어 있습니다. 빠르게 정답을 확인할 수 있도록 정답표와 해설을 깔끔하게 분리했습니다.

구성 9 유형별 분석표

〈뿌리깊은 초등국어 독해력〉은 유형별 분석표와 그에 따른 문제 유형별 해설도 실었습니다. 학생이 해당 회차를 마칠 때마다 틀린 문제의 번호에 표시를 해두면, 나중에 학생이 어떤 유형의 문제를 어려워하는지 알 수 있게 됩니다.

계속 표시해 나가면 부족한 부분을 한눈에 알 수 있어요.

구성 10 독해력 나무 기르기

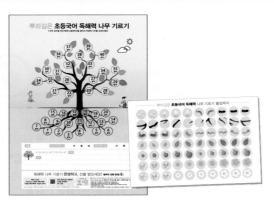

〈뿌리깊은 초등국어 독해력〉은 학생이 공부한 진도를 확인할 수 있도록 '독해력 나무 기르기'를 부록으로 실었습니다. 회차를 마칠 때마다 알맞은 칸에 어울리는 붙임딱지를 붙여서 독해력 나무를 완성해 보세요.

구성 11 낱말풀이 놀이

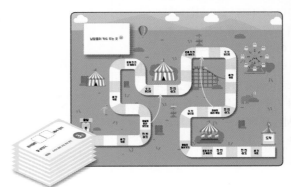

놀이를 하면서 그동안 공부했던 낱말을 재미있게 복습할 수 있도록 교재 뒷부분에 부록으로 '낱말풀이 놀이'를 실었습니다. 카드 수수께끼를 풀면서 말을 움직이는 보드게임입니다.

뿌리깊은 초등국어 독해력에 수록된
전체 글의 종류와 글감

비문학(독서)

	국어	사회/역사	과학		기타
설명문	교과연계 01회_10쪽 순우리말과 외래어 초등국어6-2 4.효과적인 관용표현	교과연계 02회_14쪽 도로명 주소 초등사회3-1 1.우리 고장의 모습	교과연계 06회_32쪽 눈의 결정 초등과학4-2 2.물의 상태 변화	07회_36쪽 우리는 누구일까요?	12회_58쪽 전통 혼례
	교과연계 16회_76쪽 어처구니없다 초등국어6-2 4.효과적인 관용표현	교과연계 17회_80쪽 떡국을 먹는 이유 초등사회3-2 3.다양한 삶의 모습들	11회_54쪽 우유의 다양한 변신	22회_102쪽 태풍	36회_164쪽 우리 조상들의 악기
	교과연계 38회_172쪽 분류와 분석 초등국어5-1 8.문장의 구조	21회_98쪽 비행기	교과연계 26회_120쪽 무게와 질량 초등과학4-1 4.물체의 무게		
		교과연계 31회_142쪽 돈은 어떻게 만들어지나 초등사회4-2 1.경제생활과 바람직한 선택			
논설문		27회_124쪽 도시 문제 해결			
실용문	18회_84쪽 회장선거 안내문	23회_106쪽 분리배출 안내문	**기타**		03회_18쪽 학습 발표회 안내문
			33회_150쪽 놀이동산 질문과 답변		
전기문			32회_146쪽 석주명	37회_168쪽 에디슨	
기행문		28회_128쪽 강화도 기행문			
기타		교과연계 08회_40쪽 교통사고 예방 초등국어4-1 6.회의를 해요.			13회_62쪽 강남스타일

문학

	시					
시	교과서 04회_22쪽 이상 없음 초등국어4-1 (2009학년도)	09회_44쪽 태산이 높다 하되	교과서 14회_66쪽 고향의 봄	19회_88쪽 반딧불 초등국어 5-1 (2019학년도)	24회_110쪽 저녁때	29회_132쪽 강아지 두 마리를 얻고서
소설/동화	10회_48쪽 어깨에 멘 당나귀	15회_70쪽 라푼젤	30회_136쪽 오즈의 마법사	35회_158쪽 바느질 일곱 동무의 말다툼		
기타	05회_26쪽 삼 형제와 마법의 사과 (탈무드)	20회_92쪽 슬견설	25회_114쪽 월든	34회_154쪽 두부 (한시)	39회_176쪽 흥부 놀부 이야기 (연극)	40회_180쪽 안네의 일기 (일기)

뿌리깊은 초등국어 독해력 목차

스스로 붙임딱지 **활용법**

공부를 마치면 아래 보기를 참고해 알맞는 붙임딱지를 '학습결과 점검표'에 붙이세요. ※붙임딱지는 마지막 장에 있습니다.

다 풀고 나서 스스로 대단하다는 생각이 들었을 때	열심히 풀었지만 어려운 문제가 있었을 때	오늘 읽은 글이 재미있었을 때	스스로 공부를 시작하고 끝까지 마쳤을 때
• 정답 수 : 5개 이상 • 걸린 시간 : 10분 이하	• 정답 수 : 4개 이하 • 걸린 시간 : 20분 이상	• 내용이 어려웠지만 점수와 상관없이 학생이 재미있게 학습했다면	• 학생이 스스로 먼저 오늘 할 공부를 시작하고 끝까지 했다면

 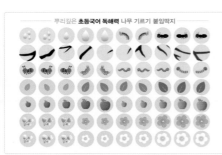

독해력 나무 기르기 **붙임딱지 활용법**

공부를 마치면 아래 설명을 참고해 알맞는 붙임딱지를 '독해력 나무 기르기'에 붙이세요. 나무를 완성해 가면서 끝까지 공부를 했다는 성취감을 느껴 보세요. ※독해력 나무 기르기는 뒤표지 안쪽에 있습니다.

❶ 그날 학습을 마쳤을 때, 학습을 한 회차 칸에 어울리는 붙임딱지를 자유롭게 붙이세요.

❷ 첫째~셋째 줄까지는 뿌리 부분(1~20일차)에 붙이는 붙임딱지입니다. 뿌리 모양 붙임딱지는 뿌리 끝의 모양에 맞춰서 붙여 보세요.

❸ 넷째~일곱째 줄까지는 나무 부분(21~40일차)에 붙이는 붙임딱지입니다.

2025 The 5th Mothertongue Scholarship for TOP Elementary School Students

2025 마더텅 제5기 초등학교 성적 우수 장학생 모집

2025년 저희 교재로 열심히 공부해 주신 분들께 장학금을 드립니다!

대상 30만 원 / 금상 10만 원 / 은상 3만 원

지원 자격 및 장학금 초1 ~ 초6

지원 과목 국어 / 영어 / 한자 중 1과목 이상 지원 가능 ※여러 과목 지원 시 가산점이 부여됩니다.

성적 기준
아래 2가지 항목 중 1개 이상의 조건에 해당하면 지원 가능
① 2024년 2학기 혹은 2025년 1학기 초등학교 생활통지표 등 학교에서 배부한 학업성취도를 확인할 수 있는 서류
② 2024년 7월~2025년 6월 시행 초등학생 대상 국어/영어/한자 해당 인증시험 성적표
책과함께 KBS한국어능력시험, J-ToKL, 전국영어학력경시대회, G-TELP Jr., TOEFL Jr., TOEIC Bridge, TOSEL, 한자능력검정시험(한국어문회, 대한검정회, 한자교육진흥회 주관)

위 조건에 해당한다면 마더텅 초등 교재로 공부하면서 느낀 점과 공부 방법, 학업 성취, 성적 변화 등에 관한 자신만의 수기를 작성해서 마더텅으로 보내 주세요. 우수한 글을 보내 주신 분들께 수기 공모 장학금을 드립니다!

응모 대상 마더텅 초등 교재들로 공부한 초1~초6

뿌리깊은 초등국어 독해력, 뿌리깊은 초등국어 독해력 어휘편, 뿌리깊은 초등국어 독해력 한국사, 뿌리깊은 초등국어 한자, 초등영문법 3800제, 초등영문법 777, 초등교과서 영단어 2400, 초등영어 받아쓰기·듣기 10회 모의고사, 비주얼파닉스 Visual Phonics, 중학영문법 3800제 스타터 및 기타 마더텅 초등 교재 중 1권 이상으로 신청 가능

응모 방법

① 마더텅 홈페이지 이벤트 게시판에 접속
② [2025 마더텅 초등학교 장학생 선발] 클릭 후 [2025 마더텅 초등학교 장학생 지원서 양식]을 다운
③ [2025 마더텅 초등학교 장학생 지원서 양식] 작성 후 메일(mothert.marketing@gmail.com)로 발송

접수 기한 2025년 7월 31일　　수상자 발표일 2025년 8월 12일　　장학금 수여일 2025년 9월 10일

1주차

주 간 학 습 계 획 표

한 주 간의 계획을 먼저 세워보세요. 매일 학습을 마친 후 맞힌 문제의 개수를 쓰세요!

회차	영역	학습 내용	학습계획일	맞은 문제수
01회	독서 국어	**순우리말과 외래어** 우리가 쓰는 말들에는 어떤 것들이 있는지 설명해주는 글입니다. 몰랐던 내용을 알고 체계적으로 정리해보는 회차입니다.	월 일	독해 7문제 중 □ 개 어법·어휘 7문제 중 □ 개
02회	독서 사회	**도로명주소** 적돌길 100 우리가 사용하는 주소가 어떻게 이루어져 있는지 설명해주는 글입니다. 낯선 용어들이 많이 나오는 만큼 잘 확인하면서 독해하는 것을 연습해보는 회차입니다.	월 일	독해 7문제 중 □ 개 어법·어휘 9문제 중 □ 개
03회	독서 기타	**학습 발표회 안내문** 학교에서 흔히 받을 수 있는 안내문입니다. 학부모를 대상으로 하는 안내문이지만, 아이들도 충분히 독해할 수 있도록 구성하였습니다.	월 일	독해 7문제 중 □ 개 어법·어휘 9문제 중 □ 개
04회	문학 동시	**이상 없음** 배추와 관련된 재미난 시입니다. 말하는 이의 상황과 시의 표현을 이해하고 문제에 적용해보는 회차입니다.	월 일	독해 7문제 중 □ 개 어법·어휘 9문제 중 □ 개
05회	문학 탈무드	**삼 형제와 마법의 사과** 유명한 탈무드 중 하나로 교훈이 있는 이야기입니다. 이야기를 통해 얻을 수 있는 교훈이 무엇인지 생각해보며 독해하는 회차입니다.	월 일	독해 7문제 중 □ 개 어법·어휘 10문제 중 □ 개

　다른 나라에서 온 말이 섞이지 않은 순수한 우리말을 순우리말이라고 합니다. 우리가 자주 사용하는 순우리말로는 해, 달, 바람, 아침, 저녁 등이 있습니다. 순우리말은 토박이말이라고도 합니다.

　이와는 반대로, 다른 나라에서 온 말이 우리말로써 쓰이기도 합니다. 우리말에는 이러한 말들도 순우리말만큼 많습니다. 이러한 말은 한자어, 귀화어, 외래어로 나누어 볼 수 있습니다.

　우리나라는 예전부터, 한자를 사용한 중국과 **밀접한**① 관계에 있었기 때문에 한자를 우리말처럼 자주 사용했습니다. 이러한 말을 한자어라고 하는데 태양, 독서, 공부 등이 있습니다. 중국이 아닌 다른 나라에서 온 말도 있습니다. 빵은 원래 포르투갈이란 나라에서 '팡'이라 부르는 말이 건너와 우리말로 자리 잡은 말입니다. 이러한 말은 외국에서 건너온 말이라는 느낌이 없이 우리말처럼 쓰입니다. 이러한 말을 **귀화**②어라고 하는데 가방, 구두, 냄비 등이 있습니다. 이와 달리, 버스, 택시 같은 낱말은 사람들이 외국어라고 생각하고 있습니다. 이처럼 외국어이지만 우리말과 다름없이 쓰이는 말을 외래어라고 합니다.

↑ 빵은 원래 포르투갈어에서 온 낱말입니다.

↑ 가방은 일본어인 카방(かばん)이 우리나라에 전해져서 변한 낱말입니다.

1

중심
생각

이 글의 제목을 지어보세요.

[ ][ ][ ] 의 [ ][ ]

어려운 낱말 풀이

① **밀접한** 아주 가깝게 맞닿아 있는 密빽빽할 밀 接이을 접 -

② **귀화** 다른 곳으로 옮겨가 그곳에 자리를 잡음 歸돌아갈 귀 化될 화

2
중심
생각

글에서 가장 중요한 내용은 무엇인가요? ──────────────────────── [   ]

① 어떤 말이 좋은 말인가?

② 사람은 말을 어떻게 하나?

③ 우리말에는 무엇이 있는가?

④ 우리말은 언제부터 생기기 시작했나?

⑤ 사람이 처음 말을 하게 된 때는 언제인가?

3
세부
내용

귀화어와 외래어의 차이점은 무엇인가요? ──────────────────── [   ]

① 다른 나라 말이 섞여 있는지

② 얼마나 많은 사람들이 썼는지

③ 얼마나 오랜 기간 동안 썼는지

④ 사람들이 외국어로 생각하는지

⑤ 앞으로도 계속해서 쓰게 될 것인지

4
세부
내용

다음에 알맞은 내용을 선으로 이어 보세요.

[1] 순우리말 •   • 한자로 이뤄진 말   •   • 빵

[2] 한자어 •   • 외국에서 왔지만
외국어 느낌이 없는 말   •   • 택시

[3] 귀화어 •   • 다른 나라 말이
섞이지 않은 말   •   • 태양

[4] 외래어 •   • 외국에서 온 말이라는 것을 •
사람들이 알고 쓰는 말   • 해

5 [보기]의 낱말들을 알맞게 나눠 보세요.

내용
적용

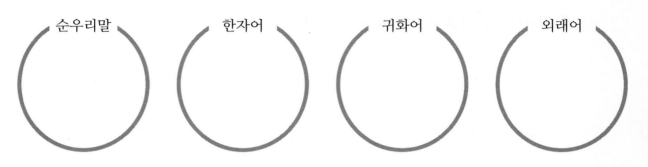

[보 기] 바람 가방 냄비 아침
공부 독서 버스

순우리말 한자어 귀화어 외래어

6 다음 중 **옳은 말을 하는 친구는 누구인가요?** ·· [   ]

추론

① 태준 : 오직 순우리말만 우리말이야.

② 세현 : 외래어를 토박이말이라고도 하지.

③ 희원 : 빵은 외래어기 때문에 우리말이 아니야.

④ 경우 : 독서나 태양 같은 한자어들도 우리말이야.

⑤ 연재 : 우리가 쓰는 외래어는 순우리말보다는 훨씬 적어.

7 [보기]는 '고무'라는 낱말에 대한 설명입니다. 설명을 읽고 '고무'가 순우리말, 한자어, 귀화어 중 어

추론 떤 종류의 낱말인지 골라 보세요.

[보 기] '고무'라는 낱말이 어느 나라 말에서 비롯되었는지 여러 가지 의견이 있다. 일본어
"ゴム"[고무]가 우리나라에 들어오면서 우리말로 자리 잡았다는 연구 결과도 있고,
프랑스어 "gomme"가 변해서 우리말이 되었다는 연구도 있다.

고무는 (순우리말 / 한자어 / 귀화어)입니다.

[1단계] 아래의 낱말에 알맞은 뜻을 선으로 이어 보세요.

[1] 밀접한 •　　　　　　　　　　• ㉠ 다른 곳으로 옮겨가 그곳에 자리를 잡음

[2] 귀화　•　　　　　　　　　　• ㉡ 아주 가깝게 맞닿아 있는

[2단계] 아래 문장의 빈칸에 알맞은 낱말을 [보기]에서 찾아 쓰세요.

[보기]　　　　　　　　　밀접한　　　　　　귀화

[1] 우리나라는 중국과 [　　　　　　] 관계에 있었습니다.

[2] 가방, 구두, 냄비 등은 [　　　　　　] 어입니다.

[3단계] 빈칸에 알맞은 말을 [보기]에서 골라 쓰세요.

[보기]　　**순우리말** : 본디부터 우리나라 사람이 써온 말
　　　　　　순종 : 다른 계통과 섞이지 않은 순수한 종
　　　　　　순수 : 아무것도 섞이지 않은 깨끗한 그 자체

[1] 다른 나라 말이 섞이지 않은 고유한 우리말은 [　　　　　　] 이다.

[2] 내 마음은 정말 [　　　　　　] 하다.

[3] 이 강아지는 [　　　　　　] 이라서 좀 더 비싼 편이다.

시간　**끝난 시간** [　] 시 [　] 분　　채점　**독해** 7문제 중 [　] 개

1회분 푸는 데 걸린 시간 [　] 분　　　　**어법·어휘** 7문제 중 [　] 개

← **스스로 붙임딱지**
문제를 다 풀고
맨 뒷장에 있는
붙임딱지를
붙여보세요.

1주 | 01회 **13**

(가) 우리는 어떤 곳을 찾아갈 때 정확한 주소를 알지 못하면 제대로 찾아가기가 어렵습니다. 주소는 어떤 사람이 살고 있는 집이나 회사 또는 **관공서**[①]가 자리 잡고 있는 곳을 나타낸 이름입니다. 주소를 알고 있으면 찾아가고자 하는 곳을 쉽게 찾아갈 수 있습니다.

(나) 우리나라는 2014년부터 도로명주소를 사용합니다. 도로명주소는 도로에 이름을 붙이고 건물에 **규칙적**[②]으로 번호를 붙이는 방법으로 주소를 **표기**[③]합니다. 따라서 도로명주소는 도로명과 건물번호로 이루어져 있습니다.

(다) 도로명은 도로의 이름입니다. 도로는 도로의 폭에 따라 대로, 로, 길로 나뉩니다. 건물번호는 도로가 시작되는 곳부터 20미터 간격으로 순서대로 번호를 붙입니다. 서쪽에서 동쪽으로 나 있는 길은 서쪽부터 번호를 붙이고, 남쪽에서 북쪽으로 나 있는 길은 남쪽부터 건물의 번호를 붙입니다. 그리고 도로가 나아가는 방향으로 왼쪽에 있는 건물에는 홀수 번호를 붙이고 오른쪽 건물에는 짝수 번호를 붙입니다. 이렇게 도로명주소는 규칙적으로 주소를 표기하기 때문에 도로명만 알면 주소만 가지고도 **대강**[④]의 위치를 찾아갈 수 있게 해줍니다.

도로명주소 표기 방법

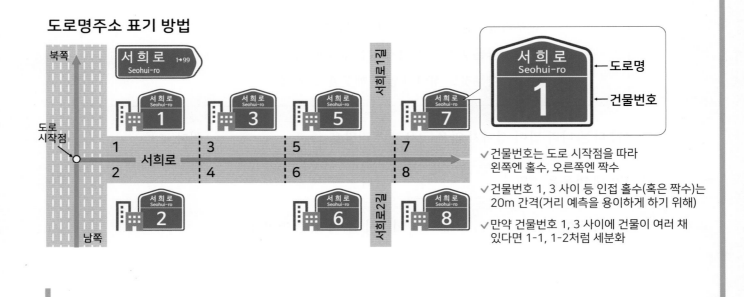

✔건물번호는 도로 시작점을 따라 왼쪽엔 홀수, 오른쪽엔 짝수

✔건물번호 1, 3 사이 등 인접 홀수(혹은 짝수)는 20m 간격(거리 예측을 용이하게 하기 위해)

✔만약 건물번호 1, 3 사이에 건물이 여러 채 있다면 1-1, 1-2처럼 세분화

어려운 낱말 풀이 ① **관공서** 구청, 동주민센터, 법원 등을 이르는 말 官벼슬 관 公공적일 공 署관청 서 ② **규칙적** 일정한 질서를 따르는 規법 규 則규칙 칙 的과녁 적 ③ **표기** 겉에 표시해 기록함 表겉 표 記기록할 기 ④ **대강** 자세하지 않음 大큰 대 綱벼리 강

1
중심
생각

이 글에서 가장 중요한 낱말은 무엇인가요?

☐ ☐ ☐ ☐ ☐

2
중심
생각

이 글의 제목으로 가장 어울리는 것을 고르세요. ────────── [   ]

① 도로명주소란 무엇일까요?

② 다른 나라는 어떤 주소를 사용할까요?

③ 다른 나라에는 어떻게 찾아갈 수 있을까요?

④ 도로명주소는 언제부터 쓰기 시작한 것일까요?

⑤ 도로명주소 이외에 다른 주소는 어떤 것이 있을까요?

3
세부
내용

글에서 알 수 없는 내용은 무엇인가요? ──────────── [   ]

① 도로명은 도로의 이름이다.

② 우리나라는 도로명주소를 사용한다.

③ 도로명주소는 규칙적으로 주소를 표기한다.

④ 도로명주소를 보면 전화번호를 알 수 있다.

⑤ 주소를 알고 있으면 원하는 곳에 쉽게 찾아갈 수 있다.

4
구조
알기

다음 내용이 들어갈 곳은 어디인가요? ──────────── [   ]

> 예를 들어 "서울시 강남구 강남대로 14"에서 강남대로는 도로명이고, 14는 건물번호입니다.

① (가)의 맨 앞   ② (가)의 맨 뒤   ③ (나)의 맨 앞

④ (나)의 맨 뒤   ⑤ (다)의 맨 뒤

5

세부
내용

도로는 도로의 폭에 따라 어떻게 나누어지나요?

□□ , □ , □

6

내용
적용

다음을 보고 빈칸에 알맞은 말을 쓰고, 글 맨 끝부분에서는 옳은 것에 ○표 하세요.

[보기]   서울특별시 은평구 수색동 151-3번지 5층

도로명주소는 □□□ 과 □□□□ 로 이루어져 있다.

그런데 저 주소에는 두 가지 모두 존재하지 않는다. 따라서 저 주소는

{ 도로명주소다.
도로명주소가 아니다. }

7

추론

다음 그림은 여러 곳의 도로명주소입니다. 이를 보고 옳지 <u>않은</u> 말을 한 친구는 누구인가요? ······ [   ]

① 상호 : 적돌길은 도로의 이름이야.

② 용준 : 삭주로는 도로의 이름이야.

③ 은혜 : 적돌길 아래의 숫자 100은 건물번호야.

④ 세진 : 세종대로 166의 건물은 도로가 나아가는 방향으로 왼쪽에 있는 건물이야.

⑤ 지숙 : 이 주소의 도로명만 알고 있어도 대강의 위치를 알아낼 수 있어.

02회 어법·어휘편

본문에 나온 어휘들만 따로 모아 복습하는 순서입니다.

[1단계] 아래의 낱말에 알맞은 뜻을 선으로 이어 보세요.

[1] 관공서 •   • ㉠ 일정한 질서를 따르는

[2] 규칙적 •   • ㉡ 겉에 표시해 기록함

[3] 표기 •   • ㉢ 구청, 동주민센터, 법원 등을 이르는 말

[2단계] 아래 문장의 빈칸에 알맞은 낱말을 [보기]에서 찾아서 써넣으세요.

[보기]	관공서	규칙적	표기

[1] 우리가 잘 알고 있는 [   ]에는 소방서, 경찰서 등이 있습니다.

[2] 도로명주소는 도로에 이름을 붙이고 건물에 [   ]으로 번호를 붙입니다.

[3] 여기에 주소를 [   ]해 주세요.

[3단계] 낱말 뜻을 읽고 십자말풀이의 빈칸을 채워보세요.

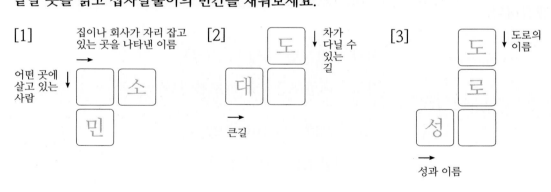

시간 끝난 시간 [ ]시 [ ]분   채점 독해 7문제 중 [ ]개

1회분 푸는 데 걸린 시간 [ ]분   어법·어휘 9문제 중 [ ]개

← 스스로 붙임딱지
문제를 다 풀고
맨 뒷장에 있는
붙임딱지를
붙여보세요.

1주 | 02회 17

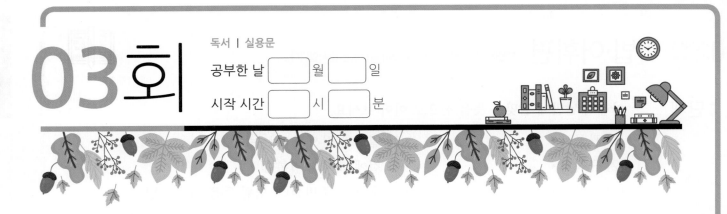

2024 대한초등학교 학습 발표회!

대한초등학교 학습 발표회에 여러분을 초대합니다.

붉은 단풍잎과 노란 은행잎이 가을 햇살에 더욱 반짝이는 계절입니다. 감이 주렁주렁 매달린 **탐스런**① 감나무처럼 학부모님 가정에도 항상 사랑과 행복이 가득하시길 **기원**②합니다.

이처럼 황금물결이 일렁이는 **결실**③의 계절 가을을 맞아 대한초등학교에서는 학생들이 그동안 갈고닦은 솜씨를 마음껏 뽐내는 학습 발표회를 펼치고자 합니다. 이번 발표회는 1년 동안 다양한 교육 활동을 통해서 얻은 훌륭한 작품들을 감상하는 전시회와, 방과 후 학교 활동 및 예능 교육을 통해 닦은 **기량**④과 끼를 마음껏 뽐낼 수 있는 공연으로 나누어 동시에 진행될 예정입니다. 귀여운 자녀들의 땀과 노력을 느낄 수 있는 발표회를 보시고 힘찬 **격려**⑤와 칭찬의 마당이 될 수 있도록 여러모로 바쁘시더라도 꼭 참석하시어 자리를 빛내 주시면 감사하겠습니다.

시간 : 2024년 10월 11일(금)

장소 : 대한초등학교 해오름강당

2024년 10월 2일

대한초등학교장 홍 길 동

어려운 낱말 풀이 ① **탐스런** 마음이 몹시 끌리도록 보기에 먹음직한 데가 있는 貪탐할 탐- ② **기원** 바라는 일이 이루어지기를 빎 祈빌 기 願원할 원 ③ **결실** 열매를 맺음, 또는 일의 결과가 잘 나옴 結맺을 결 實열매 실 ④ **기량** 기술적인 재능이나 솜씨 技재주 기 倆재주 량 ⑤ **격려** 용기나 의욕이 솟아나도록 북돋워 줌 激격할 격 勵힘쓸 려

1
세부
내용

이 초대장에서 확인할 수 <u>없는</u> 내용은 무엇인가요? ────────── [　　　]

①. 맺음말
② 인사말
③ 공연 순서
④ 초대하는 말
⑤ 시간과 장소

2
세부
내용

다음 중 이 글의 내용과 <u>다른</u> 것은 무엇인가요? ──────────── [　　　]

① 이 초대장은 10월 2일에 썼다.
② 대한초등학교 학습 발표회는 가을에 열린다.
③ 대한초등학교 학습 발표회에서는 전시회만 볼 수 있다.
④ 이 초대장은 대한초등학교 교장 선생님이 보낸 것이다.
⑤ 대한초등학교 학습 발표회는 대한초등학교 해오름강당에서 열린다.

3
세부
내용

대한초등학교 학습 발표회에서는 무엇을 볼 수 있나요?

□□□ , □□

4
구조
알기

다음 [보기]의 내용이 들어갈 곳은 어디인가요? ──────────── [　　　]

[보 기]	전시회가 열리는 곳은 강당 2층 다목적실입니다.

① 시간　　　　　　　② 장소　　　　　　　③ 인사말
④ 보낸 날짜　　　　　⑤ 보내는 사람

5

어휘
표현

'바라는 일이 이루어지기를 빕니다'를 나타내는 문장을 이 글에서 찾아서 써 보세요.

[ ] [ ] [ ] [ ] [ ]

6

내용
적용

이 글은 누가, 누구에게, 왜 썼을까요?

이 글은 초대장으로, 대한초등학교 [ ][ ] 선생님께서 쓰셨습니다.

받는 사람은 [ ][ ][ ] 들입니다.

대한초등학교 [ ][ ] [ ][ ][ ]에 와서 학생들의 솜씨를 보고

[ ][ ]와 칭찬을 해 달라고 초대장을 썼습니다.

7

추론

현민이와 부모님은 전시회만 보려고 합니다. 어떻게 해야 할까요? ------------------------------- [   ]

① 전시회만 보는 것은 금지되어 있으므로 볼 수 없다.

② 전시회가 가장 먼저 시작되므로 바로 구경하면 된다.

③ 공연이 끝나고 다음 날 전시회가 시작되므로 다음 날 가면 된다.

④ 전시회와 공연이 동시에 진행되므로 순서에 상관없이 구경하면 된다.

⑤ 공연이 끝나고 전시회가 시작되므로 공연이 끝날 때까지 기다려야 한다.

03회 어법·어휘편 본문에 나온 어휘들만 따로 모아 복습하는 순서입니다.

[1단계] 아래의 낱말에 알맞은 뜻을 선으로 이어 보세요.

[1] 결실 •   • ㉠ 용기나 의욕이 솟아나도록 북돋워 줌

[2] 기량 •   • ㉡ 기술적인 재능이나 솜씨

[3] 격려 •   • ㉢ 열매를 맺음

[2단계] 아래 문장의 빈칸에 알맞은 낱말을 [보기]에서 찾아서 써넣으세요.

[보 기]   결실   기량   격려

[1] 황금물결이 일렁이는 ☐☐ 의 계절 가을을 맞이하다.

[2] 재롱을 보시고 힘찬 ☐☐ 와(과) 칭찬을 해 주세요.

[3] 예능 교육을 통해 닦은 ☐☐ 와(과) 끼를 마음껏 뽐내다.

[3단계] [보기]를 읽고, 밑줄 친 낱말이 문장에서 쓰인 뜻을 찾아 번호를 쓰세요.

[보 기] **펼치다**

① 펴서 드러내다.

② 보고 듣거나 감상할 수 있도록 사람들 앞에 주의를 끌 만한 상태로 나타내다.

③ 꿈, 계획 따위를 이루기 위해 행동하다.

[1] 나는 낙서장을 **펼쳐** 그 부분을 뒤적뒤적 찾았다. ---------------------------- [   ]

[2] 네 꿈을 **펼쳐**라! -- [   ]

[3] 내일 아이스 발레단이 **펼치**는 환상적인 무대를 보러갈 것이다. ---------------- [   ]

시간 **끝난 시간** ☐시 ☐분   채점 **독해** 7문제 중 ☐개   ← 스스로 붙임딱지
1회분 푸는 데 걸린 시간 ☐분   **어법·어휘** 9문제 중 ☐개   문제를 다 풀고 맨 뒷장에 있는 붙임딱지를 붙여보세요.

이상 없음

김영기

"벌레 먹어

숭숭 뚫렸어요.

내다 버려요."

텃밭에서 캐어 온

배추를 보며

먹을 게 없다고 내가 말했죠.

"벌레가

먼저 먹어 보고

㉠'이상 없음'을

알려 주는 것이란다."

농약을

치지 않아

무공해① 식품이라며

㉡아빠와 나는 쌈을 하지요.

'아삭아삭!'

 어려운 낱말 풀이 ① **무공해** 자연이나 사람에게 해를 끼치지 않음 **無**없을 무 **公**공 공 **害**해칠 해

1
중심
생각

시의 글감은 무엇인가요?

2
요소

이 시는 몇 연 몇 행으로 이루어져 있나요?

☐ 연 ☐ 행

3
세부
내용

말하는 이는 무엇을 하고 있나요? ------------------------------- [   ]

① 벌레를 내쫓고 있다.
② 구멍 난 배추를 버리고 있다.
③ 장에서 사온 배추를 맛보고 있다.
④ 캐어 온 배추에 대해 말하고 있다.
⑤ 배추를 가지고 김치를 담그고 있다.

4
요소

이 시의 글감과 관련 없는 낱말을 고르세요. ------------------------- [   ]

① 벌레
② 구멍
③ 텃밭
④ 농약
⑤ 무공해

5 밑줄 친 ㉠의 의미는 무엇인지 고르세요. ──────────────── [   ]

어휘
표현

① 맛이 없다.

② 먹어도 좋다.

③ 주인이 있다.

④ 누가 먹던 것이다.

⑤ 이가 상하지 않는다.

6 이 시에 대한 설명으로 옳지 <u>않은</u> 것을 고르세요. ──────────── [   ]

작품
이해

① 큰따옴표(" ")가 사용되었다.

② 사투리를 실감나게 사용하고 있다.

③ 말하는 이는 존댓말을 사용하고 있다.

④ 소리나 모양을 흉내 내는 표현을 사용하였다.

⑤ 말하는 이는 누군가와 대화를 하고 있는 중이다.

7 시의 내용상 밑줄 친 ㉡의 의미는 무엇일지 써 보세요.

추론
적용

□□ 와 □ 가 □□ 로 □ 을 싸 먹고 있는 중이다.

04회 어법·어휘편 본문에 나온 어휘들만 따로 모아 복습하는 순서입니다.

[1단계] 설명에 알맞은 낱말을 보기에서 찾아 쓰세요.

[보 기]	아삭아삭	질겅질겅	질척질척

[1] 물기가 많아 매우 차지고 질은 상태

[2] 싱싱한 과일이나 채소를 가볍게 베어 물 때 나는 소리

[3] 질긴 물건을 자꾸 크게 씹는 모양

[2단계] 1단계에서 배운 낱말을 아래의 빈칸에 넣어 문장을 완성하세요.

[1] 성훈이는 간밤에 비가 내려 ⬜⬜⬜⬜ 한 흙길을 걸어갔다.

[2] 이 과일은 참 싱싱해서 씹을 때 ⬜⬜⬜⬜ 소리가 났다.

[3] 내 짝꿍은 풍선껌을 ⬜⬜⬜⬜ 씹고 있었다.

[3단계] 다음 [보기]를 참고하여 밑줄 친 낱말이 문장에서 쓰인 뜻을 찾아 번호를 쓰세요.

[보 기]	**쌈**
	① 싸움의 준말
	② 바늘 24개를 한 묶음으로 세는 단위를 나타내는 말
	③ 밥이나 고기 따위를 상추, 배추, 쑥갓, 깻잎, 취, 호박잎 따위에 싸는 일

[1] 왜 가만히 있는 아이한테 시비를 걸어서 **쌈**을 붙이니? ·············· [   ]

[2] 남편은 정성스럽게 **쌈**을 싸서 아내의 입에 넣어 주었다. ·············· [   ]

[3] 이 몸은 태어나서 바늘 한 **쌈** 팔아 본 일이 없소. ·············· [   ]

시간 **끝난 시간** ⬜시 ⬜분
🕐 **1회분 푸는 데 걸린 시간** ⬜분

채점 **독해** 7문제 중 ⬜개
어법·어휘 9문제 중 ⬜개

◀ 스스로 붙임딱지
문제를 다 풀고
맨 뒷장에 있는
붙임딱지를
붙여보세요.

㉮어느 나라에 한 왕이 있었습니다. 왕에게는 하나뿐인 귀한 딸인 공주가 있었습니다. 그런데 공주가 무서운 병에 걸려 **사경**①을 헤매게 되었습니다. 의사도 공주가 살아날 **가망**②이 없다고 **진단**③을 내렸습니다. 그러자 왕은 딸의 병을 낫게 하는 사람을 사위로 삼고 자기 다음 왕으로 세우겠다고 **포고문**④을 발표했습니다.

한편 왕의 왕궁에서 멀리 떨어진 ㉯어떤 나라에 삼 형제가 살고 있었습니다. 아무리 먼 거리에 있는 것도 모두 볼 수 있는 망원경을 가진 첫째가 그 포고문을 우연히 보게 되었습니다. 공주를 불쌍히 여긴 삼 형제는 어떻게 해서든 그녀의 병을 낫게 하자고 의논했습니다. 둘째는 아무리 먼 거리도 순식간에 갈 수 있는 마법의 **양탄자**⑤를 가지고 있었고, 셋째는 (㉠) 마법의 사과를 가지고 있었습니다. 그들은 마법의 양탄자를 타고 왕궁에 도착하여 공주에게 마법의 사과를 먹였습니다. 그러자 공주의 병이 거짓말처럼 깨끗이 나았습니다.

왕은 뛸 듯이 기뻐했고, 잔치를 베풀고 **왕위 계승자**⑥⑦를 발표하려 했습니다. 그런데 난처한 일이 생기고 말았습니다. 삼 형제 중 누구를 사위로 삼아야 할지 결정하기가 쉽지 않았기 때문입니다.

첫째가 주장하였습니다.

"제가 망원경으로 포고문을 보지 않았다면 우리는 ㉰여기에 올 수 없었을 것입니다."

그러자 둘째가 주장했습니다.

"저의 마법의 양탄자가 아니었다면 ㉱이곳에 아직 도착하지도 못했을 것입니다."

이번에는 셋째가 나섰습니다.

"내 사과가 아니었다면 공주님의 병은 고칠 수 없었을 것입니다."

왕은 어떻게 할지 생각해 본 후 셋째를 택하였습니다. 왜 그랬을까요? 첫째의 망원경과 둘째의 양탄자가 없었다면 ㉲이 나라에 삼 형제가 올 수 없었겠지만 망원경과 양탄자는 그대로 남아 있었습니다. 하지만 셋째가 가지고 있던 사과는 공주가 먹어서 없어졌습니다. 왕은 셋째가 공주의 병을 낫게 하기 위해 자신이 갖고 있던 (㉡) 것을 바쳤다고 여겼습니다. 그래서 삼 형제 중 셋째를 왕위 계승자로 택했습니다.

-탈무드 「삼 형제와 마법의 사과」

1
요소

삼 형제의 세 가지 보물을 모두 쓰세요.

첫째 : ☐☐☐

둘째 : ☐☐☐

셋째 : ☐☐

2
중심
생각

이 이야기는 무엇 때문에 생긴 일인가요?

☐☐ 의 ☐

3
세부
내용

이야기에 대한 내용으로 옳지 않은 것을 고르세요. -------------------------------- [   ]

① 왕에게는 자식이 딸 하나뿐이었다.
② 셋째가 공주와 결혼하여 왕위에 오르게 되었다.
③ 삼 형제는 모두 자신의 보물을 공주에게 주었다.
④ 임금의 포고문을 가장 먼저 본 사람은 첫째였다.
⑤ 삼 형제는 왕궁에서 멀리 떨어진 곳에 살고 있었다.

4
어휘
표현

㉮~㉺ 중 가리키는 곳이 다른 장소는 무엇인가요? ---------------------------------- [   ]

① ㉮ 어느 나라   ② ㉯ 어떤 나라   ③ ㉰ 여기
④ ㉱ 이곳   ⑤ ㉲ 이 나라

🧻 어려운 낱말 풀이 | ① **사경** 죽음에 임박한 상황 死죽을 사 境지경 경 ② **가망** 될 만한, 또는 가능성이 있는 희망 可옳을 가 望바랄 망 ③ **진단** 의사가 환자의 병 상태를 판단하는 일 診볼 진 斷끊을 단 ④ **포고문** 어떤 일을 많은 사람들에게 알리는 글 布베 포 告알릴 고 文글 문 ⑤ **양탄자** 양의 털 등으로 만들어 사람들이 깔고 앉는 물건 ⑥ **왕위** 임금의 자리 王임금 왕 位자리 위 ⑦ **계승자** 선임자의 뒤를 이어받는 사람 繼이을 계 承받들 승 者사람 자

5

추론
적용

⊙에 들어갈 사과의 특징을 고르세요. ──────────────────── [   ]

① 먹어도 줄어들지 않는

② 순식간에 이동할 수 있는

③ 어떤 병이라도 낫게 해주는

④ 맛을 본 사람의 사랑을 얻을 수 있는

⑤ 맛을 본 사람의 마음을 조종할 수 있는

6

어휘
표현

이 이야기의 문맥상 ⓛ에 들어갈 낱말을 고르세요. ──────────── [   ]

① 남은   ② 작은   ③ 모든   ④ 평범한   ⑤ 싫어하는

7

작품
이해

이 이야기에서 말하고자 하는 바로 가장 알맞은 것은 무엇인지 고르세요. ──────── [   ]

① 도움을 받으면 은혜에 보답해야 한다.

② 서로 힘을 합쳐야 문제를 해결할 수 있다.

③ 결정을 내렸다면 빨리 행동하는 것이 좋다.

④ 어떤 일을 결정할 때는 다른 사람의 의견을 수렴해야 한다.

⑤ 다른 사람에게 도움을 줄 때 아낌없이 주는 것이 가장 위대하다.

배경지식 더하기

탈무드

탈무드는 기원전 300년경 로마군에 의해 예루살렘이 함락된 이후부터 5세기까지 약 800년간 입에서 입으로 전해져 온 유태인들의 종교적, 도덕적, 법률적 생활에 관한 교훈, 또는 그것을 모아 하나의 체계로 완성한 책입니다. 〈탈무드〉는 세계 전역에 있는 정통파 유대인들에게 중요한 경전이되어왔습니다. 랍비들의 종교적 신념은 〈탈무드〉의 판결·사상·태도에 잘나타나 있습니다.

05회 어법·어휘편
본문에 나온 어휘들만 따로 모아 복습하는 순서입니다.

해설편 004쪽

[1단계] 아래의 낱말에 알맞은 뜻을 선으로 이어 보세요.

[1] 사경 •　　　　　　　　• ㉠ 선임자의 뒤를 이어받음

[2] 계승 •　　　　　　　　• ㉡ 죽음에 임박한 상황

[3] 진단 •　　　　　　　　• ㉢ 의사가 환자의 병 상태를 판단하는 일

[2단계] 빈칸에 알맞은 낱말을 [보기]에서 골라 쓰세요.

[보기]　　　계승　　　사경　　　진단

[1] 공주는 무서운 병에 걸려 □□ 을 헤맸습니다.

[2] 사람들 간에 왕위 □□ 에 대한 문제로 다툼이 많았다.

[3] 병원에 가서 의사의 □□ 을 받았다.

[3단계] [보기]의 고(告)와 관련된 단어들을 학습한 후 아래 빈칸에 알맞은 낱말을 쓰세요.

[보기]　**포고**(布넓게 깔 포 告알릴 고) : 국가의 결정 의사를 공식적으로 알림

　　　선고(宣선언할 선 告알릴 고) : 선언하여 널리 알림

　　　보고(報갚을 보 告알릴 고) : 일에 대한 내용이나 결과를 말이나 글로 알림

　　　광고(廣넓을 광 告알릴 고) : 판매를 목적으로 상품을 알리며 홍보함

[1] 요즘 TV프로그램 사이사이에 □□ 가 너무 많다.

[2] 삼 형제는 왕의 □□ 문을 보고 궁궐로 향했다.

[3] 수많은 재판 끝에 판사는 그에게 무죄를 □□ 하였다.

[4] 미선이는 선생님께 방금 전 있었던 일을 자세하게 □□ 하였다.

시간 끝난 시간 □시 □분 / 1회분 푸는 데 걸린 시간 □분

채점 독해 7문제 중 □개 / 어법·어휘 10문제 중 □개

← 스스로 붙임딱지
문제를 다 풀고 맨 뒷장에 있는 붙임딱지를 붙여보세요.

아름다운 별자리

밤하늘에는 반짝반짝 빛나는 수많은 별들이 있습니다. 별은 태양처럼 스스로 빛을 내는 천체들을 말합니다. 이러한 별들을 무리 지어 특별한 물체나 인물 등의 모습으로 상상하여 이름을 붙여 놓은 것이 바로 별자리랍니다.

별자리를 만든 까닭은 밤하늘에서 별을 쉽게 찾고 기억하기 위해서입니다. 사람들은 별자리에 이름을 붙이는 것으로 끝나지 않고, 이야기를 짓고 신화를 만들어 냈습니다. 여러 신화 중에서 물병자리와 관련된 신화를 소개해보면, 제우스는 트로이의 왕자 가니메데를 데리고 신들의 나라로 데리고 가 신들의 심부름을 들도록 하였습니다. 그리고 그가 들고 있던 물병은 별자리가 되어 물병자리라 불리게 되었습니다.

사람들은 왜 밤하늘의 별을 찾고 기억하고자 했을까요? 단순히 재미를 찾기 위해서일까요? 별자리는 과거 달력과 시계가 없었을 때, 계절과 시간의 흐름을 알 수 있는 자연 현상이었습니다. 계절과 시간의 흐름을 알아야지 농사를 지을 수 있었습니다. 또한 별자리의 위치는 변하지 않기 때문에 방향을 파악하기 위해서도 이용되었습니다.

우리 선조들 역시 옛날부터 별자리를 관측하고 이를 기록하였습니다. 그중 고인돌에 새겨진 별자리는 그 어느 나라보다 앞섰고 체계적이었습니다. 별자리 관측을 통해 우리 조상들은 시간의 흐름을 알고 이를 농사 등에 이용했습니다.

천체 우주에 있는 모든 물체 天하늘 천 體몸 체

관측 눈이나 기계로 자연 현상을 보고 측정하는 것 觀볼 관 測잴 측

체계적 일정한 기준이나 원리에 따라 짜임새 있게 된 體몸 체 系이을 계 的과녁 적

2주차

한 주 간의 계획을 먼저 세워보세요. 매일 학습을 마친 후 맞힌 문제의 개수를 쓰세요!

회차	영역	학습 내용	학습계획일	맞은 문제수
06회	독서 **과학**	**눈의 결정** 눈의 결정의 종류와 모양에 대해 설명해 주는 글입니다. 눈의 결정이 생기는 과정을 이해하며 독해하는 회차입니다.	월 일	독해 7문제 중 ☐ 개 어법·어휘 8문제 중 ☐ 개
07회	독서 **과학**	**우리는 누구일까요?** 두 동물의 특징을 설명한 글입니다. 두 동물의 공통점과 차이점을 비교해가며 독해하는 회차입니다.	월 일	독해 7문제 중 ☐ 개 어법·어휘 9문제 중 ☐ 개
08회	독서 **사회**	**교통사고 예방** 교통사고 예방에 관한 학생들의 회의입니다. 주제에 대한 학생들의 주장을 잘 파악하는 것이 핵심입니다.	월 일	독해 7문제 중 ☐ 개 어법·어휘 8문제 중 ☐ 개
09회	문학 **시조**	**태산이 높다 하되** 조선 시대에 쓰여진 시조입니다. 화자가 전달하고자 하는 삶의 의미를 '태산'이라는 글감을 이용해 지은 유명한 시조입니다.	월 일	독해 7문제 중 ☐ 개 어법·어휘 9문제 중 ☐ 개
10회	문학 **전래동화**	**어깨에 멘 당나귀** 어머니 말씀을 곧이곧대로 따르는 등장인물의 행동이 어떻게 상황과 어긋나는지, 하지만 그 우직함으로 인해 마지막에 어떤 결과를 얻게 되는지, 그 전개 과정을 독해해 보는 회차입니다.	월 일	독해 7문제 중 ☐ 개 어법·어휘 9문제 중 ☐ 개

　여러분은 〈겨울 왕국〉이라는 영화를 본 적이 있나요? 영화에는 모든 것을 얼릴 수 있는 신비한 힘을 가진 주인공 엘사가 등장합니다. 그런데 혹시 엘사가 물체를 얼릴 때 별처럼 생긴 모양이 자꾸 등장하는 것을 눈치챘나요? 왜 이런 모양이 등장하는 걸까요?

　하늘에서 내리는 눈은 **얼핏**〔①〕 보면 하얀색 솜사탕 같습니다. 하지만 자세히 관찰해 보면 눈은 서로 다른 모양을 한 수많은 얼음 알갱이들이랍니다. 어떤 물질을 이루고 있는 하나하나의 작은 **입자**〔②〕들이 규칙적으로 고르게 **배열**〔③〕되어 있는 물질을 '결정'이라고 하는데, 눈의 모양이 서로 다른 것도 이러한 결정이 다르기 때문입니다. 결정의 기본적인 구조는 육각형이지만 온도와 **습도**〔④〕 같은 주위의 작은 변화에 따라 다양한 형태로 변하기도 합니다. 지금까지 알려진 눈의 결정 모양만 6,000가지가 넘는답니다.

　온도에 따라 달라지는 눈의 모양을 살펴보면, 온도가 너무 높거나 낮을 때 만들어진 결정은 밋밋한 육각형인 경우가 많습니다. 이외에도 바늘 모양, 기둥 모양, 장구 모양, 콩알 같이 둥근 모양, 불규칙한 입체 모양 등 눈의 다양한 결정이 있습니다. 하지만 비슷하게 생겼을 뿐이지 완전히 똑같은 모양의 결정은 없답니다. 이러한 눈의 결정 중 가장 대표적이고 아름다운 별 모양 결정은 기온이 영하 10도에서 20도 사이일 때 만들어집니다. 엘사가 물건을 얼릴 때 별 모양이 나오는 까닭도 눈의 결정을 표현한 것이기 때문이랍니다.

↑ 눈의 다양한 결정 모양

어려운 낱말 풀이　① **얼핏** 지나는 결에 잠깐 나타나는 모양　② **입자** 물질의 일부로서, 구성하는 물질과 같은 종류의 매우 작은 물체 粒낱알 입 子아들 자　③ **배열** 일정한 차례나 간격에 따라 벌여 놓음 配나눌 배 列벌일 열　④ **습도** 공기 가운데 수증기가 들어 있는 정도 濕젖을 습 度법도 도

1
중심
생각

이 글은 무엇에 관한 이야기입니까?

눈의 ☐ ☐

2
세부
내용

눈의 결정에 대한 설명으로 바르지 <u>않은</u> 것을 고르세요. ─────────────── [   ]

① 기본적인 구조는 육각형 구조이다.

② 영하 10~20도 사이에서 별모양 결정이 만들어진다.

③ 지금까지 알려진 눈의 결정 모양은 6천 가지가 넘는다.

④ 비슷하게 생긴 결정은 있지만, 완전히 똑같은 결정은 없다.

⑤ 작은 입자들이 불규칙적으로 배열되어 있는 물질을 '결정'이라고 한다.

3
세부
내용

결정의 기본적인 구조는 어떤 모양인가요? ─────────────── [   ]

① 직선   ② 삼각형   ③ 사각형

④ 오각형   ⑤ 육각형

4
구조
알기

다음 빈칸에 알맞은 단어를 본문에서 찾아 쓰세요.

눈의
결정

• ☐ ☐ : 물질을 이루는 입자들이 고르게 ☐ ☐ 되어 있는 물질

• 기본 구조 : ☐ ☐ ☐

• 온도와 ☐ ☐ 같은 주위의 변화에 따라 다양한 형태로 변함

• ┌ ☐ ☐ 가 너무 높거나 낮을 때 : 밋밋한 육각형 결정
  └ 영하 10~20도 사이 : ☐ 모양 결정

5

어휘
표현

[보기]의 설명에 알맞은 낱말을 이 글에서 찾아 써 보세요.

[보 기]　　　　물질의 일부로서, 구성하는 물질과 같은 종류의 매우 작은 물체

☐☐

6

내용
적용

엘사가 물건을 얼릴 때 별 모양이 등장하는 까닭은 무엇인지 본문에서 찾아 써 보세요.

눈의 결정 중 가장 ☐☐☐ 이고 아름다운 별 모양 결정은

☐☐ 이 영하 ☐ 도에서 ☐ 도 사이일 때 만들어집니다.

엘사가 물건을 얼릴 때 별 모양이 나오는 까닭도 ☐ 의 ☐☐ 을

표현한 것이기 때문이랍니다.

7

추론

[보기]의 두 사진의 공통점에 대해 나눈 대화로 적절하지 <u>않은</u> 것을 고르세요. ·············· [　　　]

[보 기]

① 효진 : 기본 구조는 육각형이야.

② 민아 : 눈을 자세히 관찰하면 볼 수 있는 모습이야.

③ 세경 : 비슷하게 생겼지만 완전히 똑같지는 않아.

④ 진석 : 눈의 결정 중 가장 대표적이고 아름다운 모양이야.

⑤ 유식 : 온도가 매우 높거나 낮을 때 만들어진 결정이야.

[1단계] 아래의 낱말에 알맞은 뜻을 선으로 이어 보세요.

[1] 얼핏 •　　　　　　　　　• ㉠ 지나는 결에 잠깐 나타나는 모양

[2] 배열 •　　　　　　　　　• ㉡ 일정한 차례나 간격에 따라 벌여 놓음

[3] 습도 •　　　　　　　　　• ㉢ 공기 가운데 수증기가 들어 있는 정도

[2단계] 아래 문장의 빈칸에 알맞은 낱말을 [보기]에서 찾아서 써넣으세요.

[보 기]　　　　얼핏　　　　배열　　　　습도

[1] 결정의 기본적인 구조는 육각형이지만 온도와 ☐☐ 같은 주위의 작은 변화에 따라 다양한 형태로 변하기도 합니다.

[2] 작은 입자들이 규칙적으로 고르게 ☐☐ 되어 있는 물질을 '결정'이라고 합니다.

[3] 하늘에서 내리는 눈은 ☐☐ 보면 하얀색 솜사탕 같습니다.

[3단계] 설명을 읽고 밑줄 친 낱말이 문장에서 쓰인 뜻을 찾아 번호를 쓰세요.

[보 기]　　① 결정(決결단할 결 定정할 정) : 행동과 태도를 분명하게 정함

　　　　　　② 결정(結맺을 결 晶밝을 정) : 노력하여 원하는 결과를 이루는 것을 비유적으로 표현한 말

[1] 앞으로 어떻게 할지 **결정**했으면 그대로 실천하라. ------------------------------- [　　]

[2] 이번 시험의 합격은 그동안 공부했던 노력의 **결정**이다. -------------------------- [　　]

시간　끝난 시간 ☐시 ☐분　채점 독해 7문제 중 ☐개

1회분 푸는 데 걸린 시간 ☐분　어법·어휘 8문제 중 ☐개

↖ 스스로 붙임딱지
문제를 다 풀고 맨 뒷장에 있는 붙임딱지를 붙여보세요.

[㉠   ]는, 짧고 굵지만 부드러운 털을 가지고 있습니다. 털은 흰색, 검은색, 붉은색, 노란색, 회색과 같은 다양한 색을 띱니다. 키는 26cm에서 36cm입니다. 몸무게는 1kg 정도입니다. 꼬리는 35cm에서 42cm로 매우 깁니다. 꼬리의 끝은 검은색이고 물건을 잡기에 편합니다.

이 동물은 코스타리카, 파나마, 페루, 볼리비아 등에 살고 있습니다. 주로 나무 위에서 살기 때문에 숲이 우거진 지역에서 살고 있습니다. 그리고 곤충, 거미, 새알, 어린 새, 과일, 견과류, 배추 등을 먹으며, 낮에 **활동**하는 동물입니다. 보통은 12마리에서 100마리 정도가 무리지어 생활합니다. 위험에 처했을 때에는 경고음을 내 무리의 다른 동료들에게 알립니다.

이 동물의 **수명**은 15년 정도입니다. 수컷이 암컷보다 큽니다. 수컷은 태어난 지 4~5년이 지나면 다 자랍니다. 암컷은 태어난 지 2년 반이 지나면 다 자랍니다.

이 동물은 움직일 때 나무 사이를 뛰어다닙니다. 뒷다리가 작기 때문에 앞으로 쉽게 뛸 수 있습니다. 그리고 털에서는 **사향** 냄새가 납니다. 그래서 자신의 냄새로 영역을 표시하거나 자신을 잡아먹으려는 동물을 따돌리기도 합니다.

[㉡   ]은 포유류에 속하는 동물입니다. 포유류는 등뼈가 있으면서 새끼에게 젖을 주는 동물을 말합니다. 이 동물은 주로 앙골라 남서부에서부터 남아프리카까지 넓은 사막 지역에 **고루** 퍼져 살고 있습니다. 이 동물은 슈리케이트라고 부르기도 합니다.

다 자란 이 동물의 키는 50cm 정도입니다. 몸과 꼬리는 가늘고 깁니다. 특히 꼬리는 20cm 정도입니다. 그리고 둥근 머리를 가지고 있습니다. 또한 코는 뾰족하고 눈에는 검은 테두리가 있습니다. 발가락은 4개입니다. 앞발에 있는 발톱은 매우 강해서 굴을 파기에 좋습니다. 이 동물의 털은 부드럽고 깁니다. 몸은 은빛이 도는 갈색, 얼굴은 흰색, 귀나 꼬리 끝은 검은색을 띱니다.

이 동물은 아무거나 잘 먹는 **잡식성** 동물입니다. 하지만 주로 개미, 딱정벌레, 메뚜기와 같은 곤충을 먹습니다. 또한 당근, 사과, 배추, 닭고기도 좋아합니다. 이 동물은 주로 9월과 10월에 새끼를 가집니다. 그리고 2월과 3월이 되면 새끼를 낳습니다. 한 번 임신하면 2마리에서 5마리의 새끼를 낳습니다.

다음은 두 동물의 사진과 이름입니다. ⓐ ㉠ 과 ⓑ ㉡ 에 들어갈 동물이 각각 무엇인지 설명하는 모습을 읽고 각각 알맞은 동물의 이름을 써 보세요.

↑ 다람쥐 원숭이

↑ 미어캣

㉠ : ....

㉡ : ....

2

세부
내용

빈칸 ㉠에 대한 설명과 <u>다른</u> 것은 무엇인가요? ─────────────── [   ]

① 이 동물의 꼬리는 길다.

② 이 동물은 나무에서 생활한다.

③ 이 동물은 무리지어 생활한다.

④ 이 동물은 주로 밤에 활동한다.

⑤ 이 동물은 수컷이 암컷보다 크다.

3

세부
내용

다음 중 빈칸 ㉡에 대한 설명이 맞으면 ○, 틀리면 ×표를 하세요.

[1] 포유류에 속한다. ───────────────────────── [   ]

[2] 사막 지역에 살고 있다. ──────────────────── [   ]

[3] 발가락이 다섯 개다. ───────────────────── [   ]

[4] 곤충만 먹는다. ─────────────────────── [   ]

어려운 낱말 풀이

① **활동** 몸을 움직여 행동하는 것 活움직일 활 動움직일 동 ② **수명** 생물이 태어나서부터 죽을 때까지의 기간 壽목숨 수 命목숨 명 ③ **사향** 사향노루에게서 얻은 향기 나는 물질 麝사향노루 사 香향기 향 ④ **고루** 빠짐없이 골고루 ⑤ **잡식성** 동물성 먹이와 식물성 먹이를 가리지 않고 다 먹는 성질 雜섞일 잡 食먹을 식 性성질 성

4 두 동물의 여러 공통점 중 <u>세 가지</u>를 이 글에서 찾아서 써 보세요.

세부
내용

[1] _____

[2] _____

[3] _____

5 두 동물을 설명하는 글에서 공통적으로 설명하고 있지 <u>않은</u> 특징은 무엇인가요? ·········· [　　　　]

세부
내용

① 크기　　　　　　　② 식성^①　　　　　　　③ 생김새

④ 번식기^②　　　　　　⑤ 사는 곳

6 [보기]에서 설명하는 낱말을 이 글에서 찾아 써 보세요.

어휘
표현

[보 기]	등뼈가 있으면서 새끼에게 젖을 주는 동물

☐ ☐ ☐

7 [보기]에서 설명하는 동물이 무엇인지 고르세요.

추론

[보 기]	이 동물은 땅이 단단하고 돌이 많은 곳에 굴을 파 굴속에서 생활합니다. 30마리 정도가 무리를 지어 사는데, 굴에는 입구가 많습니다. 낮에는 밖으로 나와 가슴과 배에 햇볕을 쬡니다. 자주 두 발로 서서 주위를 살핍니다. 자신을 잡아먹으려는 동물을 경계하기 위해서입니다. 그래서 이 동물의 별명은 사막의 파수꾼입니다.

이 동물은 _____ 입니다.

어려운 낱말 풀이 　│　① **식성** 어떤 음식을 좋아하거나 싫어하는 성질 食먹을 식 性성질 성　② **번식기** 동물이 짝짓기를 하고 새끼를 낳는 시기 繁많을 번 殖번성할 식 期기간 기

07회 어법·어휘편 본문에 나온 어휘들만 따로 모아 복습하는 순서입니다.

해설편 005쪽

[1단계]   아래의 낱말에 알맞은 뜻을 선으로 이어 보세요.

[1] 활동 •   • ㉠ 생물이 태어나서 죽을 때까지의 기간

[2] 수명 •   • ㉡ 빠짐없이 골고루

[3] 고루 •   • ㉢ 몸을 움직여 행동하는 것

[2단계]   아래 문장의 빈칸에 알맞은 낱말을 [보기]에서 찾아서 써넣으세요.

> [보 기]   활동   수명   고루

[1] 다람쥐 원숭이의 ☐☐ 은(는) 약 15년 정도입니다.

[2] 미어캣은 넓은 사막 지역에 ☐☐ 퍼져 살고 있습니다.

[3] 다람쥐 원숭이와 미어캣은 낮에 ☐☐ 하는 동물입니다.

[3단계]   빈칸에 들어갈 알맞은 한자를 [보기]에서 찾아서 써 보세요.

> [보 기]   肉   草   雜
>   고기 육   풀 초   섞일 잡

[1] ☐ 食 (먹을 식) : 주로 풀을 먹고 사는 것

[2] ☐ 食 (먹을 식) : 동물성 먹이와 식물성 먹이를 가리지 않고 다 먹는 것

[3] ☐ 食 (먹을 식) : 주로 고기를 먹고 사는 것

시간   끝난 시간 ☐시 ☐분   채점   독해 7문제 중 ☐개   ← 스스로 붙임딱지
         1회분 푸는 데 걸린 시간 ☐분   어법·어휘 9문제 중 ☐개   문제를 다 풀고 맨 뒷장에 있는 붙임딱지를 붙여보세요.

08회

회장 이번 주 학급 회의의 주제는 '**교통사고를 예방하기 위해선 어떻게 해야 할까?**'입니다. 회의를 통해 나온 의견들 중 절반 이상의 학생들이 동의한 의견은 학교 어린이 신문에 실릴 예정입니다. 신문을 통해 전교생에게 교통사고를 예방하는 방법을 알리고자 하니 신문에 실릴 의견으로 어떤 것이 좋을지 학생들은 발표해주세요.

새롬 횡단보도를 건널 때에 **주의**해야 합니다. 신호등이 **설치**되어 있는 횡단보도에서는 초록색 신호를 확인한 뒤, 자동차가 완전히 멈추고 난 다음에 길을 건너야 합니다.

진석 맞습니다. 하지만 그 정도 내용은 누구나 아는 내용입니다. 더군다나 우리 학교 앞에 있는 횡단보도에는 신호등이 없습니다. 학교 어린이 신문에 실릴 내용이라면 차라리 신호등이 없는 횡단보도에서는 좌우를 잘 살핀 뒤에 자동차가 다니지 않을 때 건너야 한다는 내용이 실리는 게 좋을 것 같습니다.

회장 진석 학생의 의견에 동의합니다. 교통사고를 예방하기 위한 다른 방법을 알고 계신 학생 있습니까?

희영 밤길을 다닐 때에는 불빛이 잘 반사되는 밝은 **계통**의 옷을 입어야 합니다. 그리고 비가 오는 날에도 흰색이나 노란색과 같은 밝은 색깔의 옷을 입는 것이 좋다고 들었습니다. 그래야 운전자의 눈에 쉽게 띄기 때문입니다.

은영 제 생각은 다릅니다. 그러면 우리들은 늘 밤길을 다닐 때나 비가 오는 날은 밝은 색의 옷만 입어야 하나요? 현실성이 없는 방법인 것 같습니다. 우리학교의 밤길은 밝고 안전합니다. 그것보다는 비 오는 날에는 우산이 앞을 가리지 않도록 우산을 들고, 자동차가 오는지 확인하며 걸어야 한다는 내용이 좋을 것 같습니다.

학생들 저도 은영 학생의 의견에 동의합니다.

우석 요즘 자전거를 타고 등교를 하는 학생들도 많습니다. 자전거를 탈 때, 지켜야 할 사항들도 신문에 넣으면 좋을 것 같습니다.

경호 우석 학생의 의견에 동의합니다. 자전거를 탈 때에는 **혼잡한** 자동차 도로를 이용하면 안 되고, 반드시 자전거 도로를 이용하는 것이 안전하다고 생각합니다. 그리고 헬멧과 무릎 보호대 등 안전 장비를 꼭 갖추면 만약의 사고에서도 크게 다치지 않을 수 있습니다.

지헌

더 있습니다. 길을 건널 때에는 자전거에서 내려서 자전거를 끌고 가야 한다고 들었습니다. 안전할뿐더러 그것이 **교통법규**[6]이기 때문입니다.

광렬

저는 학생들이 자전거를 타는 것 자체에 대해 반대합니다. 자전거를 타고 다니기 때문에 교통사고가 나는 것 아니겠습니까? 자전거를 타지 말자는 의견을 넣는 것은 어떨까요?

우현

제 생각은 조금 다릅니다. 교통사고 예방을 위해 자전거를 아예 타지 말라는 내용은 현명한 방법이 아닌 것 같습니다. 경호 학생과 지헌 학생의 의견이 신문을 통해 잘 전달된다면 자전거를 타는 학생들이 충분히 조심할 수 있을 것이라고 생각합니다.

회장

다들 소중한 의견 감사합니다. 지금까지 교통사고를 예방하기 위해 우리가 지켜야 할 일들을 이야기해보았습니다. 오늘 회의 결과 절반 이상의 학생들이 동의한 진석, 우석, 경호, 지헌 학생의 의견을 잘 정리해서 어린이 신문 담당자에게 전달하도록 하겠습니다.

[1~2] 다음은 학급 회의록입니다. 아래 문제에 알맞은 답을 해 보세요.

회의 날짜	20○○년 ○○월 ○○일	참가자 수	25명
회의 주제	(가)	회의 내용	(나)
결정된 내용	−정리한 내용을 확인하고 지키기		

1
중심
생각

빈칸 (가)에 들어갈 학급 회의의 주제를 써 보세요.

☐☐☐☐ 를 ☐☐ 하기 위해선 어떻게 해야 할까?

2
세부
내용

(나)에 들어갈 회의 내용 중 학생과 발표한 내용이 잘못 정리된 것을 고르세요. ·············· [　　　]

① 지헌 : 길을 건널 때에는 내려서 자전거를 끌고 가야 한다.
② 진석 : 신호등이 없는 횡단보도에선 좌우를 잘 살핀 뒤에 건너야 한다.
③ 광렬 : 자전거를 탈 때에는 반드시 자전거 전용 도로를 이용해야 한다.
④ 은영 : 우산을 쓸 때에는 앞을 가리지 않도록 우산을 들고 걸어야 한다.
⑤ 새롬 : 횡단보도에서는 초록색 신호를 확인한 뒤에 길을 건너야 한다.

어려운 낱말 풀이 | ① **예방** 일이 일어나기 전에 미리 막는 일 豫미리 예 防막을 방 ② **주의** 마음에 새겨 두고 조심함 注부을 주 意뜻 의 ③ **설치** 어떤 목적으로 쓰기 위해 만들어 둠 設베풀 설 置둘 치 ④ **계통** 비슷한 것끼리 모인 부분 系이을 계 統큰 줄기 통 ⑤ **혼잡** 여럿이 뒤섞여 어수선함 混섞을 혼 雜섞일 잡 ⑥ **교통법규** 사람이나 차가 길을 오갈 때 지켜야 할 사항을 정한 법과 규칙 交사귈 교 通통할 통 法법 법 規법 규

3

세부
내용

이 글에서 자전거를 탈 때 안전 장비를 갖추어야 하는 까닭으로 설명한 것은 무엇일까요? .... [   ]

① 주위를 잘 살피기 위해서   ② 법으로 정해져 있기 때문에

③ 운전자의 눈에 잘 띄기 위해서   ④ 더 빨리 등교할 수 있기 때문에

⑤ 사고에서 크게 다치지 않기 위해서

4

구조
알기

다음은 학급회의에서 나온 의견입니다. 나온 순서대로 정리해보세요.

> ㉠ 비 오는 날 앞을 가리지 않도록 우산을 들어야 합니다.
>
> ㉡ 신호등이 없는 횡단보도에서는 좌우를 잘 살펴야 합니다.
>
> ㉢ 길을 건널 때에는 자전거에서 내려서 자전거를 끌고 가야 합니다.
>
> ㉣ 자전거를 탈 때에는 반드시 자전거 도로를 이용하여야 합니다.

□ → □ → □ → □

5

어휘
표현

아래 문장이 뜻하는 낱말을 본문에서 찾아 쓰세요.

> [보 기]   사람이나 차가 길을 오갈 때 지켜야 할 사항을 정한 법과 규칙

□ □ □ □

6

내용
적용

회의의 내용은 전교생에게 어떤 방법으로 전달될 예정인지 써 보세요.

회의를 통해 나온 의견들 중 □ □ 이상의 학생들이 동의한 의견은

학교 어린이 □ □ 에 실릴 예정입니다.

7

추론

교통사고를 줄이기 위해 바르게 행동하고 있는 친구는 누구인지 고르세요. .... [   ]

① 안전 장비 없이 자전거를 타는 세민

② 길을 건널 때 자전거를 타고 빨리 건너는 준영

③ 비가 오는 날 우산으로 앞을 가리고 거리를 걷는 호준

④ 횡단보도의 신호가 초록색으로 바뀌자마자 뛰어가는 태희

⑤ 신호등이 없는 횡단보도에서 지나가는 차를 확인한 다음 길을 건너는 진아

[1단계] 아래의 낱말에 알맞은 뜻을 선으로 이어 보세요.

[1] 예방 •

[2] 주의 •

[3] 계통 •

• ㉠ 비슷한 것끼리 모인 부분

• ㉡ 마음에 새겨 두고 조심함

• ㉢ 일이 일어나기 전에 미리 막는 일

[2단계] 아래 문장의 빈칸에 알맞은 낱말을 [보기]에서 찾아서 써넣으세요.

[보 기]   예방   주의   계통

[1] 횡단보도를 건널 때에 ☐☐ 하여야 합니다.

[2] 밤길을 다닐 때에는 흰색 ☐☐ 의 옷을 입어야 합니다.

[3] 교통사고를 ☐☐ 하기 위해선 어떻게 해야 할까?

[3단계] 다음 문장을 읽고 밑줄 친 낱말의 뜻을 빈칸을 채워 완성하세요.

[1] 아파트에 엘리베이터를 새로 ☐☐ 했습니다.
   └→ 어떤 목적으로 쓰기 위해 만들어 둠

[2] 거리가 ☐☐ 해서 학교에 빨리 갈 수 없었습니다.
   └→ 여럿이 한데 뒤섞여 어수선함

시간   끝난 시간 ☐시 ☐분   채점 독해 7문제 중 ☐개

1회분 푸는 데 걸린 시간 ☐분   어법·어휘 8문제 중 ☐개

◀ 스스로 붙임딱지
문제를 다 풀고
맨 뒷장에 있는
붙임딱지를
붙여보세요.

①태산이 높다 하되 하늘 아래 산이로다

㉠오르고 또 오르면 못 오를 리 없건마는

사람이 ②제 아니 오르고 산만 높다 하더라

－양사언

1
중심
생각

이 시조의 중심 ③글감은 무엇인가요?

☐☐

 어려운 낱말 풀이 ┃ ① **태산** 높고 큰 산 泰클 태 山산 산　② **제** 자기가, 자신이　③ **시조** 고려 시대부터 발달하여 온 우리나라의 전통적인 시 형식 時때 시 調고를 조

2 밑줄 친 ㉠이 뜻하는 것을 고르세요. ────────────────── [   ]

어휘
표현

① 건강한 신체   ② 친구와의 우정   ③ 끊임없는 노력

④ 빈틈없는 계획   ⑤ 하늘이 준 행운

3 다음은 이 시조의 내용을 현대어로 풀이한 것입니다. 빈칸에 들어갈 알맞은 말을 쓰세요.

작품
이해

□□ 이(가) 아무리 높다고 해도 □□ 아래에 있는 산일 뿐이다.

오르고 또 오르면 누구든 □□□ 못할 수가 없는데

□□ 들은 오르려고 스스로 □□ 하지도 않으면서

그저 □ 이(가) 너무 □□□ 오르지 못한다고 산만 탓한다.

4 글쓴이가 우리에게 말하고 싶은 점이 무엇일지 고르세요. ───────── [   ]

작품
이해

① 나도 태산과 같이 높고 큰 사람이 되어야지.

② 태산을 보면 자연의 아름다움을 느낄 수 있지.

③ 함부로 태산을 오르려다 다치기라도 하면 큰일이지.

④ 태산처럼 아주 높은 산이라도 노력하면 오를 수 있지.

⑤ 저 높은 태산을 오르겠다고 하는 것만큼 어리석은 일이 또 있을까.

5 이 시조를 통해 얻을 수 있는 교훈으로 가장 적절한 속담을 고르세요. ───────── [   ]

추론
적용

① 등잔 밑이 어둡다.

② 소 잃고 외양간 고친다.

③ 남의 떡이 더 커 보인다.

④ 열 번 찍어 안 넘어가는 나무 없다.

⑤ 슬픔은 나누면 반이 되고 기쁨은 나누면 배가 된다.

옛날 중국 당나라에 이백이라는 유명한 시인이 있었습니다. 이백은 이미 열 살 때부터 시 쓰기와 글쓰기의 신동으로 불릴 정도로 글재주가 뛰어났습니다. 하지만 공부에는 유난히 흥미가 없었습니다. 이를 걱정하던 이백의 아버지는 상의산이라는 산에 살고 있는 한 스승에게 이백을 보냈습니다. 하지만 이백은 곧 공부에 싫증이 났습니다. 이백은 스승 몰래 산을 내려갈 기회를 엿보다 마침내 탈출에 성공했습니다.

가벼운 발걸음으로 집으로 돌아가는 길에 이백은 우연히 할머니 한 분을 만났습니다. 할머니는 냇가에 있는 바위에다 커다란 도끼를 쉬지 않고 갈고 있었습니다.

이를 이상하게 여긴 이백이 할머니에게 물었습니다.

"할머니, 왜 도끼를 계속 갈고 계시나요?"

"바늘을 만들고 있단다." 할머니는 당연하다는 투로 대답했습니다.

"저렇게 큰 도끼로 바늘을 만든다고요? 도대체 그 도끼를 얼마나 오래 갈아야 바늘을 만들 수 있다고 생각하세요?"

"모르지. 하지만 도중에 그만두지 않고 열심히 갈다 보면 이 커다란 도끼도 언젠가는 바늘이 되는 법이란다."

할머니의 대답에 이백은 ⓛ깨달음을 얻었습니다. 이백은 다시 산으로 돌아가 열심히 공부를 하기 시작했습니다. 공부에 싫증이 날 때마다 이백은 할머니의 말을 떠올리며 공부를 포기하지 않고 이어나갈 수 있었습니다.

6 ⓛ의 내용으로 가장 적절한 것을 고르세요. ⸻⸻⸻⸻⸻⸻⸻ [　　　]

작품
이해

① 언제 어디서든 함부로 행동하지 말아야겠군.
② 내가 있던 산의 경치가 이토록 아름다웠구나.
③ 만남이 있으면 반드시 헤어짐도 있는 법이군.
④ 일이 이미 잘못된 뒤에 바로잡으려 하는 것은 어리석은 일이구나.
⑤ 무슨 일이든 포기하지 않고 끝까지 노력하면 결과를 얻을 수 있군.

7 다음은 위 이야기를 바탕으로 본문의 '태산이 높다 하되~'를 이용하여 쓴 시조입니다. 빈칸에 들어갈 알맞은 말을 쓰세요.

추론
적용

어려운
문제 ★

□□ 이(가) 크다 하되 갈 수 있는 쇳덩이로다.

갈고 또 갈면 누구든 □□ (으)로 못 만들 리 없건마는

□□ 이(가) 제 아니 갈고 □□ 만 크다 하더라.

[1단계] 다음 [보기]를 참고하여 아래의 문장에 알맞은 말을 고르세요.

> [보기] 안 : '아니'의 준말
>
> 않 : '아니하-'의 준말

[1] 학교가 너무 늦게 끝나서 아직 숙제를 (안 / 않) 했어.

[2] 공부를 많이 했기 때문에 시험 칠 때 떨리지 (않 / 안)았습니다.

[3] 내가 (안 / 않) 그랬어.

[4] 나랑 같이 밥 먹으러 가지 (안 / 않)을래?

[5] 이 건물은 찬 바람이 (안 / 않) 통하니까 굉장히 따뜻하구나.

[2단계] [보기]를 참고하여 밑줄 친 낱말의 쓰임이 바른 문장에는 ○표, 틀린 문장에는 ×표를 하세요.

> [보기] **태산**¹(泰클 태 山산 산)
>
> 1. 높고 큰 산
>
> 2. 어떤 것이 크거나 많은 경우를 나타낼 때 쓰는 말
>
> ㉐ 할 일이 **태산같이 쌓였다는** 것을 잊고 낮잠을 자 버렸다.
>
>   └→ 아주 많이 남았다는

[1] 창고에 쌀이 **태산**만큼 남아 한 줌도 되지 않을 것 같았다. ------------------ [　　]

[2] 선생님은 우리들 때문에 걱정이 **태산**이라며 한숨을 쉬셨다. ------------------ [　　]

[3] 하고 싶은 말은 **태산** 같은데 친구의 화난 얼굴을 보니 아무 말도 나오지 않았다.

   --- [　　]

[4] 그 방은 **태산**만한 먼지 하나도 안 보일 정도로 깨끗했다. ------------------ [　　]

시간 끝난 시간 [　]시 [　]분   채점 독해 7문제 중 [　]개

1회분 푸는 데 걸린 시간 [　]분   어법·어휘 9문제 중 [　]개

↖ 스스로 붙임딱지
문제를 다 풀고
맨 뒷장에 있는
붙임딱지를
붙여보세요.

2주 | 09회   47

옛날 어느 마을에 덕쇠라는 아이가 어머니와 함께 살고 있었습니다. 덕쇠는 **효심**이 깊었습니다.
어찌나 깊었던지 어머니의 말씀이라면 무엇이든 믿고 따랐습니다.

그러던 어느 날이었습니다. 덕쇠는 이웃 마을에 가서 평소처럼 하루 종일 열심히 일했습니다. 덕쇠가
한 일이 마음에 든 이웃 마을 사람은 그날 보답으로 **엽전** 세 **닢**을 덕쇠에게 주며 **신신당부**했습니다.

㉠"가는 길에 잃어버리지 않도록 엽전을 손에 꼭 쥐고 가거라."

집으로 돌아가던 길에 덕쇠는 우물 하나를 발견했습니다. 덕쇠는 목이 몹시 말랐던 터라 허겁지겁
바가지로 우물물을 떠 마셨습니다.

"아, 시원하구나!"

기분 좋게 집에 도착한 덕쇠는 받은 엽전을 어머니께 드리려고 꼭 쥐고 있던 손을 펼쳤습니다. 그런데
엽전은 **온데간데없고**, 빈손만 덩그러니 남아 있었습니다.

"아차! 우물가에 놓고 왔구나!"

덕쇠는 헐레벌떡 우물가로 달려갔습니다. 하지만 엽전은 그 자리에 없었습니다. 이미 누가
가져가버렸던 것이었습니다. 터덜터덜 집에 돌아온 덕쇠에게 어머니가 말했습니다.

"다음부터는 일한 보답으로 받은 것을 호주머니에 넣어 오거라."

덕쇠는 보답으로 받은 것을 다음부터 꼭 호주머니에 넣어서 오기로 다짐했습니다.

이튿날 또 이웃 마을에 일을 해 주러 간 덕쇠는 엽전 대신 강아지 한 마리를 받았습니다. 덕쇠는
어머니 말씀을 떠올렸습니다. 덕쇠는 강아지를 호주머니에 억지로 집어넣으려 했습니다. 하지만
강아지는 덕쇠의 호주머니보다 커서 들어가지 않았습니다. 강아지는 멀리 달아나 버렸습니다. 어머니는
빈손으로 돌아온 덕쇠에게 말했습니다.

"앞으로 호주머니에 들어가지 않는 것은 끈으로 묶어서 끌고 오거라."

덕쇠는 이번에도 어머니의 말씀대로 하겠노라고 다짐했습니다. 다음날도 덕쇠는 이웃 마을에서 일을
했습니다. 이번에는 고등어 한 **손**을 받았습니다. 덕쇠는 어머니의 말씀대로 고등어를 끈으로 묶은 다음
땅에 질질 끌고 집으로 걸어갔습니다. 집에 돌아와서 보니 고등어는 흙투성이인데다 살점도 다 떨어져
뼈만 앙상했습니다. 실망한 덕쇠를 어머니는 다시 한 번 **타일렀습니다**.

"이제 일하고 받은 것은 끈으로 묶어서 흙이 묻지 않도록 어깨에 **짊어지고** 오거라."

덕쇠는 깊이 반성하며 어머니의 말씀을 명심했습니다.

다음날, 덕쇠는 일한 보답으로 당나귀 한 마리를 받았습니다. 덕쇠는 [㉮].
하지만 잘 되지 않았습니다.

그때였습니다. 마침 고을 **원님**의 행차가 덕쇠 곁으로 지나갔습니다. 원님의 딸은 이름 모를 병에

걸려 몇 날 며칠을 먹지도 말하지도 못했고, 원님은 그런 딸에게 바깥 구경이라도 시켜주려고 가마에 태워 밖으로 나온 것이었습니다. 원님의 딸은 힘없이 바깥을 구경하다가 덕쇠를 보았고, 덕쇠의 모습이 너무 우스웠던 나머지 깔깔 소리 내어 웃기 시작했습니다. 그러자 입 밖으로 생선 가시 하나가 톡 튀어나왔습니다.

ⓛ"아휴, 이제 살겠네! 아버님, 이것이 목에 걸려 여태 먹지도 말하지도 못한 거랍니다."

딸이 큰 병에 걸린 줄로만 알았던 원님은 딸의 **또랑또랑한**⑪ 목소리를 듣고 크게 기뻐하며 덕쇠를 불렀습니다.

"고맙다, 네 덕에 내 딸의 병이 다 나았구나. 그런데 어째서 당나귀를 끌고 가지 않고 어깨에 메고 있었는고?"

"예, 어머니 말씀대로 한 것입니다. 일하고 받은 물건은 끈으로 묶어서 어깨에 짊어지고 오라고 하셨거든요."

원님은 그 사정을 듣고 덕쇠가 어머니의 말씀을 아주 잘 듣는 효자라고 생각했습니다. 원님은 자신의 딸을 구해준 **은인**⑫이자 효자인 덕쇠에게 큰 상을 주었습니다.

－전래동화 「어깨에 멘 당나귀」

1
요소

이 이야기의 주인공에 대한 설명으로 알맞지 **않은** 것을 고르세요. ────────── [   ]

① 어머니와 함께 살고 있다.　　　　② 어머니의 말씀을 늘 따른다.
③ 이웃 마을의 일을 자주 도와준다.　④ 상황에 따라 일을 적절하게 처리할 줄 모른다.
⑤ 원님 딸의 병을 낮게 하기 위해 일부러 멍청한 행동을 했다.

2
세부
내용

원님의 딸이 며칠 동안 먹거나 말하지 못했던 까닭을 쓰세요.

_____

3
추론
적용

빈칸 ㉠에 들어갈 내용으로 가장 적절한 것을 고르세요 ────────────── [   ]

① 당나귀의 등에 올라타려고 했습니다.
② 끈으로 당나귀를 묶어서 끌고 가려고 했습니다.
③ 당나귀를 가마에 태워 짊어지고 가려고 했습니다.
④ 당나귀를 끈으로 묶어 어깨에 짊어지려고 했습니다.
⑤ 호주머니 안에 당나귀를 넣어보려고 안간힘을 썼습니다.

🧻 어려운 낱말 풀이　① **효심** 마음을 다하여 부모를 섬기는 정성스러운 마음 孝효도 효 心마음 심 ② **엽전** 예전에 사용하던 놋쇠로 만든 돈. 둥글고 납작하며 가운데에 네모진 구멍이 있다. 葉잎 엽 錢돈 전 ③ **닢** 납작한 물건을 세는 단위. 흔히 동전, 잎사귀 등을 셀 때 쓴다. ④ **신신당부** 거듭하여 간곡히 하는 당부 申거듭 신 申거듭 신 當마땅 당 付부탁할 부 ⑤ **온데간데없고** 어떤 것이 사라져 찾을 수가 없고 ⑥ **손** 고등어와 같이 한 손에 잡을 만한 분량을 세는 단위 ⑦ **앙상했습니다** 살이 빠져서 뼈만 남을 만큼 바짝 말랐습니다 ⑧ **타일렀습니다** 잘 깨닫도록 이치를 밝혀 말해주었습니다 ⑨ **짊어지고** 짐 따위를 뭉뚱그려서 지고 ⑩ **원님** 고을을 다스리던 원을 높여 이르던 말 員관원 원- ⑪ **또랑또랑한** 아주 밝고 똑똑한 ⑫ **은인** 은혜를 베푼 사람 恩은혜 은 人사람 인

4
세부
내용

이 이야기에서 사건이 일어난 차례에 따라 순서대로 번호를 쓰세요.

① 덕쇠가 이웃 마을에서 일한 보답으로 받은 엽전을 잃어버림.

② 덕쇠가 당나귀를 끈에 묶어서 어깨에 짊어지려고 하지만 잘 되지 않음.

③ 덕쇠가 강아지를 호주머니에 넣으려다 강아지가 달아남.

④ 덕쇠가 고등어를 끈에 묶어서 땅에 끌고 오는 바람에 고등어가 흙투성이가 됨.

⑤ 다음부터 받은 것은 끈으로 묶어서 끌고 오라고 어머니가 충고함.

⑥ 다음부터 받은 것은 끈으로 묶어서 어깨에 짊어지고 오라고 어머니가 충고함.

⑦ 일한 보답으로 받은 것은 호주머니에 넣어 오라고 어머니가 충고함.

① → ☐ → ☐ → ☐ → ☐ → ☐ → ☐

5
작품
이해

이야기에 나온 인물에 대한 설명으로 알맞지 않은 것을 고르세요. ──────── [　　　]

① 덕쇠: 효심이 깊고 순진해서 어머니의 말씀을 곧이곧대로 따른다.

② 이웃 마을 사람: 하루 종일 일을 해준 덕쇠에게 아무 보답도 하지 않은 욕심 많은 사람이다.

③ 덕쇠 어머니: 덕쇠의 실수를 나무라기보다 더 나은 방법을 알려 준다.

④ 원님의 딸: 바깥 구경을 나왔다가 덕쇠를 보고 병이 나았다.

⑤ 원님: 덕쇠의 사정을 듣고 효심에 감동하여 상을 내린다.

6
어휘
표현

밑줄 친 ㉠과 ㉡을 실감나게 표현하기 위해 알맞은 표정이나 말투를 고르세요. ─────── [　　　]

① ㉠ : 걱정스러운 표정으로　　　㉡ : 눈살을 찌푸리며

② ㉠ : 걱정스러운 표정으로　　　㉡ : 웃으며 밝은 목소리로

③ ㉠ : 안도의 한숨을 내쉬며　　　㉡ : 눈살을 찌푸리며

④ ㉠ : 큰소리로 화를 내면서　　　㉡ : 웃으며 밝은 목소리로

⑤ ㉠ : 큰소리로 화를 내면서　　　㉡ : 풀 죽은 목소리로

7
추론
적용

친구들이 이 이야기를 읽고 자신의 생각을 말했습니다. 다음 중 이 이야기를 잘못 이해한 친구를 고르세요. ── [　　　]

① 혜성: 매일 이웃 마을로 일하러 가는 것을 보니 덕쇠는 성실한 아이인 것 같아.

② 준수: 하지만 우물물을 허겁지겁 마시느라 가지고 있던 돈을 잃어버린 것을 보면 야무진 아이는 아닌 것 같아.

③ 유진: 하지만 어머니의 여러 말씀 중 상황에 알맞은 방법을 선택한 것을 보면 덕쇠는 무척 지혜로운 아이인 것 같아.

④ 미지: 그리고 덕쇠의 순진하고 엉뚱한 행동이 뜻밖에 원님 딸의 병을 낫게 만들었어.

⑤ 태민: 늘 성실하게 살며 어머니 말씀을 잘 따른 덕분에 결국 복을 받은 셈이야.

10회 어법·어휘편

본문에 나온 어휘들만 따로 모아 복습하는 순서입니다.

[1단계] 아래의 낱말에 알맞은 뜻을 선으로 이어 보세요.

[1] 신신당부하다 •   • ㉠ 아주 밝고 똑똑하다

[2] 온데간데없다 •   • ㉡ 거듭해서 간곡히 부탁하다

[3] 또랑또랑하다 •   • ㉢ 어떤 것이 사라져 찾을 수가 없다

[2단계] [보기]의 말을 활용하여 빈칸에 들어갈 알맞은 말을 쓰세요.

> [보 기]   신신당부하다   온데간데없다   또랑또랑하다

[1] 봄바람이 불자 겨우내 쌓였던 눈이 [   ] 녹아서 사라졌다.

[2] 어머니는 늘 나에게 밥은 꼭 챙겨 먹으라고 [   ].

[3] 선생님은 우리들의 [   ] 눈망울을 좋아하신다.

[3단계] 빈칸에 들어갈 말을 [보기]에서 찾아 쓰세요.

> [보 기]   손: 조기, 고등어, 배추 등 한 손에 잡을 만한 분량을 세는 단위.
>
> 닢: 동전, 잎사귀, 가마니 등 납작한 것을 세는 단위.
>
> 모: 두부, 묵 따위의 덩어리를 세는 단위.
>
> 채: 집, 이불을 세는 단위

[1] 고등어 한 [ ] 은(는) 고등어 큰 것 하나와 작은 것 하나를 한데 묶은 것이다.

[2] 할아버지는 평생 동안 이불 한 [ ] 만 쓰셨다.

[3] 가진 것이라고는 동전 한 [ ] 이(가) 전부였다.

시간   끝난 시간 [ ] 시 [ ] 분   채점   독해 7문제 중 [ ] 개

1회분 푸는 데 걸린 시간 [ ] 분   어법·어휘 9문제 중 [ ] 개

◀ 스스로 붙임딱지
문제를 다 풀고
맨 뒷장에 있는
붙임딱지를
붙여보세요.

뜻	음
법도 단위	도

6급 度(법도,단위 도)는 온도 등을 재는 단위 또는 법규를 뜻하는 한자입니다.
낱말에 붙어서 "~의 정도" 또는 "~한 법규, 모양"이란 뜻으로 쓰입니다.

온도(溫度) : **따뜻함**과 차가움의 + **정도** (또는 그것을 나타내는 수치)
└ 따뜻할 온

제도(制度) : 사회를 유지하기 위한 **법규** 또는 사회 구조
└ 제도 제　　　　　　　　　　예) 결혼 제도, 민주주의 제도

태도(態度) : 몸의 **모양**새, 어떤 일을 대하는 마음가짐
└ 모양 태　　　　　　　　　　예) 학습 태도가 좋다.

쓰는 순서　`'  ᅳ  广  户  庐  庐  庐  庈  度`

한자를 칸에 맞춰 써 보세요.

度	度	度	度				

뜻	음
볼	견

준 5급 見(볼 견)은 **보다** 또는 **생각**을 뜻하는 한자입니다.
낱말에 붙어서 "보고 ~을 한다" 또는 "~한 생각"이란 뜻으로 쓰입니다.

견학(見學) : 실제로 **보고** + 그것에 대해 **공부함**
　　　└ 배울 학

발견(發見) : 아직 알려지지 않은 것을 **찾아서** + 세상에 **보여줌**
　　└ 펼/밝힐(→찾을) 발

의견(意見) : 어떤 대상에 대하여 가지는 자신의 **뜻**이나 **생각**
　　└ 뜻 의

쓰는 순서　`l  冂  冂  目  目  貝  見`

한자를 칸에 맞춰 써 보세요.

見	見	見	見				

3주차

주간학습계획표

한 주 간의 계획을 먼저 세워보세요. 매일 학습을 마친 후 맞힌 문제의 개수를 쓰세요!

회차	영역	학습내용	학습계획일	맞은 문제수
11회	독서 **생활**	**우유의 다양한 변신** 혼합물의 개념과 함께 우유의 여러 가지 쓰임에 대해 설명하는 글입니다. 우유가 활용되어 만들어지는 식품들을 잘 분류하고 비교하면서 읽어보는 회차입니다.	월 일	독해 7문제 중 □개 어법·어휘 9문제 중 □개
12회	독서 **사회**	**전통 혼례** 전통 혼례인 초례에 대한 글입니다. 초례의 의미와 과정, 방법에 대해서 잘 읽어보고 문제에 적용해보는 회차입니다.	월 일	독해 7문제 중 □개 어법·어휘 7문제 중 □개
13회	독서 **기타**	**강남스타일** 월드스타 싸이의 강남스타일에 대한 기사문입니다. 기사문을 읽고 그 핵심과 내용을 잘 파악해보며 독해하는 회차입니다.	월 일	독해 7문제 중 □개 어법·어휘 8문제 중 □개
14회	문학 **동시**	**고향의 봄** 고향에 대한 그리움을 담은 시입니다. 말하는 이가 그리워하는 고향의 모습을 상상하며 읽어보는 회차입니다.	월 일	독해 7문제 중 □개 어법·어휘 7문제 중 □개
15회	문학 **동화**	**라푼젤** 유명한 외국 동화 라푼젤입니다. 인물, 사건, 배경을 파악하고 문제에 적용해보는 회차입니다.	월 일	독해 7문제 중 □개 어법·어휘 7문제 중 □개

　가정에서 우유를 살 때 어떤 우유를 사야 할지 고민해 본 적이 있나요? 요즈음 우유는 일반 우유, **저지방**[①] 우유, 칼슘 우유 등으로 다양하게 만들어져 **판매**[②]되고 있습니다. 젖소에서 얻은 우유를 어떻게 이토록 다양하게 변화시킬 수 있을까요?

　우리 주위의 물질은 대부분 혼합물로 존재합니다. 혼합물이란 두 가지 이상의 물질이 서로 섞여 있는 것을 말합니다. 단무지, 당근, 밥, 시금치가 모두 들어있는 김밥과, 물에 꿀을 섞은 꿀물 또한 혼합물입니다. 혼합물에서 서로 섞여 있는 각 물질의 성질은 변하지 않습니다. 단무지는 김밥 속에 들어가도 단무지 맛이 그대로 납니다.

　생활 속에서 이러한 혼합물을 분리하는 경우가 있습니다. 혼합물을 분리하면 자연에서 필요한 물질을 분리해 두고 필요할 때 사용할 수 있습니다. 그리고 원하는 **비율**[③]대로 다른 물질과 섞어 새로운 물질을 만들 수도 있습니다.

　순수한 액체처럼 보이는 우유도 다양한 물질을 포함하고 있는 혼합물입니다. 우유라는 혼합물을 분리하거나 다른 물질을 첨가하여 다양한 종류의 우유 제품을 만들 수 있습니다. 그러면 우유를 분리하면 어떤 것들을 만들어낼 수 있을까요?

　우선 저지방 우유가 있습니다. 저지방 우유는 일반 우유에서 지방을 분리해 덜어낸 우유입니다. 일반 우유에 비하여 지방의 양이 적습니다. 칼슘 우유는 우유에 칼슘 성분을 (㉮)하여 만든 것입니다. 우유에서 분리한 지방으로 만든 제품도 있습니다. 생크림과 버터입니다. 생크림은 우유에서 **유지방**[④]이 많이 포함된 크림 부분을 분리하여 만들고, 버터는 이 크림을 세게 휘저어 엉

기게 한 뒤에 굳혀서 만듭니다. 그리고 우유에서 단백질을 분리하면 치즈를 만들 수 있습니다. 효소나 산을 이용해 우유에서 단백질을 분리해 낸 다음 굳힙니다. 그렇게 굳은 덩어리를 모아 틀에 넣어 치즈를 만듭니다. 만약 우유를 분리할 수 없었다면 버터, 치즈, 생크림은 먹을 수 없었겠지요?

1
중심
생각

이 글에서 가장 중요한 낱말은 무엇인가요? ────────────────────────────── [   ]

① 김밥   ② 버터   ③ 우유   ④ 치즈   ⑤ 혼합물

2
세부
내용

이 글을 읽고 알 수 있는 사실을 고르세요. ──────────────────────────── [   ]

① 혼합물은 분리할 수 없다.

② 우유에서 단백질을 모아 만든 것은 생크림이다.

③ 혼합물을 분리해서 새로운 물질을 만들 수 있다.

④ 저지방 우유는 일반 우유에 비하여 지방의 양이 많다.

⑤ 김밥에 들어간 밥은 성질이 변했기 때문에 맛도 변한다.

3
세부
내용

우유에서 단백질을 분리하여 만든 것은 무엇인가요?

4
구조
알기

빈칸을 채워 글의 내용을 요약해보세요.

우리 주위의 대부분의 물질은 두 가지 이상의 물질이 섞여있는 [   ]로

존재합니다. 여러 가지 물질이 섞여있지만 각 물질의 [   ]은 변하지 않습니다.

우유를 [   ] 하거나 어떤 성분을 첨가하면 여러 가지 [   ]의

우유로 변화시킬 수 있고, 생크림이나 치즈, 버터도 얻을 수 있습니다.

어려운 낱말 풀이 ① **저지방** 지방의 포함 비율이 매우 낮은 상태 低낮을 저 脂기름 지 肪살찔 방 ② **판매** 상품을 팖 販팔 판 賣팔 매
③ **비율** 다른 수나 양에 대한 어떤 수나 양의 비 比견줄 비 率비율 율 ④ **유지방** 젖이나 우유에 들어 있는 지방 乳
젖 유 脂기름 지 肪살찔 방

5

글의 내용으로 볼 때 ㉮에 알맞은 말을 고르세요. ──────────────────── [　　　]

① 변화　　　　　② 첨가^①　　　　　③ 부착^②　　　　　④ 분리　　　　　⑤ 차별^③

6

다음은 이 글의 마지막 문단을 정리한 것입니다. 그런데 문단의 중심 내용과 어울리지 <u>않는</u> 내용이 있는 것이 발견됐습니다. 무엇일까요? ──────────────────── [　　　]

> 5문단 중심내용 : 우유를 분리해서 만들 수 있는 제품들

① 저지방 우유 : 일반 우유에서 지방을 분리해 덜어내 만든 우유

② 칼슘 우유 : 일반 우유에 칼슘을 첨가해 만든 우유

③ 생크림 : 일반 우유에서 유지방이 많은 부분을 분리해 만든 제품

④ 버터 : 일반 우유에서 분리한 크림을 굳혀서 만든 제품

⑤ 치즈 : 일반 우유에서 분리한 단백질로 만든 제품

7

다음 중 혼합물이 <u>아닌</u> 것을 고르세요. ──────────────────── [　　　]

① 비빔밥　　　　　　② 샐러드　　　　　　③ 미숫가루

④ 호두　　　　　　　⑤ 샌드위치

🧻 **어려운 낱말 풀이**ㅣ ① **첨가** 이미 있는 것에 더하는 것 添더할 첨 加더할 가　② **부착** 떨어지지 않게 붙임 附붙을 부 着붙을 착　③ **차별** 다
각각 차이를 두어서 구별함 差차이 차 別나눌 별

11회 어법·어휘편 본문에 나온 어휘들만 따로 모아 복습하는 순서입니다.

[1단계] 아래의 낱말에 알맞은 뜻을 선으로 이어 보세요.

[1] 분리 •   • ㉠ 더하기

[2] 첨가 •   • ㉡ 나누기

[3] 부착 •   • ㉢ 붙이기

[2단계] 아래 문장의 빈칸에 알맞은 낱말을 [보기]에서 찾아서 써넣으세요.

> [보 기]   분리   혼합   첨가

[1] 칼슘 우유는 우유에 칼슘 성분을 ☐☐ 하여 만든 우유입니다.

[2] 대부분의 물질은 두 가지 이상의 물질이 ☐☐ 되어 있습니다.

[3] 우유를 ☐☐ 하면 다양한 유제품을 얻을 수 있습니다.

[3단계] 빈칸에 들어갈 알맞은 한자를 [보기]에서 찾아서 써 보세요.

> [보 기]   石
돌 석   牛
소 우   豆
콩 두

[1] ☐ 乳 / 젖 유 : 소의 젖. 살균하여 음료로 마시며 버터, 치즈 등을 만든다.

[2] ☐ 乳 / 젖 유 : 간 콩에 물을 더해 진하게 끓인 음료

[3] ☐ 油 / 기름 유 : 땅속에서 얻을 수 있는 불에 타는 기름

시간 끝난 시간 ☐시 ☐분

1회분 푸는 데 걸린 시간 ☐분

채점 독해 7문제 중 ☐개

어법·어휘 9문제 중 ☐개

← 스스로 붙임딱지
문제를 다 풀고
맨 뒷장에 있는
붙임딱지를
붙여보세요.

12회

(가) 드라마나 영화를 보면 서로 사랑하는 두 사람이 결혼식을 ㉠올리는 장면을 많이 볼 수 있습니다. 오늘날은 웨딩드레스를 입고 결혼식장에서 결혼을 하지만, 옛날 우리 조상들은 어떻게 결혼식을 했을까요?

(나) 현재 결혼식은 드레스와 턱시도를 입지만 예전에는 결혼식에만 입는 한복을 입고 결혼을 했습니다. 신랑은 사모관대라는 전통 **복장**①을 하고, 신부는 활옷이라고 하는 **소매**②가 넓고 화려한 옷을 입었습니다. 그리고 족두리를 쓰고 양쪽 볼과 이마에 **연지**③ **곤지**④를 찍었습니다.

(다) 예전에는 결혼식을 **초례**⑤라고 불렀는데, 신부의 집에서 초례를 올렸습니다. 신랑이 신부 집에 들어서면 신랑이 가지고 온 기러기를 상 위에 올려놓고 두 번 절을 합니다. 기러기는 한번 짝을 지으면 죽을 때까지 그 짝과 함께 지내는 새라고 합니다. 만약 한쪽이 먼저 죽어도 다시 새 짝을 찾지 않는다고 합니다. 이렇게 신랑이 기러기를 가지고 가는 것은 신부와 평생 함께하겠다는 뜻입니다.

(라) 초례를 치를 때는 초례상을 앞에 두고 합니다. 초례상에는 **올곧음**⑥을 의미하는 대나무와 사악한 기운을 물리쳐 주는 명태, 항상 변함없음을 의미하는 소나무 등이 올라갑니다. 대추와 밤은 **다산**⑦과 **장수**⑧를 의미해서 반드시 올렸습니다. 또 경우에 따라 콩이나 팥, 계절 과일을 올리기도 했습니다.

(마) 초례상을 앞에 두고 마주 선 신부가 먼저 신랑을 향해서 두 번 절하면 신랑도 한 번 절하고, 신부가 다시 두 번 절하면 신랑은 또 한 번 절합니다. 그리고 나서 표주박을 잘라서 만든 술잔으로 각자 세 잔의 술을 마십니다. 쪼갠 표주박에는 둘로 쪼개진 표주박이 합쳐지듯이 신랑, 신부도 완전한 부부가 되라는 소망이 담겨 있습니다.

↑ 전통 혼례 모습. 사모관대를 쓴 신랑과 활옷을 입은 신부의 모습이 보인다. (ⓒ게티이미지뱅크)

1

중심
생각

이 글의 중심 소재는 무엇인가요? ··· [   ]

① 복장   ② 초례   ③ 신랑   ④ 신부   ⑤ 부부

2

세부
내용

글을 통해 알 수 <u>없는</u> 내용을 고르세요. ··· [   ]

① 초례는 신부의 집에서 올렸다.

② 초례상에 놓는 음식은 바뀔 수도 있다.

③ 요즘 결혼식은 드레스와 턱시도를 입는다.

④ 기러기는 신랑이 신부의 집으로 가지고 갔다.

⑤ 평소에도 특별한 날이면 여자들은 활옷을 입고 족두리를 쓰기도 한다.

3

어휘
표현

[보기]의 설명은 본문의 어떤 단어를 설명한 것인지 써 보세요.

> [보 기] − 신부의 양쪽 볼과 이마에 바르는 것
>
> − 빨간색으로 바르는 것은 나쁜 기운을 쫓는 힘이 있다고 생각했기 때문이다.

☐ ☐ ☐ ☐

4

추론

[보기]의 문장은 (가)~(마) 중 어느 문단에 들어가야 할까요? ································· [   ]

> [보 기] 처음에는 살아 있는 기러기를 상에 올렸는데 살아 있는 새를 가지고 오기 힘들어서
>
> 나중에는 점점 나무 기러기로 대신하게 되었습니다.

① (가)   ② (나)   ③ (다)   ④ (라)   ⑤ (마)

어려운 낱말 풀이 ① **복장** 옷차림 服옷 복 裝꾸밀 장 ② **소매** 옷에서 팔을 감싸는 부분 ③ **연지** 여자가 화장할 때에 입술이나 뺨에 찍는 붉은 빛깔의 염료 臙연지 연 脂기름 지 ④ **곤지** 전통 혼례에서 신부가 단장할 때 이마 가운데 연지로 찍는 붉은 점 ⑤ **초례** 전통적으로 치르는 결혼식 醮제사 초 禮예도 례 ⑥ **올곧음** 마음이나 정신 상태 따위가 바르고 곧음 ⑦ **다산** 아이를 많이 낳음 多많을 다 産낳을 산 ⑧ **장수** 오래 삶 長길 장 壽목숨 수

5

다음 중 밑줄 친 ㉠과 의미가 비슷한 것을 고르세요. ─────────────── [   ]

① 우리 집은 일 년에 두 번 제사를 올린다.

② 산에 올라갈 때는 물을 꼭 챙겨가도록 해.

③ 곧 연극이 시작하나 봐. 막이 올라가고 있어.

④ 이번 시험에서는 반드시 성적을 올리고 말거야.

⑤ 내가 그 사진을 학교 홈페이지 게시판에 올릴게.

6

다음은 초례상에 올리는 것들입니다. 그것들이 의미하는 바를 선으로 바르게 이어보세요.

[1] 대나무 •   • ㉠ 사악한 기운을 물리침

[2] 소나무 •   • ㉡ 올곧게 살길 기원함

[3] 명태 •   • ㉢ 오래 살길 기원함

[4] 대추 •   • ㉣ 자식을 많이 낳길 기원함

[5] 밤 •   • ㉤ 변함없이 살길 기원함

7

글의 중심 내용이 잘 드러나도록 빈칸에 알맞은 말을 [보기]에서 찾아 쓰세요.

[보 기]	사모관대	표주박	초례	기러기	초례상

우리 조상들은 결혼식을 [   ] 라고 불렀습니다. 신랑은 신부 집으로 갈 때

신부와 평생 함께하겠다는 의미로 [   ] 를 가지고 갑니다. 결혼식인 만큼 옷도

특별하게 입었는데 신랑은 [   ] 를 머리에 썼고, 신부는 활옷을 입었습니다.

[   ] 을 앞에 두고 신랑과 신부는 마주 서서 절을 주고받습니다. 그리고

[   ] 을 잘라서 만든 술잔에 술을 나누어 마십니다.

12회 어법·어휘편 본문에 나온 어휘들만 따로 모아 복습하는 순서입니다.

[**1**단계] 아래의 낱말에 알맞은 뜻을 선으로 이어 보세요.

[1] 복장 •   • ㉠ 아이를 많이 낳음

[2] 다산 •   • ㉡ 옷차림

[3] 장수 •   • ㉢ 오래 삶

[**2**단계] 아래 문장의 빈칸에 알맞은 낱말을 [보기]에서 찾아서 써넣으세요.

[보 기]	복장	소매	장수

[1] 음식이 옷에 묻을 수 있으니 ☐☐ 을(를) 걷고 밥을 먹어라.

[2] 할머니, 할아버지! 건강하시고 ☐☐ 하세요!

[3] 내일은 중요한 날이니까 ☐☐ 에 신경 쓰도록 합시다.

[**3**단계] 이 글에서 소나무는 '항상 변함없음'을 의미한다고 했습니다. 소나무에 대한 알맞은 별명을 골라보세요. ────────── [   ]

① 재밌는 나무

② 바뀌는 나무

③ 뾰족한 나무

④ 늘 푸른 나무

⑤ 흔들리는 나무

시간 **끝난 시간** ☐시 ☐분   채점 **독해** 7문제 중 ☐개   ← 스스로 붙임딱지
1회분 푸는 데 걸린 시간 ☐분   **어법·어휘** 7문제 중 ☐개   문제를 다 풀고 맨 뒷장에 있는 붙임딱지를 붙여보세요.

3주
12
회

해설편
007
쪽

(가)

가수 싸이의 '강남스타일' 뮤직비디오가 유튜브에서 **조회**^① 수 20억을 기록했습니다. 발표된 지 2년 만의 기록입니다.

싸이의 '강남스타일'은 발표된 직후부터 전 세계적으로 큰 인기를 끌었습니다. 특히 유튜브에 업로드된 뮤직비디오에 대한 반응이 뜨겁습니다. '강남스타일'이 이렇게 인기를 끌게 된 까닭은 무엇일까요?

가장 큰 까닭은 '재미'였습니다. '강남스타일'의 **하이라이트**^②는 날씬한 댄서들 사이에서 싸이가 '말춤'을 추는 장면입니다. 세계인들은 이 '말춤'에 열광했습니다. '오빠 강남스타일!'이라는 가사에 맞춰 '말춤'을 따라 추고, 뮤직비디오를 **패러디**^③한 동영상을 만드는 등 다양한 반응을 보였습니다. 한결같이 '재미있다'라는 반응이었습니다.

'강남스타일'의 20억 조회 수는 유튜브에 공개된 후 2년도 걸리지 않고 **달성**^④된 기록입니다. ⓐ 이에 대해 유튜브 측에서는 '강남스타일'을 기념하는 의미에서 싸이에게 축하 메시지를 전달했습니다. 싸이는 "조회 수가 20억이라니, 정말 명예롭지만 한편으로는 부담스럽습니다."라고 **소감**^⑤을 ㉠밝혔습니다. 그리고 "(A) '강남스타일' 같은 재미있는 음악을 만들겠다."고 덧붙였습니다.

↑ 러시아 올림픽스카이 경기장 앞에 많은 사람이 모여 '말춤'을 추고 있다. (출처 : 연합뉴스)

어려운 낱말 풀이 ① **조회** 인터넷 등에 올려 진 게시글을 확인함 照비출 조 會모일 회 ② **하이라이트** 가장 중요한 부분, 혹은 가장 재미난 부분 ③ **패러디** 특정 작품의 일부를 흉내 내어 재미있게 표현하는 방법 ④ **달성** 목적한 바를 성취함 達통달할 달 成이룰 성 ⑤ **소감** 마음으로 느끼는 바 所바 소 感느낄 감 ⑥ **기사** 신문, 잡지 등에 쓰이는 글 記기록할 기 事일 사

1
중심생각

이 글은 기사입니다. 이 글의 목적은 무엇인가요? ⑥ ────────── [　　　]

① 알리기　　　　② 초대하기　　　　③ 주장하기
④ 질문하기　　　　⑤ 반성하기

2
중심생각

빈칸 (가)에 들어갈 가장 알맞은 제목을 고르세요. ────────── [　　　]

① '말춤' – 따라 하기 어려워.
② 싸이, 신곡 '강남스타일'을 발표!
③ 유튜브 – 뮤직비디오 서비스 시작!
④ '강남스타일' – 드디어 20억 조회 수 달성!
⑤ 싸이, "당분간은 음악 제작보다는 방송 활동을 많이 하겠습니다."

3
세부내용

기사의 내용과 다른 것을 고르세요. ────────── [　　　]

① 세계인들은 '말춤'에 열광했다.
② '강남스타일'을 패러디한 동영상이 많다.
③ 싸이는 유튜브 측에 축하 메시지를 전달했다.
④ '강남스타일'은 발표된 직후부터 인기를 끌었다.
⑤ 싸이는 유튜브와의 인터뷰에서 매우 명예롭다고 밝혔다.

4
내용적용

이 글에서 밑줄 친 ⓐ가 의미하는 것은 어떤 내용인가요? ────────── [　　　]

① 싸이가 인터뷰를 하는 것
② '강남스타일'이 싸이의 뮤직비디오라는 것
③ 조회 수 20억이 부담스러운 기록이라는 것
④ 유튜브에서 강남스타일을 조회할 수 있다는 것
⑤ 2년이 채 되지 않아 '강남스타일'의 조회 수가 20억이 되었다는 것

5

어휘
표현

밑줄 친 ⊙과 가장 비슷한 의미를 가진 표현이 쓰인 문장을 고르세요. ------------------------------ [   ]

① 자세히 눈을 밝히고 찾아봐.

② 너무 어두우니까 불을 밝혀줘.

③ 너는 음식을 참 많이 밝히는구나.

④ 형광등으로 집 안을 환하게 밝혀줘.

⑤ 어제 그 말이 무슨 말인지 의미를 밝혀줘.

6

어휘
표현

이 글에서 (A)에 들어갈 표현으로 알맞지 않은 것을 고르세요. ------------------------------ [   ]

① 계속해서

② 앞으로도

③ 더 열심히

④ 죄송하지만

⑤ **자만**①하지 않고

7

구조
알기

이 기사와 같은 내용의 요약글을 완성하세요.

싸이의 뮤직비디오 '　　　　　'이 유튜브에서 조회 수 20억을 돌파했다.

발표된 지 　 년 만이다. 가장 큰 까닭은 　　 였다.

특히 　　 을 추는 장면이 가장 인기가 많았다.

싸이는 명예롭지만 한편으로는 부담스럽다고 　　 을 밝혔다.

어려운 낱말 풀이 ┊ ① **자만** 자신에 대해 뽐내고 잘난 척을 함 自스스로 자 慢게으를 만

[1단계] **아래의 낱말의 알맞은 뜻에 선을 이어 보세요.**

[1] 조회 •　　　　　　　　• ㉠ 목적한 바를 성취함

[2] 달성 •　　　　　　　　• ㉡ 마음으로 느끼는 바

[3] 소감 •　　　　　　　　• ㉢ 인터넷 등에 올려진 게시글을 확인함

[2단계] **아래 문장의 빈칸에 알맞은 낱말을 [보기]에서 찾아서 써넣으세요.**

| [보 기] | 조회 | 달성 | 소감 |

[1] 공부를 열심히 해서 내가 원하던 100점을 □□ 하였다.

[2] 학교 홈페이지에서 게시물을 □□ 해 보았다.

[3] 새로 뽑힌 대통령이 당선에 대한 □□ 을(를) 밝혔다.

[3단계] **다음 중 '기사'가 문장 속에서 쓰인 뜻을 찾아 고르세요.**

[1] 어제 그 연예인에 대한 **기사** 혹시 봤니? ⋯⋯⋯⋯⋯⋯⋯⋯⋯⋯⋯⋯⋯⋯ [　　　]

　　① 신문이나 잡지 따위에서, 어떠한 사실을 알리는 글

　　② 말을 탄 무사

[2] 마치 동화 속의 말을 탄 **기사**가 된 것 같아. ⋯⋯⋯⋯⋯⋯⋯⋯⋯⋯⋯⋯ [　　　]

　　① 신문이나 잡지 따위에서, 어떠한 사실을 알리는 글

　　② 말을 탄 무사

시간 끝난 시간 □시 □분　　채점 독해 7문제 중 □개

1회분 푸는 데 걸린 시간 □분　　어법·어휘 8문제 중 □개

← 스스로 붙임딱지
문제를 다 풀고
맨 뒷장에 있는
붙임딱지를
붙여보세요.

3주 | 13회 65

고향의 [   ]

이원수

나의 살던 고향은 꽃 피는 산골

복숭아꽃 살구꽃 아기 진달래

울긋불긋 ㉠꽃 대궐 차린 동네

그 속에서 놀던 때가 그립습니다.

꽃동네 새 동네 나의 옛 고향

파란 들 남쪽에서 바람이 불면

냇가에 수양버들 춤추는 동네

그 속에서 놀던 때가 그립습니다.

유튜브에서 동요를 들어보세요.

고향의 봄 🔍

https://youtu.be/rhZJcYqjMFw

1

중심
생각

이 시의 제목에서 빈칸에 들어갈 알맞은 계절을 써넣으세요.

[   ]

2
요소

이 시는 말하는 이의 무엇을 그리고 있는 시인가요? ────────────── [   ]

① 추억   ② 기대   ③ 반성

④ 걱정   ⑤ 용서

3
작품
이해

말하는 이가 고향에 대해 느끼는 감정으로 옳은 것을 고르세요. ───────── [   ]

① 신기함   ② 미안함   ③ 그리움

④ 무서움   ⑤ 부끄러움

4
어휘
표현

밑줄 친 ㉠은 어떤 모습을 표현한 것인가요? ───────────────── [   ]

① 대궐에 꽃이 핀 모습

② 사람들이 대궐에 꽃을 심는 모습

③ 꽃이 대궐 정원에 떨어지고 있는 모습

④ 가을이 되어 꽃이 바람에 흩날리고 있는 모습

⑤ 꽃이 마치 대궐처럼 온 동네에 가득 피어있는 모습

5 이 시에 대한 설명으로 옳지 <u>않은</u> 것을 고르세요. ─────────────────── [   ]

① 총 2개의 연으로 구성되어 있다.

② 색깔을 나타내는 표현이 사용되었다.

③ 계절을 알 수 있는 시어가 사용되었다.

④ 사람이 아닌 것을 사람처럼 표현하였다.

⑤ 시에서 말하는 이는 꽃과 대화하고 있다.

6 이 시에서 묘사하는 고향의 모습으로 맞지 <u>않은</u> 것을 고르세요. ──────────── [   ]

① 산속에 있는 마을이다.

② 마을 가까이에 냇가가 있다.

③ 여러 종류의 꽃이 가득 피는 동네다.

④ 밤이면 반딧불이의 불빛이 눈부신 마을이다.

⑤ 파란 들이 펼쳐져 있고 남쪽에서 바람이 불어오는 마을이다.

7 이 시의 말하는 이와 비슷한 경험을 한 친구를 고르세요. ──────────────── [   ]

① 지원 : 어제 친구와 싸웠는데, 화해하고 싶어.

② 혜지 : 친구에게 선물하기 위해 꽃다발을 만들었어.

③ 민서 : 오랜만에 시골에 계신 할머니 댁에 놀러갔어.

④ 용국 : 미국에서 유학하고 있으니 우리나라 음식들이 먹고 싶어.

⑤ 상민 : 학교에서 친구들과 소풍을 가서 재미있게 놀고 추억도 만들었어.

[1단계] 아래의 낱말에 알맞은 뜻을 선으로 이어 보세요.

[1] 산골 •   • ㉠ 버드나뭇과 버드나무속의 식물을 통틀어 이르는 말

[2] 대궐 •   • ㉡ 궁궐

[3] 버들 •   • ㉢ 외지고 으슥한 깊은 산속

[2단계] 빈칸에 알맞은 낱말을 [보기]에서 골라 쓰세요.

[보 기]	산골	대궐	버들

[1] 옛날에 임금님들은 큰 ☐☐ 에서 살았지.

[2] 그 마을에 가기 위해선 저 ☐☐ 을 넘어야 해.

[3] 강가에 오니 ☐☐ 잎이 넘실거리네.

[3단계] [보기]를 참고하여 '울긋불긋' 대신 쓸 수 있는 시어를 고르세요. ------------------ [   ]

[보 기] 울긋불긋 : 짙고 옅은 여러 가지 빛깔들이 야단스럽게 한데 뒤섞여 있는 모양

① 옹기종기   ② 반짝반짝   ③ 알록달록

시간 끝난 시간 ☐시 ☐분   채점 독해 7문제 중 ☐ 개   ← 스스로 붙임딱지
      1회분 푸는 데 걸린 시간 ☐분   어법·어휘 7문제 중 ☐ 개   문제를 다 풀고 맨 뒷장에 있는 붙임딱지를 붙여보세요.

　옛날에 아이가 없던 부부가 살았어요. 부부는 아이를 갖고 싶어 정성스럽게 기도했어요. 그러자 어느 날 아내가 아이를 갖게 되었지요.

　임신한 아내는 '라푼젤'이 너무 먹고 싶었어요. ㉠라푼젤은 이웃에 사는 마녀가 키우는 독일 양배추였어요. ㉡라푼젤을 먹지 못하면 죽을 것 같다고 졸라대는 아내를 위해 남편은 마녀의 밭에서 몰래 라푼젤을 훔쳐왔어요. 그 후에도 아내는 자꾸만 ㉢라푼젤이 먹고 싶다고 졸랐어요. 남편은 계속 마녀의 밭에서 ㉣라푼젤을 훔치다가 결국 마녀에게 **발각**되고 말았어요. 무서운 마녀는 태어날 아기를 달라고 말했어요. 그렇게 하지 않으면 **저주**를 내리겠다고 했지요. 남편은 어쩔 수 없이 아기를 주기로 했어요.

　시간이 흘러 아내는 여자아이를 낳았지만 마녀는 약속대로 아이를 **빼앗아** 갔어요. 마녀는 아이에게 '라푼젤'이라는 이름을 붙여주었어요. ㉤라푼젤은 계단이 없는 높은 탑에 갇혀서 마녀와 함께 살게 되었어요. 그 탑은 깊은 숲 속에 있었어요. (㉮). 그래서 마녀는 라푼젤의 긴 황금색의 머리카락을 사다리 삼아 탑을 드나들었어요.

　그러던 어느 날 한 왕자가 라푼젤이 살고 있는 탑에 찾아왔어요. 왕자는 숲을 지나가던 중에 라푼젤의 아름다운 노랫소리를 듣고는 그 소리를 따라 탑까지 온 것이었어요. 왕자는 마녀가 라푼젤의 머리카락을 타고 탑을 오르는 것을 지켜봤어요. 마녀가 탑을 떠나자 같은 방법으로 탑에 올라갔어요. 라푼젤과 왕자는 서로 만나자마자 사랑에 **빠졌어요**.

　하지만 얼마 지나지 않아 마녀가 이 사실을 알아버렸어요. 화가 난 마녀는 라푼젤의 아름다운 머리카락을 잘라버리고는 그녀를 들판으로 내쫓았어요. 이 사실을 모르고 탑에 찾아온 왕자는 마녀가 내려준 라푼젤의 잘린 머리카락을 타고 올라갔어요. 왕자가 거의 다 올라왔을 때, 마녀는 잡고 있던 머리카락을 놓았어요. 왕자는 가시덤불 위로 떨어졌고, 앞을 볼 수 없게 되어 버렸어요.

　왕자는 눈이 먼 채 여기저기를 떠돌았어요. 그러다가 황량한 땅에 살고 있던 라푼젤과 다시 만났어요. 라푼젤은 기뻤지만 왕자가 앞을 볼 수 없게 되어서 너무나 [㉯]. 그래서 눈물을 뚝뚝 흘렸지요. 그런데 눈에서 떨어진 눈물이 왕자의 **시력**을 회복시켜주었어요. 결국 왕자와 라푼젤은 왕자의 나라로 돌아가 행복하게 살았답니다.

-외국 동화 「라푼젤」

1
중심
생각

이 이야기의 중심인물인 여자아이의 이름을 쓰세요.

2
요소

밑줄 친 ㉠~㉤ 중 지시하는 대상이 <u>다른</u> 하나를 고르세요. ──────────── [　　]

① ㉠　　　　② ㉡　　　　③ ㉢　　　　④ ㉣　　　　⑤ ㉤

3
추론
적용

빈칸 ㉮에 들어갈 내용으로 가장 적절한 것을 고르세요. ──────────── [　　]

① 라푼젤은 탑에 살면서부터 한 번도 머리카락을 자르지 않았기 때문에 머리카락이 아주 길었어요.

② 라푼젤의 부모님은 마녀를 찾아와서 마녀를 무찌르고 라푼젤을 구해 집으로 돌아가게 되었어요.

③ 마녀는 라푼젤을 너무 아끼고 사랑해서 항상 라푼젤의 머리를 손질해주고 머리를 잘라 주었어요.

④ 라푼젤은 머리가 아주 길어서 땅에 끌릴 정도였어요. 라푼젤의 머리카락은 아주 진한 검정색이었어요.

⑤ 라푼젤은 마녀가 성에 올라올 수 있도록 나무로 사다리를 만들기 시작했고 얼마 후 멋진 사다리를 완성하게 되었어요.

4
어휘
표현

빈칸 ㉯에 들어갈 알맞은 말을 고르세요. ──────────── [　　]

① 기뻤어요

② 놀랐어요

③ 슬펐어요

④ 재밌었어요

⑤ 신기했어요

🧻 어려운 낱말 풀이 ┃ ① **발각** 숨겼던 것이 드러남 發쏠 발 覺깨달을 각　② **저주** 남에게 재앙이나 고난이 닥치도록 빌고 바람, 혹은 그러한 재앙이나 고난 詛저주할 저 呪빌 주　③ **시력** 눈으로 볼 수 있는 능력 視볼 시 力힘 력

5
세부
내용

이 이야기의 내용과 일치하지 <u>않는</u> 것을 고르세요. ────────────────────── [　　　]

① 화가 난 마녀는 라푼젤의 머리카락을 잘라버렸다.

② 남편은 마녀의 밭에서 양배추를 훔치다가 들키고 말았다.

③ 왕자는 마녀의 속임수에 걸려 눈이 안 보이게 되고 말았다.

④ 아내는 여자아이를 낳아 '라푼젤'이라는 이름을 지어주었다.

⑤ 왕자는 라푼젤의 아름다운 노랫소리를 따라 탑에 찾아가게 되었다.

6
어휘
표현

'텅 비고 넓지만 몹시 메마르고 거친'을 의미하는 말을 본문에서 찾아 쓰세요.

☐ ☐ 한

7
작품
이해

다음 중 인물에 대한 설명과 성격이 <u>잘못된</u> 것을 고르세요. ───────────────── [　　　]

① 라푼젤의 어머니 : 남편에게 남의 것을 훔쳐오라고 시켰기 때문에 꼭 착하다고는 보기 힘들다.

② 왕자 : 몰래 숨어서 마녀와 라푼젤을 지켜봤기 때문에 굉장히 부끄러움이 많다.

③ 마녀 : 아이에게 저주를 내린다고 하는 것으로 보아 심술궂고 못됐다.

④ 라푼젤 : 마녀와 살아도 울지 않고 아름다운 노래를 불렀기 때문에 밝고 씩씩한 성격이다.

⑤ 라푼젤의 아버지 : 마녀가 협박하니까 마녀와 싸워보지도 않고 그냥 아이를 줘버리는 것으로 보아 겁이 많은 성격이다.

배경지식 더하기

라푼젤 양배추는 어떻게 생겼을까요?

이 이야기를 읽으면서 과연 채소 라푼젤은 어떻게 생겼는지
궁금하지 않으셨나요? 채소 라푼젤은 다음과 같이
생겼습니다. 라푼젤은 독일의 채소이며 양배추,
양상추와 비슷하게 생겼습니다. 그리고 실제로
이 채소를 임신했을 때 먹으면 굉장히 좋다고 하네요.
이야기에서 라푼젤의 어머니가 임신했을 때 라푼젤이
먹고 싶다고 한 얘기는 괜히 하는 이야기는 아니었나보네요!
언젠가 독일에 여행가게 된다면 라푼젤을 꼭 기억해보세요!

[1단계] 아래의 낱말에 알맞은 뜻을 선으로 이어 보세요.

[1] 발각 •

• ㉠ 남에게 재앙이나 고난이 닥치도록 빌고 바람, 혹은 그러한 재앙이나 고난

[2] 저주 •

• ㉡ 숨겼던 것이 드러남

[3] 시력 •

• ㉢ 눈으로 볼 수 있는 능력

[2단계] 빈칸에 알맞은 낱말을 [보기]에서 골라 쓰세요.

[보 기]	발각	저주	시력

[1] 나는 ☐☐ 이(가) 좋아서 멀리 있는 것들도 잘 보인다.

[2] 다른 사람을 ☐☐ 하는 일은 엄청나게 나쁜 행위이다.

[3] 범인의 속임수는 경찰에게 금방 ☐☐ 되었다.

[3단계] 다음 중 낱말의 관계가 다른 하나를 고르세요. ┈┈┈┈┈┈┈ [   ]

① 시력 – 청력
② 저주 – 축복
③ 정성 – 건성

시간 끝난 시간 ☐ 시 ☐ 분
1회분 푸는 데 걸린 시간 ☐ 분

채점 독해 7문제 중 ☐ 개
어법·어휘 7문제 중 ☐ 개

← 스스로 붙임딱지
문제를 다 풀고 맨 뒷장에 있는 붙임딱지를 붙여보세요.

3주 | 15회 73

걸음마를 떼다

옛 네팔과 인도의 접경지역에는 작은 왕국이 있었습니다. 그리고 그곳에는 아주 총명한 왕자가 살았습니다. 오랫동안 아들이 없었던 왕국의 왕과 왕비는 왕자를 무척이나 아꼈습니다. 사랑스러운 왕자에게 아름답고 예쁜 것들만 보여주고 싶었지요. 더럽고 추악하거나 사람을 슬프게 만드는 것들은 보여주고 싶지 않았습니다. 왕자가 평생 행복하기만을 바랐으니까요. 왕자는 그렇게 성 안에만 머무르며 왕과 왕비가 만들어 놓은 안락한 삶을 이어갔습니다.

그러던 어느 날, 청년이 되어가던 왕자가 처음으로 성 밖의 풍경을 목격하는 일이 일어났습니다. 성 밖을 본 왕자는 너무나 큰 충격에 빠지고 말았지요. 왕자가 지금까지 성 안에서 영위했던 삶과는 너무나 다른 모습 때문이었습니다. 성 밖에는 고된 노동으로 지친 농부, 서로 먹고 먹히는 짐승들 그리고 늙고 병든 사람들이 있었거든요. 왕자가 태어나 단 한 번도 보지 못한 상황과 인간들의 모습이었습니다. 왕자는 그 모습들을 보면서 깨달았습니다.

'인간의 삶은 기쁘고 즐거움만 있는 것이 아니었구나.'

왕자는 슬프고 우울해졌습니다. 왕은 그런 왕자의 모습이 걱정스러워 더 즐거운 것들을 해주려 했습니다. 하지만 왕자는 어느 것에도 만족할 수 없었습니다. 인간은 언젠가 늙고 병들어 죽는다는 삶의 덧없음을 생각할수록 괴로웠거든요. 결국 왕자는 왕국의 안락한 성을 떠나기로 결심했습니다. 성 밖에서 목격한 삶의 다른 모습들을 받아들임과 동시에 괴로움에서 벗어나고자 길고 긴 수행의 **걸음마를 뗀 것이었죠**. 이후 왕자는 깨달음을 얻었고 사람들에게 '부처'라는 이름으로 불리게 되었습니다.

"걸음마를 떼다."라는 말은 어떤 일을 처음 시작한다는 뜻이에요. 어린아이가 처음으로 발걸음을 내딛는 것에 빗대어 쓰는 말이지요. 성을 떠나는 왕자의 모습이 마치 넘어질 것을 두려워하지 않는 어린아이의 걸음마와 비슷하지 않나요? 비슷한 말로는 "첫 발을 떼다."라는 말도 있답니다.

> **'걸음마'와 관련된 또 다른 관용 표현** **걸음마**를 타다 어떤 일을 이제 겨우 익히기 시작하다. | **걸음마** 수준이다 일이 익숙하지 않다.

4주차

한 주 간의 계획을 먼저 세워보세요. 매일 학습을 마친 후 맞힌 문제의 개수를 쓰세요!

회차	영역	학습 내용	학습계획일	맞은 문제수
16 회	독서 **국어**	**어처구니없다** 자주 듣게 되는 말 중 하나인 '어처구니없다'의 어원에 대해 설명하는 글입니다. 각 어원의 내용을 비교하면서 읽어보는 회차입니다.	월 일	독해 7문제 중 □ 개 어법·어휘 8문제 중 □ 개
17 회	독서 **사회**	**떡국을 먹는 이유** 우리가 설날에 떡국을 먹는 이유를 여러 가지로 제시한 글입니다. 각 이유들을 바탕으로 떡국의 의미를 정리해보는 회차입니다.	월 일	독해 7문제 중 □ 개 어법·어휘 8문제 중 □ 개
18 회	독서 **기타**	**회장 선거 안내문** 학교에서 흔히 볼 수 있는 회장 선거 안내문 입니다. 안내문에서 제시하는 회장 선거 후보의 자격 및 절차를 파악하고 적용해보는 회차입니다.	월 일	독해 7문제 중 □ 개 어법·어휘 8문제 중 □ 개
19 회	문학 **동시**	**반딧불** 어두운 밤의 숲속에 있는 반딧불을 아름답게 표현한 시입니다. 이 시에서 반딧불을 어떻게 묘사했는지 알아보고 묘사를 위해 시에 쓰인 다양한 비유법과 표현을 공부해 보는 회차 입니다.	월 일	독해 7문제 중 □ 개 어법·어휘 7문제 중 □ 개
20 회	문학 **수필**	**슬견설** 이규보의 고전 수필 중 유명 작품인 슬견설 입니다. 이야기를 통해 작가의 생각을 파악 하고 교훈을 얻는 회차입니다.	월 일	독해 7문제 중 □ 개 어법·어휘 9문제 중 □ 개

　　일이 생각했던 것과 다르게 일어나 어찌할 바를 모를 때 우리는 '어처구니없다'라는 말을 사용합니다. 그렇다면 '어처구니없다'는 언제부터 쓰게 된 말이고 '어처구니'는 과연 무슨 뜻이었는지 한번 알아볼까요?

　　'어처구니없다'는 '어이없다'와 같은 말입니다. '어처구니없다'와 '어이없다'를 사전에서 찾아보면 '일이 너무 뜻밖이어서 기가 막히는 듯하다'라고 풀이되어 있으나 이 두 말의 의미가 언제부터 같아진 것인지는 정확히 알기 어렵다고 합니다.

　　'어처구니없다'라는 말이 생기게 된 **유래**①로는 두 가지 **설**②이 있습니다. 첫째, 맷돌의 손잡이라는 유래가 있습니다. 요즈음은 집에서 믹서를 이용해 음식물을 쉽게 갈지만 예전에는 맷돌을 이용했습니다. 맷돌은 동그랗고 납작한 돌 두 개를 겹쳐 놓았으며 돌 위에는 손잡이가 붙어 있습니다. 여기서 맷돌의 손잡이를 어처구니라고 부릅니다. 손잡이를 잡아 맷돌을 돌려 곡물을 갈려고 했는데 맷돌의 손잡이가 없다면 어떨까요? 어이없지

↑ 맷돌과 어처구니

않았을까요? 이럴 때, 옛사람들은 '어처구니없다'라고 말했습니다. 그리고 이런 상황과 비슷한 도저히 이해할 수 없는 상황에서도 '어처구니없다' 혹은 '어이없다'라는 표현을 사용하게 되었습니다. 이것이 '어처구니없다'의 **어원**③이라 생각하기도 합니다.

　　둘째, 궁궐의 지붕 위에 올리는 사람 또는 동물 모양의 흙으로 만든 인형을 어처구니라고 합니다. 어처구니는 나쁜 일을 막아준다는 의미로 올려두는 것인데 궁궐을 다 짓고 마무리할 때 실수로 올려두는 것을 잊어버리는 경우가 많았다고 합니다. 이러한 사실을 알았을 때 사람들은 '어처구니없다'라는 표현을 썼는데 이 표현이 지금까지 전해져 내려와 **황당하거나 당황스러**④울 때 쓰이게 된 것이라고 생각하기도 합니다.⑤

◀ 지붕의 어처구니

1

중심
생각

이 글에 어울리는 제목을 고르세요. ―――――――――――――――――― [　　　　]

① '어이없다'의 뜻　　　　　　　　　　② 맷돌 손잡이의 이름

③ '어처구니없다'의 어원　　　　　　　④ 궁궐 지붕의 다양한 모양

⑤ 맷돌과 믹서의 사용 방법

2

세부
내용

이 글의 내용과 <u>다른</u> 것은 무엇인가요? ――――――――――――――― [　　　　]

① '어처구니없다'는 '어이없다'와 같은 말이다.

② 맷돌의 손잡이가 없어도 맷돌을 쓸 수 있다.

③ 맷돌은 곡식을 갈 때 사용하는 도구이다.

④ '어처구니없다'는 말의 유래로는 두 가지 설이 있다.

⑤ 지붕 위에 올리는 어처구니는 사람 또는 동물 모양의 인형이다.

3

세부
내용

'어처구니'는 무엇을 가리키는 말인가요? ――――――――――――――― [　　　　]

① 맷돌의 손잡이

② 믹서의 손잡이

③ 맷돌의 납작한 돌

④ 궁궐 지붕 위에 올리는 기왓장

⑤ 초가집 지붕 위에 올리는 사람 또는 동물 모양의 인형

4

구조
알기

빈칸에 알맞은 낱말을 넣어 표를 완성하세요.

제 목		
'　　　　　　　　　　　　 없다'의 어원		
어 원 ①	의 손잡이	
어 원 ②	의 지붕 위에 올리는 사람 또는 동물 모양의 흙으로 만든	

어려운 낱말 풀이

① **유래** 사물이나 일이 생겨남 由말미암을 유 來올 래　② **설** 어떤 것에 대한 생각이나 의견, 널리 알려지거나 일반적으로 인정되고 있는 이야기 說말씀 설　③ **어원** 어떤 말이 생겨난 근원 語말씀 어 原근원 원　④ **황당하거나** 말이나 행동이 참되지 않고 터무니없거나 荒거칠 황 唐당황할 당-　⑤ **당황스러울** 놀라거나 다급하여 어찌할 바를 모르겠을 唐당황할 당 慌어리둥절할 황-

5 밑줄 친 말과 같은 뜻으로 쓸 수 <u>없는</u> 말을 고르세요. ································ [   ]

어휘
표현

> 나는 내가 왜 그런 실수를 저질렀는지 <u>어처구니없다는</u> 생각뿐이었다.

① 어이없다는 생각뿐이었다.
② 황당하다는 생각뿐이었다.
③ 성질난다는 생각뿐이었다.
④ 기가 막힌다는 생각뿐이었다.
⑤ 어리둥절하다는 생각뿐이었다.

6 맷돌의 손잡이에서 '어처구니없다'는 말이 유래했다고 보는 이유는 무엇인가요?

내용
적용

맷돌의 손잡이를 ☐☐☐☐ 라고 부르는데, 맷돌의 손잡이가 없어

진다연 곡물을 갈 수 없어 당황했을 것입니다. 이처럼 도저히 이해할 수 없는

☐☐ 한 상황에서 '어처구니없다'라는 말을 씁니다.

7 다음 중 '어처구니없다'는 말을 쓸 수 <u>없는</u> 사람은 누구일까요? ··················· [   ]

추론

① 그런 이상한 질문을 하다니 어처구니없다.
② 겨우 그깟 일로 화를 내다니 어처구니가 없군.
③ 내가 물건을 훔쳤다는 소문은 너무 황당하여 어처구니가 없다.
④ 어린 녀석이 그런 똑똑한 생각을 하다니 정말 어처구니없구나.
⑤ 어쩌다 그런 황당한 실수를 했을까. 내가 생각해도 어처구니없어.

[1단계] 아래의 낱말에 알맞은 뜻을 선으로 이어 보세요.

[1] 당황 •　　　　　　　　　• ㉠ 어떤 말이 생겨난 근원

[2] 설 •　　　　　　　　　• ㉡ 어떤 것에 대한 생각이나 의견, 널리 알려지거나 일반적으로 인정되고 있는 이야기

[3] 어원 •　　　　　　　　　• ㉢ 놀라거나 다급하여 어찌할 바를 모름

[2단계] 아래 문장의 빈칸에 알맞은 낱말을 [보기]에서 찾아서 써넣으세요.

[보 기]　　　　　당황　　　설　　　어원

[1] '어처구니없다'라는 말의 [　　　　　　　]을(를) 알아봅시다.

[2] [　　　　　　　]하지 말고 침착하게 해보자!

[3] '어처구니없다'라는 말이 생기게 된 배경에는 두 가지 [　　　　　　　]이(가) 있습니다.

[3단계] 주어진 뜻풀이를 읽고, 알맞은 낱말에 동그라미 하세요.

[보 기]　**잊어버리다** : 기억해 둬야 할 것을 한순간 전혀 생각해내지 못하다.

잃어버리다 : 가지고 있던 물건이 자신도 모르게 없어져버리다.

[1] 너무 급하게 오느라 지갑을 (잊어버리고 / 잃어버리고) 안 가져왔어요.

[2] 복잡한 백화점에서 가방을 (잊어버렸어요. / 잃어버렸어요.)

시간　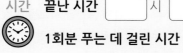　끝난 시간 [　]시 [　]분
1회분 푸는 데 걸린 시간 [　]분

채점　　독해 7문제 중 [　]개
어법·어휘 8문제 중 [　]개

◀ 스스로 붙임딱지
문제를 다 풀고
맨 뒷장에 있는
붙임딱지를
붙여보세요.

　우리 조상들은 새해 첫날, 흰 떡국을 끓여 먹으며 일 년을 시작했습니다. 그리고 그 **풍습**①은 아직까지도 남아있어 현재에도 떡국은 설날에 빠지지 않는 음식이 되었습니다. 그렇다면 우리 조상들이 설날에 떡국을 먹게 된 이유는 무엇일까요?

　첫째, 밝은 한 해를 보내라는 의미로 흰색 음식인 떡국을 먹었다고 합니다. 떡국은 흰 가래떡을 맑은 물에 끓인 국으로 색이 하얗습니다. 예로부터 흰색은 **근엄함**②과 **청결함**③을 뜻했기 때문에 좋지 않았던 일들은 깨끗하게 씻어버리고, 밝고 좋은 일들만 바라는 마음이 담겨있습니다.

　둘째, **무병장수**④를 기원하는 의미가 담겨있습니다. 떡국에 들어가는 떡은 기다랗고 흰 가래떡입니다. 흰색은 **순수함**⑤을 상징하기도 하여 병이 없이 건강하길 바라는 의미가 담겨 있습니다. 또한 긴 모양의 가래떡처럼 오래오래 살기를 바라는 마음도 들어있습니다.

　셋째, 부자가 되라는 의미로 떡국을 먹었습니다. 떡국은 긴 가래떡을 얇게 썰어 둥근 모양으로 만들어서 사용합니다. 이 모양은 예전 **화폐**⑥인 엽전과 비슷하기 때문에 엽전 모양의 떡국을 먹으며 **재물**⑦이 **풍족**⑧해지기를 기원했습니다. 또한 긴 가래떡을 엽전 모양으로 썰면서 떡이 불어나듯 재산이 불어나길 바랐습니다. 이렇게 우리 조상들은 새해에는 돈도 많이 벌고 풍족해지기를 바라는 마음으로 떡국을 먹게 되었습니다.

　마지막으로 **풍년**⑨을 기원하는 마음으로 떡국을 먹었습니다. 설날은 음력 1월 1일로 겨울이 끝나가고 봄이 다시 찾아오는 날입니다. 즉 차가운 기운이 물러가고 따뜻한 기운이 자리 잡는 날이라 할 수 있는데 가래떡이 따뜻한 기운을 의미한다고 합니다. 그래서 우리 조상들은 풍년을 기원하며 떡국을 먹기도 했습니다.

🧻 어려운 낱말 풀이

① **풍습** 옛날부터 전해 내려오는 생활 전체에 걸친 습관 風바람 풍 習익힐 습 ② **근엄함** 점잖고 엄숙한 謹삼갈 근 嚴엄할 엄 - ③ **청결함** 맑고 깨끗함 淸맑을 청 潔깨끗할 결 - ④ **무병장수** 병 없이 건강하게 오래 삶 無없을 무 病병 병 長길 장 壽목숨 수 ⑤ **순수함** 전혀 다른 것의 섞임이 없음 純순수할 순 粹순수할 수 - ⑥ **화폐** 물건을 사고팔고 값을 치르는 데에 쓰이는 돈 貨재화 화 幣비단 폐 ⑦ **재물** 돈이나 그 밖의 값나가는 모든 물건 財재물 재 物물건 물 ⑧ **풍족** 매우 넉넉하여 부족함이 없음 豐풍년 풍 足넉넉할 족 ⑨ **풍년** 농사가 잘된 해 豐풍년 풍 年해 년

1

중심
생각

이 글에서 가장 중심이 되는 낱말을 찾아 동그라미 하세요.

[보 기]   설날   떡국   엽전   풍년   가래떡   재물

2

세부
내용

이 글에서 설명한 설날에 떡국을 먹는 이유를 고르세요. ┈┈┈┈┈┈┈┈┈┈┈┈┈┈ [   ]

① 떡의 하얀색이 나쁜 기운을 막아주기 때문에
② 가래떡의 긴 모양처럼 오래 살기를 바라기 때문에
③ 따뜻한 국물이 추위로부터 몸을 보호해주기 때문에
④ 가래떡에는 우리 몸에 필요한 영양분이 많기 때문에
⑤ 떡국은 다른 음식들보다 만들어 먹기 편하기 때문에

3

세부
내용

이 글에서 가래떡의 '흰색'이 상징하는 의미가 <u>아닌</u> 것을 <u>두 개</u> 고르세요. ┈┈┈┈┈ [,   ]

① 청결함   ② 순수함   ③ 재물
④ 근엄함   ⑤ 따뜻함

4

구조
알기

빈칸에 알맞은 말을 넣어 표를 완성하세요.

주 제	
설날에 □□ 을(를) 먹는 이유	
이유 ①	밝은 한 해를 보내라는 의미로 흰색 음식인 떡국을 먹었다.
이유 ②	□□□□ 을(를) 기원하는 의미가 담겨있다.
이유 ③	□□ 이(가) 되라는 의미로 떡국을 먹었다.
이유 ④	□□ 을(를) 기원하는 마음으로 떡국을 먹었다.

5

[보기]의 설명에 알맞은 낱말을 이 글에서 찾아서 써 보세요.

[보 기]   병 없이 건강하게 오래 삶

☐☐☐☐

6

부자가 되라는 의미로 떡국을 먹는 이유는 무엇인지 써 보세요.

얇게 썬 떡국 떡이 예전 화폐인 ☐☐ 와(과) 비슷하기 때문에

떡국을 먹으며 ☐☐ 이(가) 풍족하기를 기원했다. 또 긴 가래떡을

☐☐ 모양으로 썰면서 ☐☐ 이(가) 불어나길 바랐다.

7

이 글을 읽고 친구들이 대화를 나누었습니다. 알맞지 <u>않은</u> 내용을 말하는 친구를 고르세요. ------ [   ]

① 예린 : 가래떡의 긴 모양은 장수를 뜻하기도 했어.

② 민주 : 우리 조상들은 설날에 떡국을 먹었구나.

③ 수영 : 가래떡은 차가운 기운을 의미하기 때문에 따뜻한 봄에 떡국을 먹어.

④ 영민 : 흰 떡국은 깨끗함을 상징하니까 떡국을 먹고 좋지 않았던 일들을 씻어버릴 수 있어.

⑤ 태연 : 썰어 놓은 떡국 떡은 엽전이랑 비슷하게 생겼네. 부자가 되길 빌면서 떡국을 먹어야겠다.

[1단계] 아래의 낱말에 알맞은 뜻을 선으로 이어 보세요.

[1] 청결 •   • ㉠ 매우 넉넉하여 부족함이 없음

[2] 재물 •   • ㉡ 맑고 깨끗함

[3] 풍족 •   • ㉢ 돈이나 그 밖의 값나가는 모든 물건

[2단계] 아래 문장의 빈칸에 알맞은 낱말을 [보기]에서 찾아서 써넣으세요.

[보기]	청결	재물	풍족

[1] 예로부터 흰색은 근엄함과 ☐☐ 함을 뜻했다.

[2] 엽전 모양의 떡국을 먹으며 ☐☐ 이 넉넉해지기를 기원했다.

[3] 돈도 많이 벌고 ☐☐ 해지기를 바라는 마음으로 떡국을 먹게 되었다.

[3단계] 다음 [보기]를 참고하여 아래의 문장에 쓰인 알맞은 뜻의 번호를 쓰세요.

[보기] 기운   ① 생물이 살아 움직이는 힘
              ② 감기나 몸살 등이 걸린 것을 알 수 있게 하는 초기 증상

[1] 몸살 **기운**이 있어서 오늘은 좀 쉬어야 되겠어. ------------------------------ [   ]

[2] 내가 아무리 **기운**이 없어도 이걸 못 들겠니? ------------------------------ [   ]

시간 끝난 시간 ☐시 ☐분   채점 독해 7문제 중 ☐개
      1회분 푸는 데 걸린 시간 ☐분   어법·어휘 8문제 중 ☐개

↖ 스스로 붙임딱지
문제를 다 풀고
맨 뒷장에 있는
붙임딱지를
붙여보세요.

전교 어린이 회장/부회장 선거^① 안내문

안녕하십니까? 우리 학교 2024학년도 전교 어린이 회장/부회장 선거를 아래와 같이 안내합니다. 아래 내용과 날짜를 지켜 선거에 **참여**^②하여 주시기 바랍니다.

- 선거일 : 2024년 3월 14일(목)

- **입후보**^③ 등록 기간 : 2024년 3월 12일(화)

- 입후보 등록처 : 뿌리초등학교 선거관리위원회 사무소(다목적실)

- 입후보 **자격**^④ : **공고**^⑤일 현재 본교 학생 중 회장 후보는 6학년,
  부회장 후보는 6학년/5학년에 재학 중인 학생

- **제출**^⑥ **서류**^⑦ : (1) 후보자 등록 신청서 1부 (2) 추천장 1부
  추천장에는 우리 학교에 재학 중인 학생 3명 이상의 추천이 들어가야 함

- 투표 참여 자격 : 현재 우리 학교에 재학 중인 학생

- 선거운동 기간 : 2024년 3월 12일(화) ~ 3월 13일(수)

- 후보자 합동 발표회
  -일시 : 2024년 3월 13일(수) 13:00
  -장소 : 다목적실

2024년 3월 8일(금)
뿌리초등학교 선거관리위원장

어려운 낱말 풀이 ① **선거** 어떤 조직이나 집단이 대표자나 임원을 뽑는 일 選가릴 선 擧들 거 ② **참여** 어떤 일에 끼어들어 관련을 맺음 參참여할 참 與줄 여 ③ **입후보** 선거에 후보자로 나서는 것 立설 입 候물을 후 補기울 보 ④ **자격** 일정한 일을 하는 데 필요한 조건이나 능력 資재물 자 格격식 격 ⑤ **공고** 세상에 널리 알림 公공평 공 告알릴 고 ⑥ **제출** 의견이나 문서 등을 냄 提끌 제 出날 출 ⑦ **서류** 글자로 기록한 문서를 통틀어 이르는 말 書글 서 類무리 류

1 이 글은 어떤 내용의 글인가요? ──────────────────────── [   ]

중심
생각

① 공연에 초대하는 글이다.

② 정보를 전달하는 글이다.

③ 글쓴이의 느낌을 표현한 글이다.

④ 글쓴이의 의견을 제시한 글이다.

⑤ 어떠한 사람을 소개하는 글이다.

2 선거 안내문을 읽고 알 수 <u>없는</u> 내용을 고르세요. ──────────── [   ]

세부
내용

① 입후보 등록을 하는 장소

② 선거운동을 할 수 있는 기간

③ 투표에 참여할 수 있는 자격

④ 후보에 등록하려면 필요한 서류

⑤ 회장으로 뽑히면 해야 하는 활동

3 3월 13일 오후 1시에는 어떤 행사가 있을 예정인가요?

세부
내용

☐☐☐☐☐☐☐☐

4 다음 [보기]의 내용이 들어갈 자리는 어디인가요? ──────────── [   ]

구조
알기

> [보 기]   4학년 학생은 입후보를 할 수 없습니다.

① 제출 서류

② 입후보 자격

③ 입후보 등록처

④ 투표 참여 자격

⑤ 입후보 등록 기간

5 '선거에 후보자로 나서는 것'이라는 뜻을 가진 낱말은 무엇인가요? ----------------------------- [   ]

어휘
표현

① 자격   ② 제출   ③ 동의   ④ 입후보   ⑤ 투표

6 선거에 후보로 나설 수 있는 사람은 어떤 사람일까요?

내용
적용

선거에 후보로 나설 수 있는 사람은 ☐☐☐ 현재 ☐☐ 학생인

사람으로, 회장 후보는 ☐ 학년, 부회장 후보는 6학년/5학년에 ☐☐

중인 학생입니다.

7 다음 상황을 보고 마지막에 지수가 할 말로 알맞은 것을 고르세요. ----------------------------- [   ]

추론

> 지수 : 윤정아, 이번 회장 선거에 나갈 거니? 곧 입후보 기간이야.
>
> 윤정 : 응, 한번 후보로 나서보려고 해. 선거운동을 하면 같이 도와줄 거지?
>
> 지수 : 당연하지. 그런데 내일까지 서류를 내야 하는데 준비는 다 되었니?
>
> 윤정 : 깜빡하고 있었어. 어떻게 해야 하지?
>
> 지수 : 우선, 입후보 자격은 갖추었으니까 후보자 등록 신청서를 써서 내기만 하면 돼.
>
>   다음으로 _____ .

① 한 명의 추천이 필요해. 내가 추천해 줄 테니까 걱정 마.

② 후보자 합동 발표회에서 발표할 내용을 미리 만들어야 해.

③ 특별히 준비해야 할 서류는 없어. 어서 신청서를 내러 가자.

④ 3명의 추천이 들어간 추천장을 내야 해. 서현이랑 정아에게 추천을 받아 보자.

⑤ 부회장에 같이 나갈 사람을 따로 정해야 해. 4학년에 다니는 내 동생은 어때?

[1단계] 아래의 낱말에 알맞은 뜻을 선으로 이어 보세요.

[1] 자격 •   • ㉠ 일정한 일을 하는 데 필요한 조건이나 능력

[2] 공고 •   • ㉡ 의견이나 문서 등을 냄

[3] 제출 •   • ㉢ 세상에 널리 알림

[2단계] 아래 문장의 빈칸에 알맞은 낱말을 [보기]에서 찾아서 써넣으세요.

[보 기]	자격	공고	제출

[1] 전교 어린이 회장 선거를 게시판에 ☐☐ 합니다.

[2] 회장 입후보 ☐☐ 은(는) 본교에 다니는 학생이어야 합니다.

[3] 전교 어린이 회장 후보가 되기 위해서는 후보자 등록 신청서를 ☐☐ 해야

합니다.

[3단계] 밑줄 친 말을 다른 말로 알맞게 바꾸어 쓰세요.

[1] 우리 학교에 다니고 있는 학생만 전교 어린이 회장 투표를 할 수 있다.

→ 본☐ 에 다니고 있는 학생만 전교 어린이 회장 투표를 할 수 있다.

[2] 우리 학교는 3월에 대표자나 임원을 뽑는 일을 한다.

→ 우리 학교는 3월에 선☐ 을(를) 한다.

시간 **끝난 시간** ☐시 ☐분   채점 **독해** 7문제 중 ☐개

1회분 푸는 데 걸린 시간 ☐분   **어법·어휘** 8문제 중 ☐개

← 스스로 붙임딱지
문제를 다 풀고
맨 뒷장에 있는
붙임딱지를
붙여보세요.

4주 | 18회 87

반딧불

윤동주

가자 가자 가자
숲으로 가자
달 조각을 주우러^① ^②
숩으로 가자.

㉠그믐밤^③ 반딧불^④은
부서진 달 조각

가자 가자 가자
숲으로 가자
달 조각을 주우러
숲으로 가자.

어려운 낱말 풀이
① **조각** 한 물건에서 따로 떼어져 나온 작은 부분 ② **주우러** 바닥에 떨어지거나 흩어져 있는 것을 잡으러
③ **그믐밤** 그믐날(음력으로 그달의 마지막 날)의 밤, 달빛이 적기 때문에 다른 날들보다 어두운 편이다.
④ **반딧불** 꽁무니에서 빛을 내는 딱정벌레의 일종

1
세부
내용

이 시에 대한 설명으로 옳지 않은 것을 고르세요. ────────────────── [   ]

① 이 시는 3연 10행으로 이루어져 있다.

② 다소 화난 어조로 거칠게 말하고 있다.

③ 1연과 3연이 같은 내용으로 되어 있다.

④ 한 낱말을 반복해서 사용하며 강조하고 있다.

⑤ 시의 중심 소재를 자연물에 빗대어 표현하고 있다.

2
중심
생각

시를 보고 떠올릴 수 있는 장면을 고르세요. ─────────────────────── [   ]

① 한낮에 숲으로 가는 모습

② 가족들과 둘러앉아 식사하는 모습

③ 곤충채집을 하러 산을 오르는 모습

④ 보름달이 뜬 밤 달을 구경하는 모습

⑤ 그믐밤 숲에서 반짝이는 반딧불을 바라보는 모습

3
작품
이해

시의 내용에 맞게 다음 일기의 밑줄 친 부분에 알맞은 말을 쓰세요.

○월 ○일

오늘은 그믐달이 뜬 밤이다. 나는 반딧불을 잡기 위해 숲으로 갔다. 달이 환하게 뜨지 않은 하늘은 어두웠다. 하지만 여러 마리의 작은 반딧불이 내는 불빛들이 숲에 흩어져 있었다.

그 반딧불이 달빛처럼 숲을 밝혀 주었다. 그 흐트러진 불빛의 모습이 마치

....

4
어휘
표현

[보기]는 ㉠에 쓰인 표현법에 대한 설명입니다. 다음 선지 중 ㉠과 같은 표현법을 쓴 문장을 골라 보세요. ──────────────────────────────────── [   ]

[보 기]   **은유법**은 비유법 중의 하나로, 표현하고자 하는 대상을 다른 대상으로 대신하여 표현하는 방법입니다. 주로 'A는 B이다' 또는 'B인 A'와 같은 형태로 나타납니다.

① 태양처럼 빛나는 눈동자

② 바다보다 맑고 파란 눈동자

③ 이리 오라고 손짓하는 갈대밭

④ 내 동생의 얼굴은 동그란 보름달

⑤ 원숭이도 나무에서 떨어질 때가 있다.

5
어휘
표현

이 시에서 계속 반복되면서 말하는 이의 의지를 나타내는 낱말을 찾아 쓰세요.

....

6
어휘
표현

[보기]를 읽고 이 시에 대해 설명한 것으로 옳지 <u>않은</u> 것을 고르세요. ------------------------------ [   ]

> [보 기] **수미상관**은 머리와 꼬리가 서로 이어서 통한다는 뜻으로 시에서 첫 연(또는 행)을
> 마지막 연(또는 행)에 다시 반복하는 것을 말합니다. 수미상관은 같은 내용을 반복함에
> 따라 시에서 전달하고자 하는 의미를 강조할 수 있으며, 여운을 남겨 읽는 이로 하여금
> 감동을 느끼게 합니다. 또한 같은 내용이 반복되기 때문에 시의 구조가 안정적이라는
> 느낌을 주고, 읽는 이로 하여금 리듬감을 느낄 수 있게 합니다.

① 이 시는 수미상관 구조로 되어 있다.

② 이 시는 첫 연의 내용이 마지막 연에 반복됨으로써 여운이 느껴진다.

③ 이 시의 모든 연의 마지막 행이 반복되기 때문에 리듬감이 느껴진다.

④ 이 시의 구조가 안정적이라고 느껴지는 까닭은 수미상관 구조 때문이다.

⑤ 이 시의 말하는 이는 전달하고자 하는 말을 강조하기 위해 첫 연을 마지막 연에 반복했다.

7
추론
적용

[보기]는 달의 이름과 모양에 대한 설명입니다. [보기]를 참고하여 달의 이름을 표현에 적절히 활용한 문장을 골라 보세요. ------------------------------ [   ]

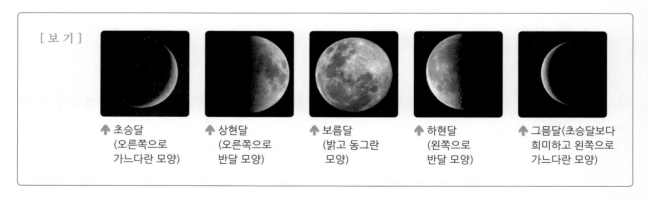

[보 기]

↑ 초승달
(오른쪽으로
가느다란 모양)

↑ 상현달
(오른쪽으로
반달 모양)

↑ 보름달
(밝고 동그란
모양)

↑ 하현달
(왼쪽으로
반달 모양)

↑ 그믐달(초승달보다
희미하고 왼쪽으로
가느다란 모양)

① 쟁반같이 둥근 상현달

② 그믐달처럼 또렷한 글씨

③ 얼굴이 보름달처럼 핼쑥하다.

④ 초승달처럼 눈을 휘며 웃었다.

⑤ 동그란 도넛은 초승달과 같다.

[1단계] 아래의 낱말을 관련 있는 것끼리 선으로 이어 보세요.

[1] 조각 •　　　　　　　• ㉠ 한 물건에서 따로 떼어 내거나 떨어져 나온 작은 부분

[2] 그믐 •　　　　　　　• ㉡ 꽁무니에서 빛을 내며 날아다니는 곤충

[3] 반딧불 •　　　　　　 • ㉢ 음력으로 한 달의 마지막 날

[2단계] [보기]를 읽고, 밑줄 친 낱말이 문장에서 쓰인 뜻을 찾아 번호를 쓰세요.

> 부서지다　　① 단단한 것이 깨어져 작은 조각들이 되다.
> 　　　　　　② 파도나 빛이 부딪쳐 퍼지고 흩어지다.
> 　　　　　　③ 기대나 희망이 무너지다.

[1] 큰 바위는 오랜 시간을 거치며 **부서져** 모래가 된다. ----------------------------- [　　　]

[2] 겨울이 되면 벌레가 없어질 것이라는 기대가 **부서졌다**. ----------------------------- [　　　]

[3] 바닷가에 앉아 파도가 **부서지는** 것을 지켜보았다. ----------------------------- [　　　]

[3단계] [보기]를 읽고, [보기]와 같은 말하는 방식을 사용한 문장을 골라 보세요. ------- [　　　]

> [보 기]　　**청유형**은 화자가 청자에게 어떠한 행위를 함께할 것을 권유하는 문장 종결
> 유형으로, '~자', '~합시다' 등으로 문장 끝에 나타납니다.

① 그림이 정말 멋있구나!

② 네가 내 공책을 가져갔니?

③ 추울 때는 얇은 옷을 여러 겹 입어라.

④ 어제는 부모님과 놀이공원에 다녀왔다.

⑤ 우리 내일 같이 운동장에서 축구 하자.

시간　끝난 시간 [　] 시 [　] 분
1회분 푸는 데 걸린 시간 [　] 분

채점　독해 7문제 중 [　] 개
어법·어휘 7문제 중 [　] 개

◀ 스스로 붙임딱지
문제를 다 풀고
맨 뒷장에 있는
붙임딱지를
붙여보세요.

어떤 손님이 나에게 이런 말을 했다.

"어제 저녁엔 아주 **처참한**^① 광경을 보았습니다. 어떤 사람이 큰 몽둥이로 ㉠개를 쳐서 죽이는데, 보기에도 너무 **참혹**^②하여 마음이 아파서 견딜 수가 없었습니다. 그래서 이제부터는 개의 고기를 먹지 않기로 했습니다."

그 말을 듣고, 나는 이렇게 대답했다.

"저는 어떤 사람이 뜨거운 난로에 앉아서, **이**^③를 잡아다가 그 불 속에 넣어 태워 죽이는 것을 보고, 마음이 아팠습니다. 그래서 다시는 벌레를 잡지 않기로 했습니다."

그러자 손님이 실망하는 듯한 표정으로,

"이는 **미물**^④이 아닙니까? 저는 ㉡크고 도움이 되는 짐승이 죽는 것을 보고 불쌍히 여겨서 한 말인데, 당신은 벌레를 예로 들어서 대답하니, 혹시 저를 놀리는 것이 아닙니까?"

하고 대들었다.

나는 좀 **구체적**^⑤으로 설명할 필요를 느꼈다.

"무릇 피와 **기운**^⑥이 있는 것은 사람으로부터 소, 돼지, 벌레에 이르기까지 모두가 ⓐ한결같이 살기를 원하고 죽기를 싫어하는 것입니다. 어찌 반드시 ㉢큰 놈만 죽기를 싫어하고, 작은 놈만 죽기를 좋아하겠습니까? (㉮) 개와 이의 죽음은 같은 것입니다. 당신을 놀리기 위해서 한 말이 아닙니다. 내 말을 믿지 못하겠으면 당신의 ㉣엄지손가락과 ㉤나머지 손가락을 깨물어 보십시오. 엄지손가락뿐만 아니라 나머지 손가락도 모두가 아프니, 그 아픔은 같은 것이 아니겠습니까? ㉥똑같은 **생명체**^⑦인데 어찌 개는 죽음을 싫어하고 벌레는 좋아할 수가 있겠습니까?"

－이규보, 「슬견설」

어려운 낱말 풀이

① **처참한** 매우 슬프고 끔찍한 悽슬퍼할 처 慘참혹할 참- ② **참혹** 지나칠 정도로 끔찍함 慘참혹할 참 酷심할 혹 ③ **이** 사람의 몸에 기생하면서 피를 빨아먹는 몸길이 1mm 정도 되는 아주 작은 벌레 ④ **미물** 작고 보잘 것 없는 것 微작을 미 物만물 물 ⑤ **구체적** 실제적이고 자세한 부분까지 담고 있는, 또는 그런 것 具갖출 구 體몸 체 的과녁 적 ⑥ **기운** 생물의 살아 움직이는 힘 ⑦ **생명체** 생명이 있는 물체 生날 생 命목숨 명 體몸 체

1

중심
생각

이 글의 제목은 〈슬견설〉입니다. 아래 [보기]는 제목을 이루는 한자를 풀이한 것입니다. [보기]를 참고해 이 글의 제목을 한글로 풀어 써 보세요.

[보 기]

蝨
벌레 이 슬

犬
개 견

說
말씀 설

[ ] 와 [ ] 에 대한 이야기

2

세부
내용

이 글에 대한 설명으로 바르지 <u>않은</u> 것을 고르세요. -- [   ]

① '나'는 손님과 생각이 다르다.
② '나'는 벌레를 불쌍하게 여겼다.
③ '손님'은 개를 불쌍하게 여겼다.
④ '손님'은 벌레를 하찮게 여겼다.
⑤ '나'는 크게 화를 내면서 말했다.

3

작품
이해

'손님'의 입장에서 생각할 때 ㉠~㉤ 중 의미가 <u>다른</u> 하나를 고르세요. ------------------------------------ [   ]

① ㉠ 개
② ㉡ 크고 도움이 되는 짐승
③ ㉢ 큰 놈
④ ㉣ 엄지손가락
⑤ ㉤ 나머지 손가락

4

어휘
표현

밑줄 친 ⓐ 대신 쓸 수 <u>없는</u> 표현을 고르세요. -- [   ]

① 다 같이
② 똑같이
③ 하나같이
④ 순간적으로
⑤ 공통적으로

5

어휘
표현

빈 칸 ㉮에 들어갈 말로 알맞은 것을 고르세요. ────────────────────── [   ]

① 따라서
② 그런데
③ 그러나
④ 하지만
⑤ 예를 들어

6

작품
이해

위 이야기의 교훈으로 알맞지 <u>않은</u> 것을 고르세요. ────────────────── [   ]

① 겉모습에 집착하지 말아야 한다.
② 작은 생물일지라도 중요한 존재이다.
③ 서로 다르게 생겼어도 똑같이 소중하다.
④ 모든 생명이 있는 생물은 다 중요한 존재이다.
⑤ 생물은 크기가 커질수록 더 중요한 생물이 된다.

7

추론
적용

밑줄 친 �을 바탕으로 이 이야기의 교훈을 제대로 이해하지 <u>못한</u> 학생은 누구인가요?

> **용준** : 나는 비가 내린 날, 땅 위로 나온 지렁이를 공격하고 있는 개미 떼를 보고 지렁이가
>   불쌍하여 지렁이를 안전한 곳으로 옮겨 주었어. 지렁이의 생명도 소중하잖아.
>
> **지은** : 그래? 오히려 작은 개미가 훨씬 더 중요한 거 아니야? 이 이야기에서도 작은 생명이
>   소중하다고 하고 있잖아.
>
> **주형** : 그랬나? 그냥 모든 생명이 다 똑같다고 하지 않았나? 지렁이나 개미나 다 똑같은 생명이지.

⋯⋯⋯⋯ 빈 칸 ㉮에 들어갈 말은 ⋯⋯⋯⋯

[1단계] 아래의 낱말에 알맞은 뜻을 선으로 이어 보세요.

[1] 참혹 •   • ㉠ 벌레 따위의 하찮은 동물
[2] 미물 •   • ㉡ 생물의 살아 움직이는 힘
[3] 기운 •   • ㉢ 지나칠 정도로 끔찍함

[2단계] 빈칸에 알맞은 낱말을 [보기]에서 골라 쓰세요.

> [보기]   참혹   미물   기운

[1] 네가 ☐☐ 이라고 생각하는 것도, 생명이 있으니 중요한 존재야.

[2] 이제 밥도 먹었으니 ☐☐ 내서 다시 시작해 볼까?

[3] 전쟁의 결과는 너무나도 ☐☐ 했다.

[3단계] [보기]의 견(犬)과 관련된 낱말을 학습 후 아래 빈칸에 알맞은 낱말을 쓰세요.

> [보기] **유기견**(遺남길 유 棄버릴 기 犬개 견) : 애완용으로 기르다가 내다 버린 개
>
> **반려견**(伴짝 반 侶짝 려 犬개 견) : 한 가족처럼 사람과 더불어 살아가는 개
>
> **대형견**(大클 대 形모양 형 犬개 견) : 덩치가 큰 개

[1] 이 개는 금방 성장하여 어느새 ☐☐☐ 이 되었다.

[2] ☐☐☐ 은 언제나 사람들과 함께하는 개이다.

[3] 나는 동네 ☐☐☐ 들을 위해 남은 밥을 모아서 대문 앞에 놓아두었다.

시간 끝난 시간 ☐ 시 ☐ 분
      1회분 푸는 데 걸린 시간 ☐ 분

채점 독해 7문제 중 ☐ 개
      어법·어휘 9문제 중 ☐ 개

← 스스로 붙임딱지
문제를 다 풀고
맨 뒷장에 있는
붙임딱지를
붙여보세요.

반드시(○) / 반듯이(×)

유정이는 학급 친구들과 함께 술래잡기 놀이를 하고 있습니다. 이번에는 유정이가 술래입니다. 유정이는 지금까지 한 번도 잡히지 않은 현표를 향해 달려가고 있습니다. 현표는 계주선수를 도맡을 만큼 발이 너무 빨라서 잡기 쉽지 않습니다.

현표 : 나 잡아 봐라. 메롱.

유정 : 거기 서! 이번에는 반듯이 널 잡을 거야.

현표 : 잡을 수 있으면 해봐. 나는 반듯이 피할 수 있어.

'반드시'와 '반듯이'는 둘 다 맞는 말입니다. "내일 반드시 오너라."처럼 '틀림없이 꼭'이라는 뜻일 때는 '반드시'가 맞고, "허리를 반듯이 펴고 앉아라."처럼 '기울거나 굽지 않고 바르게'라는 뜻일 때는 '반듯이'가 맞습니다. '반듯하게'라는 말로 바꿀 수 있으면 '반듯이'로 써야 합니다.

바르게 고쳐 보세요.

유정 : 이번에는 **반듯이** 널 잡을 거야.

→ 이번에는 ☐☐☐ 널 잡을 거야.

현표 : 나는 **반듯이** 피할 수 있어.

→ 나는 ☐☐☐ 피할 수 있어.

5주차

한 주 간의 계획을 먼저 세워보세요. 매일 학습을 마친 후 맞힌 문제의 개수를 쓰세요!

회차	영역	학습 내용	학습계획일	맞은 문제수
21회	독서 역사	**비행기** 하늘을 날고자 하던 사람들의 노력과 비행기의 탄생, 그리고 그 과정에 대한 역사적 사실을 설명하는 글입니다. 순서에 맞게 적용해보는 회차입니다.	☐월 ☐일	독해 7문제 중 ☐개 어법·어휘 8문제 중 ☐개
22회	독서 과학	**태풍** 태풍이 생기는 조건과 까닭, 그리고 그 과정에 대한 글입니다. 조금 생소한 용어들이 나오는 만큼 잘 독해해보는 회차입니다.	☐월 ☐일	독해 7문제 중 ☐개 어법·어휘 9문제 중 ☐개
23회	독서 기타	**분리배출 안내문** 흔히 보게 되는 분리배출에 대한 안내문입니다. 분리배출이 가능한 것과 가능하지 않은 것들을 항목별로 구분해서 파악하고 연습해보는 회차입니다.	☐월 ☐일	독해 7문제 중 ☐개 어법·어휘 7문제 중 ☐개
24회	문학 동시	**저녁때** 저녁때를 아름답게 표현한 시입니다. 시의 표현과 내용을 살펴보면서 저녁때의 모습을 상상해보는 회차입니다.	☐월 ☐일	독해 7문제 중 ☐개 어법·어휘 7문제 중 ☐개
25회	문학 수필	**월든** 월든 호수에 대한 수필입니다. 글쓴이가 호수를 어떻게 표현하는지, 호수에 대해 어떻게 생각하는지 주목하는 회차입니다.	☐월 ☐일	독해 7문제 중 ☐개 어법·어휘 10문제 중 ☐개

↑ 몽골피에 형제가 만든 열기구의 모습을 그린 그림
(1783년)

옛날부터 인간은 하늘을 날고 싶어 했습니다. 하지만 하늘을 나는 꿈을 이루기는 쉽지 않았습니다. 여러 방법을 **시도**①하였지만 실제로 날지는 못하였기 때문입니다. 천재로 알려진 레오나르도 다빈치 역시 헬리콥터나 새처럼 생긴 기계를 생각했지만 성공하지는 못하였습니다.

그러던 1783년, 프랑스의 몽골피에 형제는 열기구를 이용하여 최초로 하늘을 나는 데 성공했습니다. 그들은 불을 피우면 **재**②가 하늘 높이 날아가는 것을 보고 열기구를 만들었습니다. 종이로 만든 주머니 안에 뜨거운 연기를 넣은 것이지요. 열기구는 하늘 높이 떠올랐습니다. 열기구의 크기를 키우자 사람을 태우고 하늘에 날 수 있었습니다. (　㉠　) 열기구는 방향을 조절하기 어렵고 불이 붙기 쉬워 위험하였습니다.

엔진으로 하늘을 나는 비행기를 처음으로 만든 사람은 미국의 라이트 형제였습니다. 그들은 가볍고 힘 있는 엔진, 9미터가 넘는 날개와 **프로펠러**③를 단 '플라이어 1호'를 만들었습니다. 1903년 12월 17일, '플라이어 1호'는 12초 동안 약 36미터를 나는 데 성공하였습니다. 이후 라이트 형제는 '플라이어 3호'로 38분 동안 약 38킬로미터를 비행하기에 이릅니다.

라이트 형제의 발명 이후 비행기는 빠르게 발전하였습니다. 특히 1930년 영국의 휘틀이 개발한 제트 엔진은 비행기의 성능을 **획기적**④으로 **개선**⑤하였습니다. 제트 엔진은 높은 온도와 압력의 가스를 내뿜어 힘을 얻는 엔진입니다. 이러한 제트 엔진의 힘을 이용하여 수십 명 이상을 실어 나르는 **초대형**⑥ 비행기가 만들어졌습니다. 우리가 비행기를 타고 24시간 안에 지구 어디든 갈 수 있는 것 역시 제트 엔진 덕분입니다.

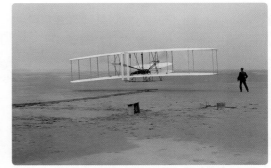

↑ 라이트 형제가 최초로 만든 비행기, '플라이어 1호'의 사진

1
중심
생각

이 글에서 가장 중요한 낱말은 무엇인가요? -- [   ]

① 엔진   ② 비행기   ③ 열기구   ④ 프로펠러   ⑤ 플라이어

2
세부
내용

다음 중 이 글의 내용과 <u>다른</u> 것은 무엇인가요? -- [   ]

① 열기구는 방향을 조절하기 힘들었다.
② 제트 엔진은 가스를 내뿜어 힘을 얻는다.
③ 최초로 하늘을 난 사람은 라이트 형제다.
④ '플라이어 1호'는 12초를 나는 데 성공하였다.
⑤ '플라이어 3호'로 약 38킬로미터를 비행하는 데 성공하였다.

3
어휘
표현

(㉠)에 들어갈 말로 알맞은 것은 무엇인가요? -- [   ]

① 한편   ② 하지만   ③ 그래서   ④ 그리고   ⑤ 또한

4
구조
알기

다음은 비행기의 발전 과정을 정리한 것입니다. 빈칸에 알맞은 말을 본문에서 찾아 써보세요.

1783년	몽골피에 형제	☐☐(으)로 하늘을 나는 데 성공, 뜨거운 열기를 이용해 하늘을 나는 ☐☐☐ 발명
1903년	라이트 형제	☐☐와(과) 날개, ☐☐☐☐을(를) 단 비행기 '플라이어 1호', '플라이어 3호' 발명
1930년	휘틀	높은 ☐☐와(과) 압력의 가스를 내뿜어 힘을 얻는 ☐☐☐☐ 발명, 비행기의 성능을 개선

🧻 어려운 낱말 풀이

① **시도** 어떤 것을 이루어 보려고 계획하거나 행동함 試시험 시 圖그림 도   ② **재** 불에 타고 남는 가루 모양의 물질   ③ **프로펠러** 힘을 얻게 하는 날개 모양의 장치   ④ **획기적** 어떤 과정이나 분야에서 새로운 시기를 열어 놓을 만큼 뚜렷이 구분되는 劃그을 획 期약할 기 的과녁 적   ⑤ **개선** 잘못된 것이나 부족한 것, 나쁜 것 등을 고쳐 더 좋게 만듦 改고칠 개 善착할 선   ⑥ **초대형** 크기가 아주 큰 것 超뛰어넘을 초 大클 대 型모형 형

5 이 글을 읽고 친구들이 대화를 나누었습니다. 알맞지 <u>않은</u> 내용을 말하는 친구를 고르세요. ···· [   ]

내용
적용

① 윤호: 레오나르도 다빈치 이전에도 사람들은 하늘을 나는 데 도전했었다.

② 하나: 레오나르도 다빈치는 헬리콥터처럼 생긴 기계를 생각했지만 실제로 날게 하는 데 성공하진 못했어.

③ 준민: 열기구가 충분히 크면 사람을 태우고 하늘을 날 수 있어.

④ 현진: 플라이어 1호는 38분 동안 약 38킬로미터를 나는 데 성공했어.

⑤ 규현: 휘틀이 개발한 제트 엔진은 비행기의 성능을 이전보다 훨씬 좋게 만들었어.

6 이 글을 통해 답을 알 수 <u>없는</u> 질문을 고르세요. ···················· [   ]

추론

① 레오나르도 다빈치는 하늘을 나는 데 성공했나요?

② 최초로 하늘을 나는 데 성공한 사람은 누구인가요?

③ 프랑스의 몽골피에 형제는 어떻게 하늘을 날았나요?

④ '플라이어 2호'는 얼마 동안 하늘을 나는 데 성공했나요?

⑤ 엔진으로 하늘을 나는 비행기를 처음으로 만든 사람은 누구인가요?

7 다음은 두 친구가 나눈 대화입니다. 태양이가 마지막에 할 수 있는 말은 무엇인지 고르세요.

추론

···················· [   ]

> 지원 : 태양아, 비행기 타보니까 어때?
>
> 태양 : 하늘에 둥둥 떠 있는 기분이라 말로 표현하기가 힘든데 너무 재미있었어.
>
> 지원 : 부럽다. 나도 비행기 타보고 싶은데… 어떻게 하면 수십 명이나 되는 사람을 하늘에 띄울 수 있는 걸까? 갑자기 궁금하다.
>
> 태양 : 음, 그건 말이야. _____

① 프로펠러를 이용해서 하늘에 띄우는 거야.

② 뜨거운 열기를 이용해서 하늘에 띄우는 거야.

③ 공기의 흐름을 이용해서 하늘에 띄우는 거야.

④ 높은 온도와 압력을 이용해서 하늘에 띄우는 거야.

⑤ 종이로 만든 주머니 안에 뜨거운 연기를 넣어서 하늘에 띄우는 거야.

[1단계] 아래의 낱말에 알맞은 뜻을 선으로 이어 보세요.

[1] 시도 •

• ㉠ 어떤 것을 이루어 보려고 계획하거나 행동함

[2] 획기적 •

• ㉡ 잘못된 것이나 부족한 것, 나쁜 것 등을 고쳐 더 좋게 만듦

[3] 개선 •

• ㉢ 어떤 과정이나 분야에서 새로운 시기를 열어 놓을 만큼 뚜렷이 구분되는

[2단계] 아래 문장의 빈칸에 알맞은 낱말을 [보기]에서 찾아서 써넣으세요.

[보기]	시도	획기적	개선

[1] 제트 엔진은 비행기의 성능을 ⬚ 하였습니다.

[2] 1930년 영국의 휘틀이 개발한 제트 엔진의 성능은 ⬚ 이었습니다.

[3] 예부터 인간은 하늘을 날기 위해 여러 방법을 ⬚ 하였습니다.

[3단계] [보기]의 설명을 읽고 다음 문장의 '때문'을 다른 낱말로 고쳐보세요.

[보 기]	덕분 : 베풀어 준 은혜나 도움, 긍정적인 원인에 쓴다.
	탓 : 핑계로 삼아 나무라는 일, 부정적인 원인에 쓴다.

[1] 선생님 **때문**에 학교생활을 잘할 수 있었습니다. 감사합니다.

→ ⬚

[2] 나의 급한 성격 **때문**에 늘 실수를 많이 한다.

→ ⬚

시간 끝난 시간 ⬚시 ⬚분   채점 **독해** 7문제 중 ⬚개

1회분 푸는 데 걸린 시간 ⬚분   **어법·어휘** 8문제 중 ⬚개

← 스스로 붙임딱지
문제를 다 풀고 맨 뒷장에 있는 붙임딱지를 붙여보세요.

5주 21회

해설편 012쪽

독서 | 설명문

공부한 날 □ 월 □ 일
시작 시간 □ 시 □ 분

□

여름이 되면 바닷물의 온도가 올라갑니다. 바닷물의 온도가 섭씨 26.5도 이상이 되면 그 지역에서 태풍이 만들어집니다. **북반구**[1]에서는 늦여름에, **남반구**[2]에서는 3월쯤에 태풍이 만들어집니다. 이때 바닷물의 온도가 26.5도가 넘기 때문입니다.

물이 끓는 주전자를 생각해보세요. 주전자의 수증기가 위를 향해 뿜어져 나오는 것처럼 바다 주변의 공기도 뜨거워지면 하늘로 올라갑니다. 구름이 있는 높이의 하늘은 영하 65도 정도로 기온이 매우 낮습니다. 뜨거워진 바다 공기는 구름을 만나는 순간 금방 차가워져서 커다란 비구름으로 변합니다. 이 공기를 **저기압**[3]이라고 부릅니다. 이 저기압이 발달해 태풍이 됩니다. 여러분은 뉴스에서 열대성 저기압이 발달해 태풍이 되었다는 이야기를 들어본 적이 있을 것입니다.

하지만 저기압이 태풍이 되기 위해선 회전력이 필요합니다. 태풍의 회전력은 지구의 자전 때문에 생깁니다. 우리는 지구의 자전에 익숙해져 있기 때문에 자전이 만들어낸 회전력을 느끼지 못합니다. 하지만 그 회전력 때문에 지구상에서 이동하는 물체는 북반구에서는 오른쪽으로, 남반구에서는 왼쪽으로 치우칩니다. 태풍도 마찬가지입니다. 똑바로 상승해야 할 저기압이 자전으로 인한 회전력 때문에 오른쪽으로 휘게 됩니다. 계속 오른쪽으로 휜 저기압은 결국 반시계 방향의 **나선**[4] 모양, 즉 우리가 익숙하게 보았던 태풍의 모습이 됩니다.

태풍은 뜨거운 공기에서 에너지를 얻습니다. 뜨거운 바다 위를 지날수록 점점 커집니다. 마치 증기기관이나 로켓과 비슷합니다. 태풍은 뜨거워진 바다 공기를 **흡수**[5]해 그 **열기**[6]로 움직입니다. 그리고 뜨거운 바다에서 멀어질수록 태풍의 힘도 마치 ㉮연료가 떨어진 ㉯자동차처럼 점점 약해집니다.

↑ 반시계 방향의 나선 모양인 태풍의 모습

 **어려운 낱말 풀이**

① **북반구** 적도를 경계로 지구를 둘로 나누었을 때의 북쪽 부분 ② **남반구** 적도의 남쪽 부분 ③ **저기압** 대기 중에서 높이가 같은 주위보다 기압이 낮은 영역 ④ **나선** 소라 껍데기처럼 빙빙 비틀린 것 螺소라 나 旋돌 선 ⑤ **흡수** 빨아서 거두어들임 吸빨 흡 收거둘 수 ⑥ **열기** 뜨거운 기운 熱뜨거울 열 氣기운 기

1

중심
생각

이 글에 가장 어울리는 제목은 무엇인지 고르세요. ─────────────── [   ]

① 태풍의 이동 경로

② 태풍의 이름의 뜻

③ 태풍이 이동하는 방법

④ 태풍이 만들어지는 온도

⑤ 태풍이 만들어지는 과정

2

세부
내용

이 글에서 설명하는 태풍이 만들어지는 과정을 순서대로 적어 보세요.

(가)	(나)	(다)	(라)

태양이 바다 주변의 공기를 데움	커다란 비구름이 됨	지구의 자전으로 소용돌이치게 됨	뜨거워진 공기가 하늘로 올라감

(가) → ☐ → ☐ → ☐

3

세부
내용

태풍의 회전력은 무엇 때문에 생기나요?

☐☐ 의 ☐☐

4

구조
알기

아래의 구조도에 알맞은 낱말을 본문에서 찾아 써넣어 글의 내용을 정리해 보세요.

첫째 문단	태풍이 만들어지는 바다의 ☐☐

둘째 문단	☐☐☐ 이 발달해 만들어지는 태풍

셋째 문단	지구의 ☐☐ 때문에 생긴 태풍의 회전

넷째 문단	☐☐☐☐☐ 에서 에너지를 얻는 태풍

5

세부
내용

글에서 설명하는 내용과 <u>다른</u> 사실을 고르세요. -- [   ]

① 북반구와 남반구에서 태풍이 만들어지는 시기는 다르다.

② 태풍은 바다의 차가운 공기에서 에너지를 얻는다.

③ 저기압이 태풍이 되기 위해선 지구 자전의 회전력이 필요하다.

④ 지구상에서 이동하는 물체는 북반구에서는 오른쪽으로 치우친다.

⑤ 태풍은 뜨거운 바다에서 멀어질수록 힘이 약해진다.

6

내용
적용

북반구와 남반구에서 태풍이 만들어지는 시기가 서로 <u>다른</u> 까닭은 무엇 때문인지 써 보세요.

태풍은 [   ][   ][   ]의 온도가 26.5도가 넘어야 만들어집니다.

[   ][   ][   ]와 남반구에서 26.5도가 넘는 시기가 서로 [   ][   ][   ]

때문에 각각 태풍이 만들어지는 시기도 다른 것입니다.

7

어휘
표현

밑줄 친 단어들의 관계가 ㉮<u>연료</u>와 ㉯<u>자동차</u>의 관계와 다른 것은 무엇인가요? ---------------- [   ]

① <u>시계</u>의 <u>건전지</u>를 바꿔야 한다.

② <u>사람</u>은 매일 <u>밥</u>을 먹어야 한다.

③ <u>양떼</u>가 초원에서 <u>풀</u>을 뜯어먹고 있다.

④ <u>태풍</u>은 뜨거운 <u>공기</u>에서 에너지를 얻는다.

⑤ <u>엄마</u>는 매일 핸드폰 <u>배터리</u>를 충전하신다.

[1단계] 아래의 낱말에 알맞은 뜻을 선으로 이어 보세요.

[1] 나선 •   • ㉠ 빨아서 거두어들임

[2] 흡수 •   • ㉡ 소라 껍데기처럼 빙빙 비틀린 것

[3] 열기 •   • ㉢ 뜨거운 기운

[2단계] 아래 문장의 빈칸에 알맞은 낱말을 [보기]에서 찾아서 써넣으세요.

[보 기]   나선   흡수   열기

[1] 태풍의 모습은 반시계 방향의 ☐☐ 모양이다.

[2] 태풍은 뜨거워진 바다의 ☐☐을(를) 이용해 이동한다.

[3] 태풍은 뜨거운 바다의 공기를 ☐☐해서 에너지를 얻는다.

[3단계] 아래의 문장을 읽고 빈칸에 들어갈 낱말을 알맞게 완성해 보세요.

[1] 열대성 저기압이 ☐달☐ 해 태풍이 된다.
→ 어떤 대상 혹은 그 규모가 점점 커짐

[2] 지구의 자전 때문에 북반구의 물체는 오른쪽으로 치☐☐다.
→ 어느 한쪽으로 기운다.

[3] 태풍도 ☐찬가☐로 자전 때문에 오른쪽으로 휘게 된다.
→ 서로 같음

시간 끝난 시간 ☐시 ☐분
1회분 푸는 데 걸린 시간 ☐분

채점 독해 7문제 중 ☐개
어법·어휘 9문제 중 ☐개

← 스스로 붙임딱지
문제를 다 풀고
맨 뒷장에 있는
붙임딱지를
붙여보세요.

공고번호		게시기간	2024.05.21.부터
관리소 : 2024-011			2024.06.15.까지

비닐 분리배출^① 안내문

♠ 비닐 분리배출 방법을 안내해 드리오니 **협조**^②하여 주십시오. 수거되지 않는 폐비닐류
는 일반쓰레기 종량제 봉투를 사용하여 **배출**^③해 주시기 바랍니다.

♠ 배출 가능, 불가능한 비닐류 구분

재활용품으로 배출 가능한 비닐류	비닐류 (재활용 표시)	**재활용**^④ **순환**^⑤표시 라벨이 인쇄되어 있는 비닐류
수거되지 않는 폐비닐류	재활용 순환표시 라벨이 없는 비닐류	
	이물질^⑥이 묻은 비닐, 젖은 비닐	
	비닐 랩, 일회용 비닐, 흰 비닐	
	검정 비닐, 스펀지, **섬유**^⑦ 재질 비닐, 돗자리	

수거되지 않는 폐비닐류는 꼭 종량제 봉투에 담아서
배출하여 주시기 바랍니다.

뿌리아파트 관리사무소
(☎02-1234-5678)

어려운 낱말 풀이

① **분리배출** 쓰레기 따위를 종류별로 나누어서 버림 分나눌 분 離떼놓을 리 排밀칠 배 出날 출 ② **협조** 힘을 모아 서
로 도움 協맞을 협 助도울 조 ③ **배출** 안에서 밖으로 내보냄 排밀칠 배 出날 출 ④ **재활용** 못 쓰게 되어 버린 물건을
쓰임새를 바꾸거나 새로 만들어 다시 씀 再두 재 活살 활 用쓸 용 ⑤ **순환** 주기적으로 자꾸 되풀이하여 돎 循돌 순
環고리 환 ⑥ **이물질** 정상적이 아닌 다른 물질 異다를 이 物물건 물 質바탕 질 ⑦ **섬유** 동물 털로 이루어진 단백질 실
纖가늘 섬 維벼리 유

1 무엇에 대해 쓴 글인지 고르세요. ────────────────────────── [   ]

중심 생각

① 비닐 사용 방법
② 비닐 분리배출 방법
③ 플라스틱 분리배출 방법
④ 아파트 관리 사무소 전화번호
⑤ 종량제 봉투를 살 수 있는 장소

2 다음 중 재활용품으로 배출할 수 있는 것은 ○, 없는 것은 ×로 표시하세요.

세부 내용

[1] 돗자리 ─────────────────────────────────────── [   ]
[2] 1회용 비닐 ─────────────────────────────────── [   ]
[3] 이물질이 묻은 비닐 ───────────────────────────── [   ]
[4] 재활용 순환표시 라벨이 인쇄되어 있는 비닐 ──────────── [   ]

해설편 013쪽

3 다음 물건들은 어디에 담아서 버려야 할까요? 빈칸에 알맞은 말을 써 보세요.

세부 내용

검정 비닐 봉투	반쯤 풀린 비닐 랩
구멍 송송 난 스펀지	돌돌 말린 돗자리

			봉투

4 [보기]가 설명하는 낱말을 이 글에서 찾아 써 보세요.

어휘 표현

[보 기]	종류별로 나누어서 쓰레기를 버리는 것

5
세부
내용

아래 기호의 이름은 무엇인가요?

□ □ □ □ □ □ □

6
내용
적용

도움을 구한다는 뜻이 되도록 다음 아파트 안내방송의 빈칸을 채워 보세요.

안녕하십니까, 주민 여러분. 비닐 쓰레기를 배출할 때는 재활용 순환표시 라벨이 붙은 비닐만

재활용품으로 분류해 주십시오. 라벨이 붙어 있지 않은 비닐류는 수거되지 않는 폐비닐로

분류되오니 반드시 종량제 봉투에 담아서 배출해 주시기 바랍니다.

주민 여러분의 □ □ 를 부탁드립니다.

7
추론

이 안내문을 잘 이해한 학생은 누구인가요? ─────────────────────────────── [   ]

① 현준 : 흰 비닐은 재활용품으로 배출할 수 있는데 왜 검정 비닐은 재활용품으로 배출할 수 없을까?

② 민아 : 종량제 봉투에 쓰레기를 버릴 때, 검정 비닐 봉투는 제거해야 되겠군.

③ 서현 : 재활용 순환 표시 라벨이 인쇄되어 있는 비닐은 왜 종량제 봉투에 담아 버려야 할까?

④ 주빈 : 섬유 재질 비닐로 만든 돗자리는 어떻게 재활용이 될까?

⑤ 영훈 : 이물질이 묻은 비닐은 왜 재활용이 되지 않을까?

[1단계] 아래의 낱말에 알맞은 뜻을 선으로 이어 보세요.

[1] 협조 •

  • ㉠ 안에서 밖으로 내보냄

[2] 배출 •

  • ㉡ 못 쓰게 되어 버린 물건 따위를 쓰임새를 바꾸거나 새로 만들어 다시 씀

[3] 재활용 •

  • ㉢ 힘을 모아 서로 도움

[2단계] 아래 문장의 빈칸에 알맞은 낱말을 [보기]에서 찾아서 써넣으세요.

[보 기] 협조 배출 재활용

[1] 폐비닐류는 종량제 봉투를 사용하여 ☐☐☐ 해 주시기 바랍니다.

[2] ☐☐☐ 순환표시 라벨이 인쇄되어 있는 비닐류

[3] 비닐 분리배출 방법을 안내해 드리오니 ☐☐☐ 하여 주십시오.

[3단계] 다음은 '분리수거'가 잘못된 표현이라고 설명하는 글입니다. 글을 읽고 빈칸에 알맞은 낱말을 써넣어 보세요.

> '☐☐'는 '거두어 가는 것'이고 '☐☐'은 '밖으로 내보내는
>
> 것'입니다. 그러므로 쓰레기를 버리는 행동은 '분리☐☐'이나
>
> '분류☐☐'이 더 정확한 표현이 될 것입니다. 환경미화원처럼 쓰레기를
>
> 치우는 분들이 하는 행위는 '분리☐☐'나 '분류☐☐'라고 해야
>
> 더 정확한 표현이 될 것입니다.

시간 끝난 시간 ☐시 ☐분 | 채점 독해 7문제 중 ☐개 | ← 스스로 붙임딱지
1회분 푸는 데 걸린 시간 ☐분 | 어법·어휘 7문제 중 ☐개 | 문제를 다 풀고 맨 뒷장에 있는 붙임딱지를 붙여보세요.

저녁때

피천득

긴 치맛**자락**을 끌고
해가 언덕을 넘어갈 ㉠제,

새들은 고요하고
바람은 쉬고

풀잎은 고개 수그려
가시는 해님을 **전송**할 제,

이런 때가 저녁때랍니다.
이런 때가 저녁때랍니다.

1

중심
생각

이 시에서 중심이 되는 시간적 배경은 언제인가요?

[ ] [ ]

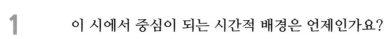

어려운 낱말 풀이 | ① **자락** 옷이나 이불 따위의 아래로 드리운 넓은 조각 ② **전송** 예를 갖추어 떠나보냄 餞전별할 전 送보낼 송

2
요소

이 시는 몇 연 몇 행으로 이루어져 있나요?

[ ] 연 [ ] 행

3
어휘
표현

밑줄 친 ㉠ 대신에 쓸 수 없는 표현을 고르세요. --- [   ]

① 때
② 무렵
③ 적에
④ 시간
⑤ 모양

4
작품
이해

시에서 말하는 이는 어떤 장면을 보고 시를 썼을지 고르세요. ------------------------------ [   ]

① 매서운 바람이 풀잎을 흔드는 모습을 보았다.
② 고개 숙인 풀잎을 비추며 밝아오는 햇빛을 보았다.
③ 한 아이가 치맛자락을 흩날리며 걷는 모습을 보았다.
④ 새들마저 고요한 가운데 저녁 해가 지는 풍경을 보았다.
⑤ 온 가족이 모여 식사 준비를 하는 다정한 저녁때를 보았다.

5
어휘
표현

이 시에 대한 설명으로 옳지 않은 것을 고르세요. --- [   ]

① 총 4개의 연으로 이루어져 있다.
② 마지막 두 행의 내용이 반복되고 있다.
③ 사람이 아닌 대상을 사람처럼 표현했다.
④ 저녁때의 고요하고 평화로운 모습을 표현했다.
⑤ 모든 행마다 글자 수가 같아서 리듬감이 느껴진다.

6

세부
내용

빈칸을 채워 표를 완성하세요.

1연	해가 언덕을 넘어가는 모습을 ▢▢▢▢ 을 끌고 가는 사람에 비유하였다.
2연	▢ 가 지저귀지 않고 ▢▢ 이 멎은 고요한 저녁때의 모습을 표현하였다.
3연	지는 해의 노을이 ▢▢ 를 숙인 ▢▢ 을 비추고 있다.
4연	이런 때가 ▢▢▢ 이다.

7

추론
적용

이 시와 [보기]를 비교한 내용으로 적절하지 <u>않은</u> 것을 고르세요. ------------------------------- [　　　]

[보 기]　이른 아침에 눈을 뜨니 햇살이 밝게 나를 비추면서 반겨주었다. 졸린 눈을 비비며
기상^①하고 학교에 갈 준비를 했다. 부엌에서는 보글보글 찌개가 끓고 있는 소리가 들
렸다. 어머니께서 해 주시는 맛있는 밥을 챙겨 먹고 학교로 나섰다. 아침 공기는 상
쾌했고, 학교 가는 발걸음은 그만큼 가벼웠다.

① 이 시와 달리 [보기]는 아침을 이야기하고 있다.
② 이 시와 달리 [보기]는 일기의 형식을 취하고 있다.
③ [보기]와 달리 이 시는 소리나 모양을 흉내 내는 표현을 사용했다.
④ [보기]와 달리 이 시는 존댓말을 사용해서 말을 건네는 형식을 취하고 있다.
⑤ [보기]와 이 시 모두 사람이 아닌 대상을 마치 사람처럼 표현한 부분이 있다.

[**1단계**] 아래의 낱말에 알맞은 뜻을 선으로 이어 보세요.

[1] 자락 •   • ㉠ 잠자리에서 일어남

[2] 전송 •   • ㉡ 옷이나 이불 따위의 아래로 드리운 넓은 조각

[3] 기상 •   • ㉢ 예를 갖추어 떠나보냄

[**2단계**] 빈칸에 알맞은 낱말을 [보기]에서 골라 쓰세요.

[보 기]	자락	전송	기상

[1] 많은 사람들이 나를 위해 ☐☐을(를) 나와 주었다.

[2] 모두 ☐☐! 오늘 일정을 시작합시다.

[3] 냇가에 도착해서 바지 ☐☐을(를) 걷고 신나게 물놀이를 했다.

[**3단계**] 괄호 안의 띄어쓰기 횟수를 참고하여 주어진 문장을 알맞게 옮겨 쓰세요.

긴치맛자락을끌고해가언덕을넘어갈제 (6)

긴									
									제

시간 **끝난 시간** ☐시 ☐분   채점 **독해** 7문제 중 ☐개

1회분 푸는 데 걸린 시간 ☐분   **어법·어휘** 7문제 중 ☐개

← 스스로 붙임딱지
문제를 다 풀고
맨 뒷장에 있는
붙임딱지를
붙여보세요.

　제가 월든 호수에 처음 ㉠배를 띄우고 ㉡노를 저었을 때, 월든 호수는 울창한 소나무와 떡갈나무로 둘러싸여 있었습니다. 그리고 몇몇 포도나무는 물가에 있는 나무들을 **덩굴**처럼 타고 올라가 그늘을 만들어 주었고, 그 아래로 배가 지나갈 수 있었습니다. 호숫가에 있는 언덕은 가팔랐습니다. 언덕에 있는 나무들은 꽤 키가 컸습니다. 때문에 호수 서쪽 끝에서 호수를 바라보면 호수는 마치 숲으로 둘러싸인 **원형 경기장**처럼 **장엄**하게 보였습니다.

　제가 좀 더 젊었을 때에는 더 많은 시간을 월든 호수에서 보냈습니다. 여름이면 **정오**가 되기 전에 배를 띄워 호수 한가운데로 노를 저어갔습니다. 호수 한가운데에 다다르면 **노 젓기**를 멈추고 **산들바람**에 배를 맡긴 채 가만히 누워 꿈처럼 떠오르는 생각에 빠졌습니다. 그러다 배가 호숫가 모래밭에 닿으면 꿈에서 깼고, 제 자신의 운명이 이끌어 온 이 모래밭을 바라보았습니다. 그 시절, 아무것도 하지 않았던 시간이 가장 아름답고 **결실** 있는 시간이었습니다. 그래서 저는 하루의 가장 소중한 시간을 아무것도 하지 않으며 보내기 위해 아침마다 호수로 향했습니다. 제가 그렇게 시간을 **허비**할 수 있었던 까닭은 부자였기 때문입니다. 여기서의 부자는 돈을 많이 가진 부자를 말하는 것이 아닙니다. 저는 햇살 가득한 여름날들의 시간을 많이 가지고 있어서 마음대로 그 시간을 쓸 수 있는 그런 부자였습니다. 저는 그 시간을 학교나 일터에서 보내지 않은 것을 후회하지 않습니다.

　월든 호수는 빛의 호수이자 지구상에서 가장 훌륭한 **수정**입니다. 만약 월든 호수가 영원하게 굳어져 있는, 그리고 손에 쥘 수 있을 만큼 작은 것이었다면, 아마도 월든 호수는 보석처럼 **채굴**되어 황제의 왕관을 장식했을 것입니다. 그것을 가진 사람만이 독점했을 테지요. 하지만 월든 호수는 굳어져 있지 않은 물이기에, 우리와 우리 자손들은 충분하게 월든 호수를 영원히 나눠가질 수 있을 것입니다. ㉢그러나 우리는 이러한 사실을 무시하고 다이아몬드를 정신없이 좇습니다. 먼지 하나 없는 월든 호수는 너무 순수해서 시장에 내다팔 수도 없습니다. 월든 호수는 우리의 삶보다 아름다우며, 우리의 **인격**보다 투명합니다. 자연은 자연에 **경외심**을 갖지 않는 이에게 보금자리를 내어주지 않습니다.

⬆ 미국 메사추세츠에 있는 월든 호수의 모습

－헨리 데이비드 소로, 「월든」 중

해설편 014쪽

1
중심
생각

이 글에서 가장 중심이 되는 대상은 무엇인가요?

[ ] [ ] [ ] [ ]

2
중심
생각

글쓴이는 왜 이 글을 썼을까요? ───────────────────────────── [   ]

① 자신의 경험과 생각을 표현하기 위해

② 누군가에게 중요한 일을 부탁하기 위해

③ 물건을 사용하는 방법을 알려주기 위해

④ 다른 사람에게 자신의 친구를 소개하기 위해

⑤ 자신이 상상하는 미래의 모습을 발표하기 위해

3
세부
내용

글쓴이는 왜 자신이 부자라고 생각했나요?

──

4
어휘
표현

낱말의 관계가 밑줄 친 'ㄱ배'와 'ㄴ노'의 관계와 같은 것을 고르세요. ───────── [   ]

① 손 – 발   ② 여름 – 겨울   ③ 학교 – 학원

④ 자전거 – 페달   ⑤ 버스 – 지하철

어려운 낱말 풀이

① **덩굴** 땅바닥으로 뻗어 자라거나 기댈 곳을 감아 올라가면서 자라는 식물의 줄기 ② **원형 경기장** 이탈리아 로마에 있는 고대의 경기장. 지붕은 없고 관람석은 둥글게 계단식으로 되어 있음 圓둥글 원 形모양 형 競다툴 경 技재주 기 場마당 장 ③ **장엄** 씩씩하고 웅장하며 위엄 있고 엄숙함 莊풀 성할 장 嚴엄할 엄 ④ **정오** 낮 열두 시 正바를 정 午낮 오 ⑤ **노 젓기** 물을 헤쳐나아가게 하는 도구(노)를 저어 배를 움직이는 것 ⑥ **산들바람** 가볍게 부는 시원한 바람 ⑦ **결실** 일의 결과가 잘 맺어짐. 또는 그런 성과 結맺을 결 實열매 실 ⑧ **허비** 헛되이 씀 虛빌 허 費쓸 비 ⑨ **수정** 색이 없고 투명한 보석의 한 종류 水물 수 晶밝을 정 ⑩ **채굴** 땅을 파고 땅속에 묻혀 있는 광물 따위를 캐 냄 採캘 채 掘팔 굴 ⑪ **인격** 사람으로서의 품격 人사람 인 格바로잡을 격 ⑫ **경외심** 공경하면서 두려워하는 마음 敬공경할 경 畏두려워할 외 心마음 심

5

세부
내용

글쓴이에 대한 설명 중 맞지 <u>않은</u> 것을 고르세요. ---------------------------------- [   ]

① 소나무와 떡갈나무로 둘러싸인 월든 호수를 보았다.

② 여름이면 호수에서 배를 타고, 배 안에서 낮잠을 자기도 했다.

③ 여름날 시간을 많이 가지고 있었고 시간을 많이 쓸 수 있었다.

④ 학교나 일터에 가지 않고 호수에 있었던 것을 후회하지 않는다.

⑤ 젊을 때보다 나이가 들고 나서 호수에서 더 많은 시간을 보냈다.

6

추론
적용

밑줄 친 ⓒ에 대한 글쓴이의 생각으로 알맞은 것을 고르세요. ---------------------------------- [   ]

① 계속해서 다이아몬드를 찾아내야만 한다.

② 모두가 공유할 수 있는 월든 호수가 진정한 보물이다.

③ 월든 호수를 시장에 내다 팔 수 있도록 만들어야 한다.

④ 월든 호수는 오직 황제에게만 어울리는 최고의 장소이다.

⑤ 한 사람이 독점할 수 있는 다이아몬드야말로 가장 귀한 보석이다.

7

작품
이해

이 글을 읽고 친구들이 제목을 지어보았습니다. 가장 적절한 것은 무엇인가요? -------------- [   ]

① 성훈: 가장 값진 보석인 수정!

② 혜림: 꿈의 다이아몬드를 찾아서!

③ 재원: 동물들의 소중한 보금자리를 지켜라!

④ 민서: 상상 속에만 존재할 수 있는 월든 호수!

⑤ 태윤: 월든 호수 – 자연이 선물한 우리의 보물!

[1단계] 아래의 낱말에 알맞은 뜻을 선으로 이어 보세요.

[1] 장엄 •

[2] 채굴 •

[3] 결실 •

• ㉠ 땅을 파고 땅 속에 묻혀 있는 광물 따위를 캐냄

• ㉡ 일의 결과가 잘 맺어짐. 또는 그런 성과

• ㉢ 씩씩하고 웅장하며 위엄 있고 엄숙함

[2단계] 빈칸에 알맞은 낱말을 [보기]에서 골라 쓰세요.

[보 기]   장엄   채굴   결실

[1] 이 동굴에 있는 돌들을 함부로 ☐☐ 해 가면 안 됩니다.

[2] 교실에 들어오신 선생님의 표정은 ☐☐ 했다.

[3] 드디어 노력한 ☐☐ 을 얻게 되었다.

[3단계] 다음 [보기]를 참고하여 아래의 예시 중 알맞은 낱말을 고르세요.

[보 기]   **좇다**: 목표, 이상, 행복 따위를 추구하다, 남의 말이나 뜻을 따르다

　　　　　쫓다: 어떤 대상을 잡기 위하여 뒤를 급히 따르다, 어떤 자리에서 떠나도록

　　　　　　　 몰다

[1] 그 사람은 강도를 집에서 (좇아 / 쫓아)버렸습니다.

[2] 선생님의 마음을 (좇는 / 쫓는) 어린이가 되겠습니다.

[3] 경찰이 도둑을 (좇고 / 쫓고) 있습니다.

[4] 부모님의 말씀을 (좇도록 / 쫓도록) 하여라.

시간 **끝난 시간** ☐ 시 ☐ 분   채점 **독해** 7문제 중 ☐ 개

1회분 푸는 데 걸린 시간 ☐ 분   **어법·어휘** 10문제 중 ☐ 개

◀ 스스로 붙임딱지
문제를 다 풀고
맨 뒷장에 있는
붙임딱지를
붙여보세요.

5주 25회

해설편 014쪽

새로운 시대를 연 증기 기관차

기차는 우리에게 매우 친숙한 육상 교통수단입니다. 지금은 기차의 동력으로 디젤 기관이 주로 사용되고 있지만, 20세기 초만 해도 증기 기관이 사용되었습니다. 기차라는 용어도 증기의 힘으로 움직이는 차, 즉 증기 기관차를 의미합니다. 이렇게 증기 기관차가 생기면서 사람은 증기의 힘만으로 먼 길을 쉽게 이동할 수 있게 됐습니다.

발명 초기에는 증기 기관을 기차에 적용하는 데 오랜 시간이 걸렸습니다. 제임스 와트가 만든 증기 기관을 기차의 바퀴에 연결하기만 한다고 기차가 움직일 수 있는 것은 아니었기 때문입니다. 영국인 리처드 트레비식은 '트레비식 고압 증기 기관'을 제작해서 부피가 작으면서 높은 압력을 만들어낼 수 있는 고압 증기 기관을 만들어 냈습니다.

트레비식의 기관차를 발전시켜 철도의 시대를 연 사람은 기술자였던 조지 스티븐슨입니다. 스티븐슨은 시속 39km를 낼 수 있는 증기 기관차를 발명하고, 당시 발달했던 제철 공법을 활용해 기찻길도 개선하였습니다. 그리고 1829년에는 훗날 증기 기관차의 표준 모델이 된 '로켓호'를 발명하기도 하였습니다.

본격적으로 철도 시대가 열리면서 새로운 기계와 기술, 상품이 다른 지역으로 퍼져나갔습니다. 19세기 중반 영국은 전 세계 석탄의 2/3, 면제품의 1/2 이상을 생산할 정도로 세계 경제를 지배하면서 '세계의 공장'이라는 별명을 얻기도 하였습니다. 증기 기관차의 발명과 함께 영국에서 시작된 산업의 변화는 전 세계의 생활환경을 새로운 모습으로 바꿔 놓으면서 산업혁명을 일으키는 요인이 되기도 하였습니다.

하지만 시간이 지날수록 증기 기관차는 새로운 기술에 밀리기 시작했습니다. 증기 기관차는 가동 전에 충분한 예열 시간이 필요하며 증기 발생을 위해 충분한 물을 필요로 하는 단점이 있었기 때문입니다. 이를 보완하여 디젤 기관이 등장하였습니다. 디젤 기관차의 등장으로 최초의 기관차인 증기 기관차는 역사 속으로 사라졌지만, 증기 기관차가 산업의 발달과 사람들의 삶을 편리하게 만드는 데 큰 도움을 주었다는 사실에는 변함이 없습니다.

적용 어떤 것을 알맞게 이용할 수 있도록 맞춰 씀 適맞을 적 用쓸 용
개선 잘못되거나 나쁜 것을 고쳐서 더 좋게 하는 것 改고칠 개 善좋을 선
훗날 뒷날
면제품 면으로 만든 제품 綿솜 면 製만들 제 品물건 품
가동 사람 또는 기계가 움직여서 일하는 것 稼일할 가 動움직일 동

6주차

한 주 간의 계획을 먼저 세워보세요. 매일 학습을 마친 후 맞힌 문제의 개수를 쓰세요!

회차	영역	학습 내용	학습계획일	맞은 문제수
26회	독서 과학	**무게와 질량** 조금은 헷갈릴 수 있는 무게와 질량의 개념에 대한 설명문입니다. 개념을 정의하는 부분이 많은 만큼 꼼꼼하게 독해하는 회차입니다.	월 일	독해 7문제 중 ☐개 어법·어휘 8문제 중 ☐개
27회	독서 사회	**도시 문제 해결** 도시 문제 해결에 대한 논설문입니다. 도시 문제에는 무엇이 있고, 그에 따른 해결책은 어떤 것이 있는지 독해하는 회차입니다.	월 일	독해 7문제 중 ☐개 어법·어휘 8문제 중 ☐개
28회	독서 역사	**강화도 기행문** 강화도 기행문입니다. 글쓴이가 여행한 경로와 경로에 따른 장소의 특징들을 살펴가며 꼼꼼하게 독해하는 회차입니다.	월 일	독해 7문제 중 ☐개 어법·어휘 8문제 중 ☐개
29회	문학 한시	**강아지 두 마리를 얻고서** 강아지의 특별한 능력과 충직함을 노래한 한시입니다. 시에서 말하고 있는 강아지의 특성을 알아보고, 이 시에 드러난 글쓴이의 마음을 파악해 보는 회차입니다.	월 일	독해 7문제 중 ☐개 어법·어휘 6문제 중 ☐개
30회	문학 소설	**오즈의 마법사** 이야기에 등장하는 인물의 말과 행동을 읽고 그 인물의 속마음이 무엇인지, 그리고 무엇을 바라고 있는지 독해해 보는 회차입니다.	월 일	독해 7문제 중 ☐개 어법·어휘 8문제 중 ☐개

손에 들고 있는 물건을 놨을 때 왜 물건이 바닥으로 떨어질까요? 위로 뛰어오르면 아래로 다시 떨어지고, 높이 던져 올린 공이 다시 땅으로 떨어지는 것은 왜 그런 것일까요? 바로 지구가 **물체**^①를 끌어당기기 때문입니다.

지구는 지구 중심 **방향**^②으로 모든 물체를 끌어당기는데, 이 힘의 크기를 무게라고 합니다. 즉 무게를 잰다는 것은 지구가 물체를 끌어당기는 힘의 크기를 재는 것입니다. 만약 어떤 물체가 무겁다면 지구가 물체를 세게 끌어당기는 것이라고 할 수 있습니다. 무게는 힘의 **단위**^③인 N(뉴턴)을 사용합니다. 1N은 지구가 약 100g인 물체를 끌어당기는 힘의 크기입니다.

질량은 물체를 이루는 **물질**^④의 양을 말합니다. 질량은 어느 곳에서도 변하지 않는 (㉮) 양입니다. 질량이 클수록 지구가 물체를 끌어당기는 힘인 무게도 커집니다. 우리가 평소 생활할 때는 무게와 질량을 **구별하지**^⑤ 않고 질량의 단위인 kg과 g을 무게의 단위로 많이 사용합니다. 만약 아주 높은 산에 질량이 100g인 사과를 한 개 들고 올라간다면 사과가 지구 중심에서 멀어지기 때문에 지구가 사과를 끌어당기는 힘(무게)은 약해지지만, 사과의 질량이 100g인 것은 변하지 않습니다.

지구에서뿐만 아니라 모든 **천체**^⑥들은 물체를 끌어당기는 힘이 있습니다. 똑같은 물체를 지구가 끌어당기는 힘을 1이라고 하면, 달은 $\frac{1}{6}$배, 태양은 28배의 힘으로 끌어당깁니다. 지구는 질량이 1kg인 물체를 약 10N의 힘으로 끌어당깁니다. 따라서 질량이 36kg인 사람의 몸무게는 약 360N이 됩니다. 만약 이 사람이 달에 간다면 몸무게는 지구가 끌어당기는 힘의 $\frac{1}{6}$인 60N이 됩니다.

1
중심
생각

가장 중심이 되는 낱말을 2개 찾아 동그라미 하세요.

[보 기]　　　　천체　　　무게　　　물체　　　질량　　　단위　　　지구

2
세부
내용

이 글의 내용으로 알맞은 것은 ○, 틀린 것은 ×로 표시하세요.

[1] 지구 중심과 멀어지면 질량도 가벼워진다. ──────────────── [　　　]

[2] 지구에서만 물체를 끌어당기는 힘이 있다. ──────────────── [　　　]

[3] 많은 사람들은 평소 N과 kg을 정확히 구분해서 사용한다. ──────── [　　　]

[4] 어떤 물체가 무겁다는 것은 지구가 물체를 세게 끌어당긴다는 뜻이다. ── [　　　]

3
내용
적용

지구가 물체를 끌어당기는 힘을 알아볼 수 없는 것을 고르세요. ──────── [　　　]

① 비가 하늘에서 땅으로 내린다.

② 사과나무에서 사과가 떨어진다.

③ 자석을 두면 다른 극끼리 서로 달라붙는다.

④ 가방에 책이 많이 들어 있으면 무거워서 힘이 든다.

⑤ 공을 바닥에 튕기면 튀어 올랐다가 다시 땅으로 떨어진다.

4
어휘
표현

(　㉮　)에 들어갈 알맞은 낱말은 무엇인가요? ──────────────── [　　　]

① 평범한　　　　　　② 고유한　　　　　　③ 엉뚱한

④ 신기한　　　　　　⑤ 간편한

5 구조 알기

빈칸에 알맞은 말을 넣어 이 글의 내용을 정리해 봅시다.

지구는 지구 ☐☐ 방향으로 모든 물체를 끌어당기는 힘을 가지고 있습니다.

이 힘의 크기를 ☐☐ 라고 하고, 힘의 단위인 ☐☐ 을(를) 사용합니다.

☐☐ 은(는) 물체를 이루는 물질의 양으로, 단위는 kg과 g을 사용합니다.

지구뿐만 아니라 모든 ☐☐ 들도 이렇게 물체를 끌어당기는 힘을 가지고 있습니다.

6 내용 적용

아주 높은 산에 질량이 100g인 사과를 한 개 들고 올라간다면 무게와 질량은 어떻게 될까요?

사과가 지구 ☐☐ 에서 조금 멀어지기 때문에 지구가 사과를

끌어당기는 힘은 ☐☐☐ 지만, 사과의 질량이 100g인 것은

☐☐☐ 않습니다. 즉, 무게는 작아지고 질량은 변하지 않습니다.

7 추론

소현이가 달에 가서 몸무게를 쟀더니 8N이었습니다. 지구에 가면 소현이의 몸무게는 몇 N일까요?

-- [   ]

① 48N   ② 50N   ③ 52N   ④ 56N   ⑤ 60N

26회 어법·어휘편 본문에 나온 어휘들만 따로 모아 복습하는 순서입니다.

[1단계] 아래의 낱말에 알맞은 뜻을 선으로 이어 보세요.

[1] 방향 •   • ㉠ 물체의 본바탕

[2] 물질 •   • ㉡ 우주에 있는 모든 물체

[3] 천체 •   • ㉢ 어떤 곳을 향한 쪽

[2단계] 아래 문장의 빈칸에 알맞은 낱말을 [보기]에서 찾아서 써넣으세요.

[보 기]	방향	물질	천체

[1] 질량은 물체를 이루는 ☐☐ 의 양을 말합니다.

[2] 지구는 지구 중심 ☐☐ 으로 모든 물체를 끌어당깁니다.

[3] 지구뿐만 아니라 모든 ☐☐ 들은 물체를 끌어당기는 힘이 있습니다.

[3단계] 다음 [보기]를 참고하여 아래의 문장에 쓰인 알맞은 뜻의 번호를 쓰세요.

> [보 기] **재다**
> ① 여러모로 따져 보고 헤아리다.
> ② 자, 저울 따위를 이용하여 길이, 무게, 온도, 속도 따위의 정도를 알아보다.

[1] 우리 집에서 학교까지 거리가 얼마나 되는지를 **재어** 보자. ----------------- [　　　]

[2] 이 책이 어떤 책인지를 잘 **재어** 보고 살지 말지 결정해야겠어. --------------- [　　　]

시간 끝난 시간 ☐시 ☐분
1회분 푸는 데 걸린 시간 ☐분

채점 독해 7문제 중 ☐개
어법·어휘 8문제 중 ☐개

← 스스로 붙임딱지
문제를 다 풀고
맨 뒷장에 있는
붙임딱지를
붙여보세요.

도시에는 많은 사람들이 모여 삽니다. 사람들이 도시에 모여 사는 까닭은 일자리가 많고 생활에 ⓐ편리한 시설이 많기 때문입니다. 그래서 도시에는 점점 더 많은 사람들이 모여 살게 되었습니다. 그런데 도시에 사는 ⓑ인구가 점점 늘어나면서 도시에서 다양한 문제가 발생하게 되었습니다.

↑ 도시의 교통 혼잡

도시의 다양한 문제 중에는 교통 문제가 있습니다. 도시에 인구가 집중되면 도로에 차가 많아져서 교통이 **혼잡**^①해집니다. 교통이 혼잡해지면 가까운 ⓒ거리를 차로 이동하는 데 많은 시간이 걸립니다. 교통사고도 자주 발생하게 됩니다. 이러한 교통 문제를 해결하기 위해선 버스나 지하철 등의 대중교통을 이용하는 것이 방법이 될 수 있습니다. 가까운 거리를 이동할 때에는 걷거나 자전거를 이용하면 교통 혼잡을 막는 데 도움이 됩니다. 정부도 도시의 도로를 넓히거나 필요한 곳에 새로운 도로를 더 만들어야 합니다.

↑ 매연으로 인한 도시의 대기 오염

도시에서는 다양한 환경 문제도 발생합니다. 그중에서 **대기**^② 오염 문제가 있습니다. 도시에는 공장 같은 일자리가 많습니다. 그런데 공장에서 물건을 만들어내는 과정에서 해로운 매연이 나옵니다. 많은 사람들이 이용하는 자동차에서도 매연이 나옵니다. 때문에 도시의 대기 오염은 심각합니다. 이때 **친환경**^③ 자동차인 전기 자동차를 ⓓ운행하는 것이 대기 오염을 해결하는 방법이 될 수 있습니다. 공장에 매연을 **정화**^④하는 시설을 꼭 설치하도록 하는 것도 방법 중 하나입니다.

도시에서는 많은 사람들이 물이나 쓰레기를 쓰고 버리기 때문에 **수질**^⑤ 오염 및 쓰레기도 심각합니다. 도시의 곳곳에서는 오염된 물이 버려집니다. 이러한 도시의 **폐수**^⑥는 물 ⓔ재생 시설을 설치함으로써 해결할 수 있습니다. 쓰레기 문제도 심각합니다. 도시에는 많은 사람들이 모여 살기 때문에 많은 양의 쓰레기가 버려집니다. 쓰레기 처리가 조금만 미뤄져도 금세 많은 쓰레기가 도시 곳곳에 쌓이게 됩니다. 따라서 도시에는 쓰레기를 제때에 처리할 수 있는 시설을 갖춰야 합니다. 그리고 도시에 사는 사람들도 재활용 쓰레기를 분류하여 **배출**^⑦함으로써 쓰레기를 줄이도록 노력해야 합니다.

우리나라는 인구의 80% 이상이 도시에 살고 있습니다. 도시 문제는 우리나라가 해결해야 할 큰 문제입니다. 도시 문제를 해결하기 위해 지금부터 노력하지 않는다면 앞으로 더 큰 문제가 생길 것입니다.

1
중심
생각

이 글에서 주장하는 내용은 무엇인가요?

☐☐ 문제를 ☐☐ 해야 합니다.

2
추론

이와 같은 글을 논설문(주장하는 글)이라고 합니다. 다음 중 논설문과 가장 어울리는 주제를 고르세요. ┄┄┄┄┄┄┄┄┄┄┄┄┄┄┄┄┄┄┄┄┄┄┄┄┄┄┄┄┄┄┄┄┄┄ [   ]

① 전화의 역사
② 겨울 방학 안내문
③ 바른 말 고운 말을 쓰자
④ 책은 어떻게 만들어질까?
⑤ 서울 문화 회관을 다녀와서

3
어휘
표현

밑줄 친 ⓐ~ⓔ의 뜻풀이가 잘못된 것을 고르세요. ┄┄┄┄┄┄┄┄┄┄┄┄┄┄┄┄┄┄┄┄┄┄┄┄┄┄ [   ]

① ⓐ편리 : 편하고 이용하기 쉬움
② ⓑ인구 : 일정한 지역에 사는 사람의 수
③ ⓒ거리 : 두 개의 물건이나 장소 따위가 공간적으로 떨어진 길이
④ ⓓ운행 : 정해진 길을 따라 차량을 운전하여 다니는 것
⑤ ⓔ재생 : 영원한 생명, 또는 영원히 삶

4
세부
내용

도시에는 많은 문제들이 있습니다. 그럼에도 불구하고 사람들이 도시에 모여 사는 까닭은 무엇일까요?

☐☐☐가 많고, ☐☐에 ☐☐한 시설들이 많기 때문이다.

🧻 어려운 낱말 풀이 | ① **혼잡** 뒤섞여서 어수선함 混섞일 혼 雜섞일 잡 ② **대기** 지구를 둘러싸고 있는 공기 大큰 대 氣공기 기 ③ **친환경** 자연을 오염하지 않고 환경과 잘 어울리는 것 親친할 친 環고리 환 境둘레 경 ④ **정화** 더러운 것을 깨끗하게 함 淨깨 끗할 정 化될 화 ⑤ **수질** 물의 질 水물 수 質바탕 질 ⑥ **폐수** 버리는 물 廢버릴 폐 水물 수 ⑦ **배출** 안에서 밖으로 내보 냄 排밀칠 배 出날 출

5
세부
내용

글에서 주장하는 도시 문제와 알맞은 해결 방법을 연결해 보세요.

[1] 대기 오염 •　　　　　　　　• ㉮ 가까운 거리는 자전거를 이용합니다.

[2] 교통 혼잡 •　　　　　　　　• ㉯ 친환경 자동차를 운행해야 합니다.

[3] 하천 오염 •　　　　　　　　• ㉰ 물 재생 시설을 설치합니다.

6
내용
적용

이 글에서 알아낼 수 있는 도시에서 발생하는 문제가 <u>아닌</u> 것을 고르세요. ┈┈┈┈┈┈┈┈┈ [　　　　]

① 교통사고가 많이 발생한다.
② 매연으로 공기가 오염된다.
③ 수질 오염이 점점 심각해지고 있다.
④ 많은 양의 쓰레기가 버려지고 있다.
⑤ 젊은 사람의 인구가 줄어들고 있다.

7
추론

[보기]의 그래프를 보고 나눈 대화입니다. 그래프를 보고 추측할 수 있는 내용을 <u>잘못</u> 말한 친구는 누구인지 고르세요. ┈┈┈┈┈┈┈┈┈┈┈┈┈┈┈┈┈┈┈┈┈┈┈┈┈┈┈┈┈┈┈ [　　　　]

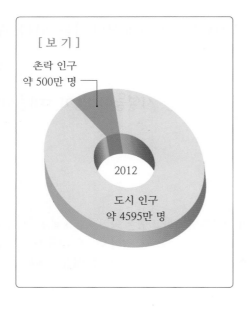

[보 기]

촌락 인구
약 500만 명

2012

도시 인구
약 4595만 명

① 호영 : 도시에 인구가 집중되면서 다양한 문제가 생겼을
　　　　 것 같아.
② 민혜 : 맞아. 도시에 훨씬 많은 사람들이 사니까 촌락보
　　　　 다 자가용도 훨씬 많이 있지 않을까?
③ 재성 : 사람이 많이 살면 그만큼 쓰레기나 생활하수가
　　　　 많이 나오니까 도시에는 환경 오염도 더 심할 것
　　　　 같아.
④ 유진 : 이러한 도시 문제는 지금부터 노력하지 않아도
　　　　 알아서 자연스럽게 해결될 거야.
⑤ 보라 : 도시 인구가 촌락보다 많으니까 교통문제도 심각
　　　　 할 거야.

[1단계] 아래의 낱말에 알맞은 뜻을 선으로 이어 보세요.

[1] 대기 •　　　　　　　　• ㉠ 더러운 것을 깨끗하게 함

[2] 정화 •　　　　　　　　• ㉡ 안에서 밖으로 내보냄

[3] 배출 •　　　　　　　　• ㉢ 지구를 둘러싸고 있는 공기

[2단계] 아래 문장의 빈칸에 알맞은 낱말을 [보기]에서 찾아서 써넣으세요.

[보 기]	대기	정화	배출

[1] 오늘은 환경 캠페인으로 숲을 ☐☐ 하는 활동을 합시다.

[2] 서울의 ☐☐ 상태는 미세 먼지 때문에 좋지 않다.

[3] 스컹크는 위험할 때 가스를 ☐☐ 하는 동물이다.

[3단계] 문장을 읽고 빈칸에 들어갈 낱말을 알맞게 써넣으세요.

[1] 가까운 거리는 자전거를 이용하면 교통 ☐ㅎ ☐ㅈ 을 막을 수 있습니다.
　　　　　　　　　　↳ 뒤섞여서 어수선함

[2] 대기 오염 문제를 해결하기 위해서는 ☐ㅊ ☐ㅎ ☐ㄱ 자동차를 운행해야 합니다.
　　　　　　　　　　↳ 자연을 오염하지 않고 환경과 잘 어울리는 것

시간 끝난 시간 ☐ 시 ☐ 분　　채점 독해 7문제 중 ☐ 개
1회분 푸는 데 걸린 시간 ☐ 분　　어법·어휘 8문제 중 ☐ 개

↞ 스스로 붙임딱지
문제를 다 풀고
맨 뒷장에 있는
붙임딱지를
붙여보세요.

6
주
27
회

해설편 015쪽

방학숙제로 역사 **탐방**① 보고서를 쓰기 위해 지난 주 주말에 버스를 타고 강화도로 향했다. 강화도는 우리나라의 역사가 시대별로 잘 녹아 있는 곳이기 때문이다. 처음에는 언제 강화도까지 다녀오나 막막했는데 어머니가 함께 가 주셔서 든든했다.

강화도는 우리나라에서 4번째로 큰 섬으로 주소는 인천광역시에 속해 있다. 내가 탐방한 곳은 고

↑ 광성보

려궁지, 강화 고인돌 공원, 강화 역사박물관, 광성보이다. 가장 먼저 고려궁지에 들렀다. 고려궁지는 몽골의 침략에 **대항**②하기 위해 세웠던 고려의 궁궐터이다. 이곳은 39년간 몽골의 침략에 ㉠지속적으로 대항했던 가슴 아프지만 **결의**③ 넘치는 기억의 흔적이 자리 잡은 곳이다.

다음으로 향한 곳은 강화 고인돌 공원이다. 고인돌은 크고 평평한 바위로 이루어진 구조물로 청동기 시대의 유물이다. 강화도 일대의 고인돌 유적지는 전남 화순, 순창의 고인돌 유적지와 더불어 세계에서 **지정**④한 세계 유산이다. 고인돌 공원은 고인돌 유적지들이 모여 있는 곳으로 정말 많은 고인돌들이 발견된 곳이다. 전 세계에서도 별로 없는 고인돌이 우리나라에서 정말 많이 발견되었다는 사실이 신기했다.

이어서 강화 역사박물관에 갔다. 강화 역사박물관은 2010년에 현대식으로 새롭게 **개관**⑤한 곳이다. 여기서는 선사시대부터 현대까지 모든 시대별로 어떤 일이 있었는지 자세히 살펴볼 수 있는 전시관, 강화도에 대해 전체적으로 배워볼 수 있는 영상실 등을 구경했다.

마지막으로 간 곳은 광성보이다. 광성보는 고려가 몽골의 침략에 대비하기 위하여 쌓은 성이다. 그러다가 수백 년 후 이곳에서는 1871년 미국과의 전쟁인 신미양요의 가장 치열했던 전투가 있었다. 이 전투를 광성보 전투라고 부르는데, 이 전투에서 나라를 지키다가 죽은 어재연 장군 등 60명을 기리기 위한 비석이 세워져 있었다.

하루 종일 강화도를 둘러보고 나니 우리나라의 역사를 모두 알게 된 기분이었다. 이번 역사 탐방 보고서 숙제는 정말 잘 해낼 수 있을 것만 같았다. 고생하기도 했지만 뿌듯한 하루였다.

1

중심
생각

글쓴이는 어디를 다녀왔나요?

☐☐☐

2

중심
생각

글쓴이가 이 글을 토대로 보고서를 작성한다고 했을 때, 제목과 부제목으로 가장 알맞은 것을 고르세요. ┄┄┄┄┄┄┄┄┄┄┄┄┄┄┄┄┄┄┄┄┄┄┄┄┄┄┄┄┄┄┄┄┄┄┄ [   ]

〈제목〉

① 고인돌 3대 유적지를 다녀와서
② 우리나라의 역사가 살아 숨 쉬는 그곳
③ 강화도에 대한 의문
④ 삼국 시대 역사 보고서
⑤ 미국과 우리나라의 관계

〈부제목〉

강화도, 전남 화순, 순창
강화도에서 역사의 흔적을 느끼다.
강화도, 정말 우리나라에서 4번째로 큰 섬일까?
고구려, 백제, 신라의 역사를 알아보다.
신미양요부터 시작한 미국과 우리나라의 역사적 관계

해설편 015쪽

3

어휘
표현

밑줄 친 ㉠ 대신에 쓸 수 있는 표현을 고르세요. ┄┄┄┄┄┄┄┄┄┄┄┄┄┄┄┄┄┄┄┄┄ [   ]

① 조금씩   ② 쓸쓸하게   ③ 뜬금없이
④ 계속해서   ⑤ 아무 생각 없이

4

구조
알기

아래 [보기]에서 글쓴이가 이동한 순서대로 장소를 쓰세요.

[보 기]   (가) 강화 역사박물관   (나) 광성보   (다) 고려궁지   (라) 강화 고인돌 공원

☐ → ☐ → ☐ → ☐

어려운 낱말 풀이

① **탐방** 어떤 사실이나 소식 따위를 알아내기 위하여 사람이나 장소를 찾아감 探찾을 탐 訪찾을 방 ② **대항** 서로 맞서서 버티어 겨룸 對대할 대 抗막을 항 ③ **결의** 뜻을 정하여 굳게 마음을 먹음, 또는 그 결심 決맺을 결 意뜻 의 ④ **지정** 가리켜 정함 指손가락 지 定정할 정 ⑤ **개관** 시설을 차려놓고 처음으로 문을 엶 開열 개 館객사 관

5

세부
내용

다음 중 맞는 설명을 고르세요. -- [   ]

① 우리나라에서 강화도보다 큰 섬은 네 개다.

② 고려는 몽골 제국을 침략했었다.

③ 고인돌 공원은 강화도에만 있다.

④ 강화 역사박물관은 선사시대에 만들어졌다.

⑤ 고려궁지와 광성보는 모두 고려시대에 만들어졌다.

6

내용
적용

선사 시대, 고려 시대, 조선 시대의 모든 역사적 사실을 학습하기 위해서는 글쓴이가 방문한 네 곳 중에서 어디로 가야 하는지 쓰세요.

....

7

추론

이 글을 읽은 건우가 강화도에 대해 더 알아보기 위해 강화 역사박물관에 전화를 걸려고 합니다. 그런데 잘못된 번호라고 합니다. 알고 보니 지역 번호를 함께 입력하지 않았기 때문이었습니다. [보기]를 보고 알맞은 지역 번호를 골라보세요. ------------------------------------ [   ]

| [보 기] | 경기 : 031 | 인천 : 032 | 강원 : 033 | 대전 : 042 | 제주 : 064 |

① 031   ② 032   ③ 033   ④ 042   ⑤ 064

[**1**단계] 아래의 낱말에 알맞은 뜻을 선으로 이어 보세요.

[1] 탐방 •

[2] 결의 •

[3] 지정 •

• ㉠ 뜻을 정하여 굳게 마음을 먹음. 또는 그 결심

• ㉡ 가리켜 정함

• ㉢ 어떤 사실이나 소식 따위를 알아내기 위하여 사람 이나 장소를 찾아감

[**2**단계] 아래 문장의 빈칸에 알맞은 낱말을 [보기]에서 찾아서 써넣으세요.

> [보 기]　　　　　　탐방　　　　결의　　　　지정

[1] 선생님께서 수학여행 때 묵을 숙소의 방을 ☐☐ 해 주셨다.

[2] 오늘은 맛집 ☐☐ 을(를) 하는 날이라서 그런지 설렌다.

[3] 이번에는 정말 열심히 하겠다고 굳게 ☐☐ 을(를) 하였다.

[**3**단계] 다음 중 '개관'이 문장 속에서 쓰인 뜻을 찾아 고르세요.

[1] 오늘 수업에서는 현대 문학의 역사를 **개관**해 보도록 하겠어요. ·················· [　　]

　① 전체를 대강 살펴봄. 또는 그런 것

　② 도서관, 영화관, 박물관 등의 기관이 설비를 차려 놓고 처음으로 문을 엶

[2] 이곳에서는 **개관** 10주년을 맞이하여 행사가 열렸다. ······················ [　　]

　① 전체를 대강 살펴봄. 또는 그런 것

　② 도서관, 영화관, 박물관 등의 기관이 설비를 차려 놓고 처음으로 문을 엶

시간　**끝난 시간**　☐시 ☐분

1회분 푸는 데 걸린 시간　☐분

채점　**독해 7문제 중**　☐개

어법·어휘 8문제 중　☐개

← 스스로 붙임딱지
문제를 다 풀고 맨 뒷장에 있는 붙임딱지를 붙여보세요.

강아지 두 마리를 얻고서

이응희

개는 매우 영리한 동물이니

닭과 돼지는 개와 ㉠**견줄** 수가 없네

예전에 **머무르다** 간 손님이 다시 왔을 때 손님을 반기고

밤에 돌아오는 사람도 잘 알아본다네

짐승을 **날쌔게** 잡는 재주도 몹시 훌륭하고

누군가가 몰래 엿볼 때는 이를 **귀신같이** 아는구나

이웃집에서 강아지 두 마리를 주니

귀여워하며 기르는 것은 모두 다 같으리라

(17세기, 조선 시대 작품)

 어려운 낱말 풀이 ┃ ① **견줄** 마주놓고 비교할 ② **머무르다** 잠깐 어떤 곳에서 묵거나 살다 ③ **날쌔게** 움직임이 가볍고 빠르게
④ **귀신같이** 동작이나 추측이 매우 정확하거나, 재주가 놀라울 정도로 뛰어나게

1 요소

이 시에서 중심이 되는 글감이 무엇인지 적어 보세요.

☐☐☐

2 세부 내용

이 시의 말하는 이가 언제 이 시를 적었는지 골라 보세요. ························ [   ]

① 길에서 산책하는 강아지를 본 뒤

② 이웃에게 강아지 두 마리를 받은 뒤

③ 자신의 집을 엿보는 강아지를 발견한 뒤

④ 예전에 머무르다 간 손님을 다시 보게 된 뒤

⑤ 개, 닭, 돼지가 마당에서 어울려 놀고 있는 모습을 본 뒤

3 어휘 표현

밑줄 친 ㉠과 바꾸어 쓸 수 있는 낱말을 골라 보세요. ························ [   ]

① 어울릴   ② 친해질   ③ 비교할

④ 다를   ⑤ 기다릴

4 세부 내용

이 시에서 강아지의 특성으로 말하지 <u>않은</u> 것을 골라 보세요. ············ [   ]

① 주인에 대한 충성심이 강하다.

② 예전에 보았던 사람도 잘 기억할 수 있다.

③ 깜깜한 밤에도 사람을 잘 알아볼 수 있다.

④ 사냥감을 빠르게 잡는 능력이 뛰어나다.

⑤ 몰래 지켜보는 사람을 귀신같이 발견할 수 있다.

5 세부내용

[보기]의 글쓴이는 이 시의 어떤 행을 보고 자신의 경험을 떠올렸는지 적어 보세요.

[보기] 이 시를 보니, 며칠 전 내가 겪었던 일이 생각난다. 우리 집 강아지가 몸을 둥그렇게 말고 새근새근 자고 있었다. 두 눈을 꼭 감고 자는 모습이 너무 사랑스러워 보였다. 혹시라도 강아지가 잠에서 깰까 봐 강아지를 엿보면서 최대한 살금살금 다가갔다. 그런데도 강아지가 어떻게 알았는지 눈을 번쩍 뜨고는, 꼬리를 흔들며 나를 반겨 주었다.

[ ] 행

6 작품이해

이 시의 표현상의 특징으로 알맞지 <u>않은</u> 것을 골라 보세요. ------------------------------ [   ]

① 다른 동물들과 비교함으로써 강아지의 영리함을 강조하고 있다.

② 기억력, 사냥 능력 등 강아지의 능력을 나열하고 있다.

③ 강아지의 재주가 훌륭하다며 강아지를 칭찬하고 있다.

④ 자신의 마음과 반대되는 표현을 사용함으로써 자신의 마음을 강조하고 있다.

⑤ 강아지에 대한 다른 사람의 마음을 말함으로써 자신의 마음을 간접적으로 표현하고 있다.

7 추론적용

다음 [보기]와 관련 있는 내용의 행끼리 묶인 것을 골라 보세요. ------------------------------ [   ]

[보기] 개의 후각은 사람보다 10,000배 이상 뛰어납니다. 개는 사람의 냄새를 구분하고 기억할 수 있습니다. 개의 청각 또한 사람보다 훨씬 뛰어나서 더 넓은 범위의 주파수의 소리를 들을 수 있습니다. 그리고 개는 사람의 목소리와 발걸음 소리 등을 구분하고 기억할 수 있습니다. 이러한 능력을 바탕으로 개는 오래전에 보았던 사람이라도 기억해 내서 알아볼 수 있고, 어두운 곳에서도 그 사람이 누구인지 알아볼 수 있습니다.

① 1행, 2행   ② 2행, 3행   ③ 3행, 4행

④ 5행, 6행   ⑤ 7행, 8행

[1단계] '날쌔다'와 뜻이 비슷한 낱말이 <u>아닌</u> 것을 골라 보세요. ----------------------------- [   ]

① 빠르다   ② 잽싸다   ③ 둔하다

④ 신속하다   ⑤ 민첩하다

[2단계] 아래 문장의 밑줄 친 낱말이 [보기]의 '귀신같이'와 같은 의미로 사용된 것을 골라 ○를 해 보세요.

> [보기] 형은 나의 거짓말을 **귀신같이** 알아차렸다.

[1] 깜깜한 밤에 본 허수아비는 **귀신같이** 생겼다. ----------------------------- [   ]

[2] 탐정은 범인이 남기고 간 흔적을 **귀신같이** 찾아냈다. ----------------------------- [   ]

[3] 우리 집 강아지는 간식이라는 단어는 **귀신같이** 알아듣는다. ----------------------------- [   ]

[4] 삽살개는 털이 눈까지 덮고 있어서, **귀신같이** 보이기도 한다. ----------------------------- [   ]

[3단계] [보기]의 밑줄 친 낱말의 올바른 뜻을 골라 ○를 해 보세요.

> [보기] 우리 가족은 캠핑장에 **머무르며** 여름 휴가를 보냈습니다.

[1] 일정한 곳에서 먹고 자며 생활하다. ----------------------------- [   ]

[2] 일시적으로 어떤 곳에서 묵거나 살다. ----------------------------- [   ]

시간 끝난 시간 [   ]시 [   ]분   채점 독해 7문제 중 [   ]개

1회분 푸는 데 걸린 시간 [   ]분   어법·어휘 6문제 중 [   ]개

← 스스로 붙임딱지
문제를 다 풀고
맨 뒷장에 있는
붙임딱지를
붙여보세요.

[이전 줄거리] 도로시는 강아지 토토와 함께 집채로 회오리바람에 휩쓸려 오즈라는 나라로 떨어진다. 도로시는 집으로 돌아가는 방법을 알려 줄 오즈의 마법사를 찾아 에메랄드 도시로 향하고, 허수아비와 양철 나무꾼을 만나 함께 가던 중 숲을 지난다.

갑자기 숲에서 무서운 소리가 들리더니, 거대한 사자가 길로 뛰어들었다. 사자가 허수아비를 발로 차자 허수아비는 빙글빙글 돌며 **나동그라졌다.**① 이어서 사자는 날카로운 발톱으로 **양철**② 나무꾼을 내리쳤고, 그 공격에 양철 나무꾼도 쓰러져 꼼짝을 못 했다.

사자와 정면으로 ⓐ**맞닥뜨린**③ 토토는 용감하게 사자를 향해 짖어댔다. 사자는 토토를 물려고 입을 한껏 벌렸다. 그때 도로시가 달려들어 사자의 코를 있는 힘껏 후려갈기며 외쳤다.

"감히 토토를! ㉮커다란 짐승이 불쌍한 ㉯작은 개를 공격하다니 ⓑ**부끄러운** 줄 알아, 이 겁쟁이야!"

"난 물지 않았는걸." 사자는 도로시에게 맞은 코를 ⓒ문지르며 말했다.

"하지만 물려고 했잖아. 넌 **덩치**④만 큰 ㉰겁쟁이야."

"알아." 사자는 부끄러움에 고개를 ⓓ저으며 대답했다. "사자는 동물의 왕이니까 모두 내가 용감할 거라 생각해. 난 내가 아주 크게 으르렁대면 모두 겁을 집어먹고 도망친다는 걸 알아. 하지만 난 사실 사람이 무서워. 그래서 사람을 만날 때마다 으르렁거려. 그러면 다들 곧장 ⓔ**줄행랑을 치거든.**⑤ ㉠물론 난 절대로 그 사람을 뒤쫓지는 않지."

"하지만 동물의 왕이 겁쟁이일 리 없어."라고 허수아비가 말했다.

"㉡맞아." 사자가 꼬리의 끝으로 눈가의 눈물 한 방울을 닦으며 말했다. "그래서 난 불행해. 하지만 위험이 닥칠 때마다 심장이 너무 빠르게 뛰어서 어쩔 수가 없어."

"아마 넌 심장병에 걸렸을 거야." 양철 나무꾼이 말했다. "만약 그렇다면 넌 기뻐해야 해. 그건 심장을 가졌다는 **증거**⑥니까. 난 심장이 없어서 심장병에 걸릴 수조차 없는걸."

사자가 곰곰이 생각하다가 말했다.

"하지만 심장이 없다면 아마 난 겁쟁이가 안 되지 않았을까?"

"머리에 뇌는 있니?" 허수아비가 물었다.

"그럴걸? 본 적은 없지만."

사자의 대답에 허수아비가 다시 말을 이었다. "나는 마법사 오즈에게 가서 뇌를 달라고 할 생각이야. 내 머릿속은 짚으로 채워져 있거든."

"나는 심장을 달라고 할 거야." 양철 나무꾼이 말했다.

"나는 토토와 나를 캔자스로 돌려보내 달라고 부탁할 거야." 도로시가 덧붙였다.

겁쟁이 사자는 "오즈가 내게도 용기를 줄 수 있을까?"라고 물었다.

"오즈에겐 어려운 일이 아닐 거야." 허수아비가 대답했다.

"   ©   . 더 이상 용기 없이 살고 싶지 않아."

도로시가 대답했다. "난 환영이야. 네가 있으면 다른 **야생**⁷ 동물들이 우리 근처에도 오지 못하겠지? 내가 보기엔 그들이 너보다 더 **비겁할**⁸ 것 같거든."

그렇게 ㉣길동무 하나가 더 늘었다. 사자는 도로시 곁에서 당당하게 걸었다. 토토는 처음에는 이 ㉤새로운 친구를 받아들이지 않았다. 사자에게 물릴 뻔한 기억을 잊을 수 없었기 때문이었다. 하지만 차차 화가 풀렸고, 둘은 곧 좋은 친구 사이가 되었다.

-프랭크 바움, 「오즈의 마법사」

1
요소

도로시 일행은 누구를 찾아 가고 있던 중이었는지 쓰세요.

마법사 ☐☐

2
요소

밑줄 친 ㉮~㉤ 중 가리키는 대상이 나머지와 다른 것을 고르세요. ┄┄┄┄┄┄┄┄ [   ]

① ㉮커다란 짐승
② ㉯작은 개
③ ㉰겁쟁이
④ ㉱길동무 하나
⑤ ㉲새로운 친구

3
세부
내용

이 이야기에 등장하는 인물들이 오즈에게 부탁해서 받으려고 하는 것이 각각 무엇인지 선으로 알맞게 이으세요.

[1] 사자　　　•　　　　　•뇌

[2] 허수아비　•　　　　　•용기

[3] 양철 나무꾼 •　　　　　•심장

어려운 낱말 풀이

① **나동그라졌다** 뒤로 아무렇게나 넘어져 굴렀다　② **양철** 안팎에 주석을 입힌 얇은 철판 洋큰 바다 양 鐵쇠 철
③ **맞닥뜨린** 갑자기 만나거나 마주한　④ **덩치** 몸의 부피　⑤ **줄행랑을 치거든** 피해서 달아나거든 -行다닐 행 廊
행랑 랑-　⑥ **증거** 어떤 사실을 증명할 수 있는 근거 證증거 증 據근거 거　⑦ **야생** 산이나 들에서 나서 자란 野들 야
生날 생　⑧ **비겁할** 비열하고 겁이 많을 卑낮을 비 怯겁낼 겁-

4

밑줄 친 ⓐ~ⓔ를 바꾸어 쓴 표현으로 알맞지 <u>않은</u> 것을 고르세요. ········· [   ]

① ⓐ맞닥뜨린 → 마주한

② ⓑ부끄러운 → 창피한

③ ⓒ문지르며 → 비비며

④ ⓓ저으며 → 끄덕이며

⑤ ⓔ줄행랑을 치거든 → 도망치거든

5

사자가 ㉠처럼 행동할 때의 속마음으로 알맞은 것을 고르세요. ········· [   ]

① "사람이 깜짝 놀라 달아나는 모습을 구경하는 장난은 정말 재미있군."

② "친구가 되고 싶었는데……. 다들 내 겉모습만 보고 도망치니 외로워."

③ "에잇, 아까워라. 심장병 때문에 숨이 차서 도저히 따라잡을 수가 없겠군."

④ "휴, 심장 떨려. 이번에도 내 외침에 속아서 다행이야. 사람은 너무 무서워."

⑤ "에헴. 나는 모두의 존경을 받는 동물의 왕이니까, 도망치는 사람은 굳이 뒤쫓지 않겠어."

6

이 이야기를 연극으로 꾸민다면 ㉡은 어떻게 읽으면 좋을까요? ········· [   ]

① 능글맞게 낄낄 웃으며   ② 잔뜩 심술이 난 얼굴로

③ 반가움에 들뜬 목소리로   ④ 놀라 눈을 휘둥그레 뜨며

⑤ 울상을 지으며 힘없는 목소리로

7

빈칸 ㉢에 들어갈 말로 가장 알맞은 것을 고르세요. ········· [   ]

① 여기서 가장 불행한 건 나야.

② 내 심장과 네 용기를 바꿔주면 안 될까?

③ 너희만 좋다면 나도 같이 오즈에게 가고 싶어.

④ 그런 건 다른 사람에게 의지하지 말고 스스로 노력해서 이뤄내야 해.

⑤ 오즈는 사실 가짜 마법사야. 아마 너희들의 소원을 들어줄 수 없을걸.

[1단계] 아래의 낱말에 알맞은 뜻을 선으로 이어 보세요.

[1] 야생 •   • ㉠ 산이나 들에서 나서 자란

[2] 증거 •   • ㉡ 어떤 사실을 증명할 수 있는 근거

[3] 합류 •   • ㉢ 다른 사람이나 단체 따위와 하나로 합쳐 행동을 같이함

[2단계] 빈칸에 알맞은 낱말을 [보기]에서 골라 쓰세요.

[보 기]	나동그라져	맞닥뜨려	줄행랑치며

신고를 받은 경찰이 현장에 도착해보니, 집안에는 도둑이 마구 헤집어 놓은 물건들이

아무렇게나 [1] _____ 있었다. 그때까지 담벼락에 숨어 있던 도둑은

경찰이 보이자 뒤도 보지 않고 [2] _____ 모습을 감췄다. 하지만 바짝

추격해 온 경찰과 막다른 골목에서 [3] _____ 결국 체포되고 말았다.

[3단계] 다음 사잇소리 현상의 예시를 보고, 알맞은 답을 쓰세요.

> [보 기] '-껏'은 낱말의 뒤에 붙어서 '그것이 닿는 데까지 최대한'이라는 뜻을 더해 새
> 로운 낱말을 만들 수 있는 말입니다.
> ① 힘 + 껏 = 힘껏 : 있는 힘을 다해서 힘닿는 데까지
> ② 목청 + 껏 = 목청껏   : 목청을 다해서 큰 목소리로
> ③ 눈치 + 껏 = 눈치껏   : 남의 눈치를 잘 알아차려서

[1] ☐☐ + 껏 = ☐☐☐ : 있는 정성을 다해서

[2] ☐☐ + 껏 = ☐☐☐ : 마음을 다해서 흡족할 때까지

시간 끝난 시간 ☐시 ☐분   채점 **독해** 7문제 중 ☐개   ← 스스로 붙임딱지

1회분 푸는 데 걸린 시간 ☐분   **어법·어휘** 8문제 중 ☐개   문제를 다 풀고 맨 뒷장에 있는 붙임딱지를 붙여보세요.

준 7급 物(물건 물)은 물건을 뜻하는 한자입니다.
낱말에 붙어서 "~한 물건" 또는 "물건의 ~"란 뜻으로 쓰입니다.

보물(寶物) : **보배로운 + 물건**
└ 보배 보 (보배 : 아주 귀하고 소중한 것)

선물(膳物) : **남에게 주는 + 물건**
└ 줄 선

물질(物質) : **물건이 지니고 있는 + 본바탕**
└ 바탕 질 (바탕 : 물건을 이루는 타고난 기초)

쓰는 순서 ＇ ＜ ＜ 牛 牛 牛 牜 物 物

한자를 칸에 맞춰 써 보세요.

物	物	物	物				

6급 別(나눌,다를 별)은 **나누다** 또는 **다르다**를 뜻하는 한자입니다.
낱말에 붙어서 **"다른 ~"** 또는 **"~을 나눔"**이란 뜻으로 쓰입니다.

구별(區別) : 성질 또는 종류에 따라 따로따로 + **나눔**
└구분 구 (구분: 따로따로 갈라서 나눔)

별명(別名) : 원래 이름이 아닌 남들이 따로 부르는 **다른 + 이름**
└ 이름 명

이별(離別) : 서로 **나뉘어서 + 떨어짐**
└ 떼어놓을 이

쓰는 순서 ｜ ｜ 口 口 另 別 別

한자를 칸에 맞춰 써 보세요.

別	別	別	別				

7주차

주간학습계획표

한 주 간의 계획을 먼저 세워보세요. 매일 학습을 마친 후 맞힌 문제의 개수를 쓰세요!

회차	영역	학습내용	학습계획일	맞은 문제수
31회	독서 사회	**돈은 어떻게 만들어지나** 돈이 만들어지는 과정에 대한 설명문입니다. 중간중간에 조금 어려운 낱말들이 있기 때문에 잘 학습하고 주의해가면서 읽어보는 회차입니다.	☐월 ☐일	독해 7문제 중 ☐개 어법·어휘 8문제 중 ☐개
32회	독서 사회	**석주명** 나비 학자 석주명에 대한 전기문입니다. 석주명의 삶에 대한 이야기를 스토리텔링을 첨가하여 잘 풀어낸 전기문입니다.	☐월 ☐일	독해 7문제 중 ☐개 어법·어휘 9문제 중 ☐개
33회	독서 기타	**놀이동산 질문과 답변** 놀이동산에서 자주 볼 수 있는 질문과 답변 내용입니다. 질문의 내용과 그에 따른 답변을 잘 확인해보는 회차입니다.	☐월 ☐일	독해 7문제 중 ☐개 어법·어휘 8문제 중 ☐개
34회	문학 한시	**두부** 우리나라의 문인 김시습이 5살 때 지은 한시입니다. 두부를 어떻게 표현하였는지 알아보고, 주제는 무엇인지 파악해보는 회차입니다.	☐월 ☐일	독해 7문제 중 ☐개 어법·어휘 9문제 중 ☐개
35회	문학 소설	**바느질 일곱 동무의 말다툼** 조선시대 쓰인 고전소설인 〈규중칠우쟁론기〉를 읽기 쉽게 윤문한 이야기입니다. 글에 쓰인 말과 행동이 다양한 등장인물 중 누구의 것인지 독해 문제를 통해 풀어 보는 연습을 하는 회차입니다.	☐월 ☐일	독해 7문제 중 ☐개 어법·어휘 8문제 중 ☐개

↑ 조폐공사에서 돈을 찍어내는 모습 (출처 : 연합뉴스)

돈은 어디서 만들어질까요? 우리나라에서는 한국은행에서 돈을 **책임**지고 만들어냅니다. 먼저 한국은행은 돈에 넣을 그림과 돈을 얼마나 만들어 낼지를 정합니다. 그런 다음 **한국 조폐 공사**에서 돈을 만들기 시작합니다. 가짜 돈을 만들기 어렵도록 여러 가지 **특수한** 제작 과정을 거친답니다.

그렇다면 돈은 어떻게 만들어질까요? 첫 번째로, 특수한 종이를 만듭니다. 돈을 만드는 종이는 목화솜으로 만든 면입니다. 면으로 만든 덕분에 돈은 물에 닿아도 다른 종이에 비해 쉽게 찢어지지 않습니다. 면을 이용해 특수한 종이를 만들고, 여기에 숨은 그림과 **복잡한** 무늬와 색을 넣습니다.

두 번째, 그림판을 만듭니다. 이를 위해서 먼저 돈의 크기, 돈에 넣을 그림, 색깔 등을 정하고 그림을 그립니다. 그리고 다 그려진 그림을 인쇄판에 옮겨 새깁니다. 이때, 판은 두 개를 만드는데, 하나는 종이돈의 바탕 무늬나 반복되는 무늬를 인쇄하는 판이고, 또 하나는 **위조**를 막기 위한 숨은 그림을 인쇄하는 판입니다. 숨은 그림은 평소엔 보이지 않지만 빛에 비춰보면 보입니다.

세 번째, 인쇄 및 검사를 합니다. 먼저 완성된 인쇄판으로 특별한 종이에 인쇄를 합니다. 종이에 바탕 무늬를 수놓고, 인물이나 그림을 찍어 냅니다. 인쇄가 끝나면, 인쇄된 종이를 꼼꼼하게 검사합니다. 인물 그림이나 글자, 색 등이 잘못 인쇄된 것은 없는지, 접힌 곳은 없는지 꼼꼼히 살핍니다. 마지막으로 기호와 번호, 도장을 찍습니다. 그러고 나서 큰 종이에 인쇄된 돈을 크기대로 자릅니다.

마지막으로 다 만들어진 돈을 한국은행으로 보냅니다. 돈을 나르는 차에는 위치 **추적** 장치가 있어서 사고가 나면 바로 경찰이 **출동**합니다. 이렇게 만들어진 돈은 우리가 사는 세상에서 시장과 음식점, 극장가를 넘나들면서 사용됩니다.

1

중심
생각

이 글의 주제로 가장 알맞은 것은 무엇일까요? -- [　　　]

① 돈의 유래　　　　　　　　　　　② 돈을 쓰는 까닭

③ 돈을 만드는 과정　　　　　　　　④ 세계 여러 나라의 돈

⑤ 동전과 지폐의 차이점

2

세부
내용

본문의 내용과 일치하지 않는 것을 고르세요. -- [　　　]

① 돈은 면으로 만든다.

② 돈은 한국 조폐 공사에서 만들어진다.

③ 다 만들어진 돈은 한국은행으로 보낸다.

④ 확인한 돈에 기호와 번호, 도장을 찍는다.

⑤ 그림을 인쇄판에 새길 때 판은 1개를 사용한다.

3

구조
알기

다음 표의 빈칸을 알맞게 채워 보세요.

7
주
31
회

해
설
편
0
1
7
쪽

돈을 만드는 곳	한국은행, 한국 조폐 공사

돈을 만드는 과정	면을 이용해 ▢▢▢ 종이를 만들고, 숨은 그림과 무늬, 색을 넣는다.
	종이의 무늬를 인쇄하기 위한 판과 ▢▢을(를) 막기 위한 그림을 인쇄하는 판을 만든다.
	▢▢ 및 ▢▢을(를) 하고 크기대로 자른다.

완성된 돈의 이동	▢▢▢▢으로 옮겨진 다음, 세상에서 사용된다.

🧻 **어려운 낱말 풀이**　① **책임** 맡아서 해야 할 임무나 의무 責꾸짖을 책 任맡길 임　② **한국 조폐 공사** 대한민국의 돈을 만드는 등의 일을 하는 기관 韓한국 한 國나라 국 造지을 조 幣화폐 폐 公공공 공 社모일 사　③ **특수한** 특별히 다른 特특별할 특 殊다를 수 -
④ **복잡한** 일이나 감정 따위가 여러 가지가 얽혀 있는 複겹칠 복 雜섞일 잡 -　⑤ **위조** 어떤 물건을 다른 사람을 속이려고 꾸며 진짜처럼 만듦 僞거짓 위 造지을 조　⑥ **추적** 뒤를 밟아 쫓아감 追쫓을 추 跡밟을 적　⑦ **출동** 군대, 경찰, 소방대 등이 어떤 일을 하려고 떠남 出날 출 動움직일 동

4 돈을 나르는 차에는 무엇이 설치되어 있을까요?

세부
내용

☐ ☐ ☐ ☐ ☐ ☐

5 아래 문장이 뜻하는 낱말을 고르세요. ⸻⸻⸻⸻⸻⸻⸻⸻ [　　　]

어휘
표현

┌───┐
│ [보 기]　　　　　어떤 물건을 다른 사람을 속이려고 꾸며 진짜처럼 만듦 │
└───┘

① 위조　　　　　② 추적　　　　　③ 조폐　　　　　④ 책임　　　　　⑤ 인쇄

6 면은 무엇으로 만드는지, 면으로 돈을 만들면 좋은 점이 무엇인지 써 보세요.

내용
적용

연은 ☐☐☐ 으로 만듭니다. 연으로 돈을 만들연 ☐ 에 닿아도

다른 종이에 비해 쉽게 ☐☐☐☐ 않습니다.

7 다음은 오만원권에서 위조를 막기 위한 장치를 설명한 그림입니다. 이 글에서 다뤄진 내용을 고르세요. ⸻⸻⸻⸻⸻⸻⸻⸻⸻⸻⸻⸻⸻⸻ [　　　]

추론

┌───┐
│ ① 보는 각도에 따라 다르게 보이는 홀로그램 띠   │
│ 　　　② 빛에 비춰보면 보이는 신사임당 초상   │
│ 　　　　　③ 뒷면과 정확히 맞는 태극무늬   │
│   │
│ 　AA 0000000 A　　한국은행   50000   │
│ 　　　　　　　　　오만원 보기   │
│ 　　　　50000   AA 0000000 A   │
│   │
│ ④ 만져보면 오돌도톨한 숫자　　　⑤ 비스듬히 눕혀보면 보이는 숫자 5   │
└───┘

[1단계] 아래의 낱말에 알맞은 뜻을 선으로 이어 보세요.

[1] 특수 •　　　　　　　　　• ㉠ 뒤를 밟아 쫓아감

[2] 추적 •　　　　　　　　　• ㉡ 특별히 다름

[3] 출동 •　　　　　　　　　• ㉢ 군대, 경찰, 소방대 등이 어떤 일을 하려고 떠남

[2단계] 아래 문장의 빈칸에 알맞은 낱말을 [보기]에서 찾아서 써넣으세요.

[보기]	특수	추적	출동

[1] 가짜 돈을 만들기 어렵도록 여러 가지 ☐☐ 한 제작 과정을 거친다.

[2] 사고가 나면 바로 경찰이 ☐☐ 한다.

[3] 돈을 나르는 차에는 위치 ☐☐ 장치가 있다.

[3단계] 밑줄 친 말을 다른 말로 알맞게 바꾸어 쓰세요.

[1] 종이돈의 바탕 무늬나 되풀이되는 무늬를 인쇄하는 판

→ 종이돈의 바탕 무늬나 반☐☐☐ 무늬를 인쇄하는 판

[2] 인쇄된 종이를 빈틈없이 차분하고 조심스럽게 검사합니다.

→ 인쇄된 종이를 꼼☐☐☐ 검사합니다.

시간 끝난 시간 ☐시 ☐분　　채점 독해 7문제 중 ☐개

1회분 푸는 데 걸린 시간 ☐분　　어법·어휘 8문제 중 ☐개

← 스스로 붙임딱지
문제를 다 풀고 맨 뒷장에 있는 붙임딱지를 붙여보세요.

　　한국의 나비 **연구**가로 유명한 **생물학자** 석주명은 어릴 때부터 장난기와 호기심이 많았고 비둘기나 도마뱀 등도 기를 만큼 동물도 좋아했습니다. 그런데 석주명이 학교를 가고 공부를 했던 시대는 우리나라가 일본에 나라를 **빼앗긴** 시절이었습니다. 당시에는 조선에서 공부를 하는 것은 쉽지 않았습니다. 그래서 공부를 하고자 사람들은 일본으로 유학을 가야 했고 석주명도 일본에서 공부할 수밖에 없었습니다.

　　그런 석주명이 나비를 연구하기로 마음먹은 것은 그가 일본 농업 전문학교에서 생물을 공부하던 때였습니다. 유난히 열심히 공부하는 석주명을 기특하게 본 일본인 교수의 말씀 덕분이었습니다.

　　"나비에 대해서 연구해보는 게 어떨까? 아직 조선에서는 나비에 대한 연구가 별로 없지만, 십 년만 집중하면 그 분야의 세계적인 전문가가 될 수 있을 걸세."

　　그 말을 들은 석주명은 다짐했습니다.

　　'맞아. 나도 뭔가를 해야지. 우리나라의 나비를 연구해서 아무도 하지 않은 나비 전문가가 되어야겠어!'

　　한국으로 돌아온 그는 학교 선생님을 하며 나비 연구를 하였습니다. 나비 연구에 **몰두**하느라 자는 시간도 줄이고, 밥 먹는 시간도 아까워 땅콩을 먹으며 연구할 정도였습니다. 결국 석주명은 많은 나비를 관찰하여 일본 학자들도 잘못 알고 있었던 한국의 나비 분류법을 바로잡았습니다. 뿐만 아니라 석주명은 한국에 사는 248종에 이르는 나비에 일본 이름 대신 우리말 이름을 새로 지어 주었습니다.

　　그리고 10년의 세월이 흐른 어느 날, 그는 영국왕립학회에서 편지 한 통을 받았습니다.

석주명 선생님께

(　　　　　가　　　　　)

영국 **왕립** 아시아 **학회**

석주명은 편지의 내용대로 우리나라 나비에 대한 모든 것을 알 수 있는 책을 쓰기로 하였습니다. 그리고 수많은 나비를 연구하며 **온갖**⑦ 정성을 기울였습니다.

그렇게 그는 그때까지 연구한 것을 책으로 만들어 영국 왕립 도서관으로 보냈고, 평생 동안 무려 75만여 마리의 나비를 채집하였습니다. 석주명은 마침내 세계적인 학자가 되어 우리 민족의 우수성을 알렸습니다.

1 중심 생각

누구에 관한 글인가요?

☐☐☐

2 세부 내용

석주명은 특히 무엇을 연구했나요?

☐☐

3 어휘 표현

연구하는 사람을 두 글자로 뭐라고 하나요?

☐☐

4 추론

이 글의 흐름으로 볼 때, 편지의 빈칸 (가)는 어떤 내용이었을까요? [ ]

① 함께 일본과 싸웁시다.
② 나비 말고 다른 생물에 대해 연구해주십시오.
③ 영국에 한번 놀러 오시는 것이 어떻겠습니까?
④ 조선에 있는 모든 나비에 대해 책으로 써 주십시오.
⑤ 조선은 위험하니 영국에서 사시는 게 어떻겠습니까?

7주 32회

해설편 017쪽

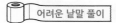

어려운 낱말 풀이

① **연구** 어떤 일이나 사물에 대하여 깊이 조사하고 생각하여 진리를 따져 보는 일 硏갈 연 究궁구할 구 ② **생물** 생명을 가진 물체 生날 생 物만물 물 ③ **학자** 연구하는 사람 學배울 학 者사람 자 ④ **몰두** 어떤 일에 온 정신을 다 기울여 열중함 沒가라앉을 몰 頭머리 두 ⑤ **왕립** 왕국에서 세운 것 王임금 왕 立설 립 ⑥ **학회** 연구하고 공부하는 사람들의 모임 學배울 학 會모일 회 ⑦ **온갖** 이런저런 여러 가지의

5 글에 나와 있는 내용은 무엇인가요? ─────────────────────── [　　　　]

세부
내용

① 석주명은 언제 죽었는지
② 석주명은 언제 태어났는지
③ 석주명이 만든 책의 이름은 무엇인지
④ 석주명은 어느 나라에서 공부를 했었는지
⑤ 석주명이 처음 발견했던 나비는 어떤 나비인지

6 글의 내용과 가장 거리가 먼 이야기를 한 친구는 누구인가요? ───── [　　　　]

내용
적용

① 연우 : 석주명 선생님께서도 어릴 적엔 우리처럼 개구쟁이셨네.
② 아라 : 석주명 선생님께서 모은 나비가 무려 75만여 마리라고 하네.
③ 동준 : 석주명 선생님은 어릴 적부터 오직 나비에만 관심이 있으셨구나.
④ 샛별 : 석주명 선생님은 일본어로 되어있던 나비 이름을 우리말로 바꾸어 주셨어.
⑤ 석현 : 석주명 선생님께 나비를 연구하라고 말씀하신 일본인 선생님은 좋은 분인 것 같아.

7 아래 글을 빈칸을 채워 완성해 보세요.

구조
알기

석주명은 우리나라의 □□ 연구가이자 □□ 학자이다. 석주명이

□□ 를 연구하기로 마음먹은 것은 □□ 에서 공부하던 때였다. 석주명은

□□ 연구에만 몰두했고, □□ 왕립 아시아 학회로부터 편지도 받게 된다.

석주명은 계속해서 □□ 에 대해 연구하여 우리 민족의 훌륭함을 세계에 알렸다.

배경지식 더하기

나비 연구가 석주명

석주명 선생님은 다양한 생물학자, 곤충학자, 동물학자, 언어학자로도 알려져 있지만 '나비' 연구가로 가장 유명합니다. 일본의 나비학자들은 나비에 대해 깊은 연구를 하지 않고 사소한 특징만으로도 다른 종류의 나비로 취급했습니다. 그리하여 나비 종류만 무려 921종이 되었습니다. 석주명 선생님은 이에 대해 더 정확하고 깔끔한 분류가 필요하다고 느꼈습니다. 그래서 산과 들을 헤매며 나비를 수집하여 독자적으로 연구하셨습니다. 그 결과 나비를 정확하게 250종으로 분류하는데 성공하셨습니다.

[**1단계**] 아래의 낱말에 알맞은 뜻을 선으로 이어 보세요.

[1] 연구 •　　　　　　　　　• ㉠ 연구 하는 사람

[2] 생물 •　　　　　　　　　• ㉡ 생명을 가진 물체

[3] 학자 •　　　　　　　　　• ㉢ 깊이 조사하고 생각하여 진리를 따져 보는 일

[**2단계**] 아래 문장의 빈칸에 알맞은 낱말을 [보기]에서 찾아서 써넣으세요.

[보 기]	연구	생물	학자

[1] 나는 국어를 연구하는 훌륭한 ☐☐ 이(가) 될 것이다.

[2] NASA는 우주에 대해 ☐☐ 하는 곳이야.

[3] 살아 있는 ☐☐ 을(를) 함부로 죽이면 안 된다.

[**3단계**] 밑줄 친 낱말과 뜻이 비슷해 바꿔 써도 되는 낱말을 고르세요.

[1] 석주명은 마음을 <u>굳게</u> 먹고 나비 연구를 시작했습니다. ·············· [　　　]
　　① 쉽게　　　　　　② 단단히　　　　　　③ 힘들게

[2] 석주명은 오직 나비만을 생각하며 연구에 <u>몰두</u>했습니다. ·············· [　　　]
　　① 집중　　　　　　② 방심　　　　　　③ 참여

[3] 석주명은 책을 쓰기 위하여 <u>온갖</u> 정성을 쏟았습니다. ·············· [　　　]
　　① 가끔　　　　　　② 그다지　　　　　　③ 모든

시간 **끝난 시간** ☐시 ☐분　　**채점** **독해** 7문제 중 ☐개

1회분 푸는 데 걸린 시간 ☐분　　　**어법·어휘** 9문제 중 ☐개

↤스스로 붙임딱지
문제를 다 풀고
맨 뒷장에 있는
붙임딱지를
붙여보세요.

어린이 놀이동산 관련 자주 하는 질문

질문) 인터넷에서 놀이동산 **할인**이용권을 **구매**했어요. 어떻게 사용하나요?

답변) 인터넷에서 구매한 다음 날부터 사용할 수 있습니다. 먼저, 놀이동산 입구에 있는 **매표소**에 갑니다. 매표소의 직원에게 인증번호를 **제시**합니다. 이용권으로 바꾼 다음 놀이기구를 이용하면 됩니다.

질문) 자전거를 가지고 어린이 놀이동산에 들어갈 수 있을까요?

답변) 어린이 놀이동산 안에서 자전거를 타는 것은 위험할 수 있습니다. 그래서 어린이 놀이동산 안에서는 자전거를 탈 수 없습니다. 만약 자전거를 가져왔다면 입구에 있는 자전거 **거치대**를 이용해주세요.

질문) 어린이 놀이동산 안에서 다쳤다면 어디로 가야 하나요?

답변) 어린이 놀이동산 안에는 가벼운 상처나 급한 환자를 치료하는 **의무실**이 있습니다. 의무실은 정문에 있는 고객안내센터 안에 있습니다. 4월부터 10월까지는 아침 10시부터 저녁 7시까지 **운영**합니다. 1월, 2월, 3월, 11월, 12월에는 아침 9시부터 저녁 6시까지 운영합니다. 만약 의무실이 문을 열지 않았다면 입구의 경비실에 있는 **구급함**을 이용해주세요.

질문) 어린이 놀이동산 안에서 밥을 먹을 수 있는 곳이 있나요?

답변) 네. 어린이 놀이동산에는 식사를 할 수 있는 식당이 있습니다. 식물원 옆 복합식당, 바다동물관 옆 푸드코트, 동산문 앞 동산문 복합식당, 후문 놀이동산 푸드코트가 있습니다. 식당에서 도시락을 드실 경우, 반드시 분리배출을 해주세요.

어려운 낱말 풀이 ① **할인** 일정한 값에서 얼마를 뺌 割벨 할 引끌 인 ② **구매** 물건을 삼 購살 구 買살 매 ③ **매표소** 입장권 따위의 표를 파는 곳 賣팔 매 票표 표 所바 소 ④ **제시** 물건을 내어 보임 提끌 제 示보일 시 ⑤ **거치대** 물건을 받쳐 놓는 대 据근거 거 置둘 치 臺대 대 ⑥ **의무실** 응급 환자나 가벼운 상처를 치료하기 위한 시설 醫병원 의 務일 무 室집 실 ⑦ **운영** 어떤 대상을 관리하고 경영함 運옮길 운 營경영할 영 ⑧ **구급함** 구급약 및 간단한 의료 도구를 보관하는 상자 救구할 구 急급할 급 函상자 함

1
중심
생각

이 글을 쓴 까닭은 무엇인지 고르세요. ------------------------------- [   ]

① 놀이동산에서 음식을 파는 곳을 알려주려고
② 어린이 놀이동산이 문을 여는 시간을 알려주려고
③ 어린이 놀이동산에서 하는 공연 시간을 알려주려고
④ 놀이동산에서 탈 수 있는 놀이기구를 설명하려고
⑤ 어린이 놀이동산을 이용할 때 필요한 내용을 설명하려고

2
세부
내용

다음 중 글의 내용에 맞는 것은 ○, 틀린 것은 ×로 표시하세요.

[1] 어린이 놀이동산 안에서는 자전거를 탈 수 없다. ------------------------------- [   ]
[2] 어린이 놀이동산 의무실은 후문에 있는 고객안내센터에 있다. ------------------------------- [   ]
[3] 12월에 의무실은 아침 9시부터 저녁 7시까지 운영한다. ------------------------------- [   ]
[4] 식당에서 도시락을 먹으면 분리배출을 하지 않아도 된다. ------------------------------- [   ]

7
주
33
회

해설편
0
1
8
쪽

3
세부
내용

놀이동산 안에서 밥을 먹을 수 있는 곳이 <u>아닌</u> 곳은 어디일까요? ------------------------------- [   ]

① 식물원 옆 복합식당
② 후문 놀이동산 푸드코트
③ 정문에 있는 고객안내센터
④ 동산문 앞 동산문 복합식당
⑤ 바다동물관 옆 푸드코트

4
구조
알기

인터넷에서 구매한 놀이동산 할인이용권을 사용하는 방법을 순서대로 쓰세요.

> ㉠ 매표소의 직원에게 인증번호를 제시한다.
>
> ㉡ 이용권으로 바꾼다.
>
> ㉢ 놀이동산 입구에 있는 매표소에 간다.
>
> ㉣ 놀이동산을 이용한다.

☐ → ☐ → ☐ → ☐

5
어휘
표현
'물건을 삼'을 뜻하는 낱말은 무엇인가요? ──────────────────────────── [　　　]

① 매매　　　　　② 판매　　　　　③ 구매　　　　　④ 발매　　　　　⑤ 강매

6
내용
적용
어린이 놀이동산 안에서 다쳤을 때 어떻게 해야 할까요?

어린이 놀이동산 안에서 다쳤을 때는 고객안내센터 안에 있는 ☐☐☐ 에

갑니다. 만약 ☐☐☐ 이(가) 문을 열지 않았다면 입구의 경비실에 있는

☐☐☐ 을(를) 이용합니다.

7
추론
이 글을 읽고 친구들이 대화를 나누었습니다. 맞지 <u>않은</u> 내용을 말하는 친구를 고르세요.
──────────────────────────── [　　　]

① 지영 : 오늘 인터넷에서 산 할인 입장권은 오늘 쓸 수 없겠네.
② 주연 : 의무실이 안 열려 있을 땐 매표소에 있는 구급함을 이용하면 돼.
③ 희서 : 어린이 놀이동산 안에서는 자전거를 탈 수 없으니 가져가지 않는 게 좋겠어.
④ 태운 : 3월에 어린이 놀이동산에 갔을 때 다쳤는데 저녁 7시라서 의무실이 문을 안 열었더라.
⑤ 우민 : 난 식당에서 밥을 사 먹지 않고 도시락을 먹을 건데, 먹고 나서 분리배출을 해야 해.

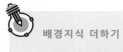
배경지식 더하기

세계에서 가장 큰 놀이공원은?

세계에서 가장 큰 놀이공원은 어디일까요? 바로 미국에 있는 월트 디즈니 월드입니다. 월트 디즈니 월드는 세계 최대의 테마파크이자 가장 유명한 디즈니파크입니다. 월트 디즈니 월드는 플로리다 주의 올랜도시에 위치하고 있습니다. 실질적으로 사용 중인 면적은 약 6제곱킬로미터인데, 이 넓이는 우리나라의 에버랜드보다 4배 이상 넓은 면적입니다. 월트 디즈니 월드는 네 개의 테마 공원, 두 개의 워터 파크, 리조트 등으로 이루어져 있으며 이용자는 테마 공원 하나당 대략 2013년 기준 1850만 명이고, 모든 테마파크의 입장자 수를 따지면 약 7000만 명에 가깝다고 합니다.

33회 어법·어휘편
본문에 나온 어휘들만 따로 모아 복습하는 순서입니다.

[**1단계**] 아래의 낱말에 알맞은 뜻을 선으로 이어 보세요.

[1] 할인 •   • ㉠ 일정한 값에서 얼마를 뺌

[2] 제시 •   • ㉡ 어떤 대상을 관리하고 경영함

[3] 운영 •   • ㉢ 물건을 내어 보임

[**2단계**] 아래 문장의 빈칸에 알맞은 낱말을 [보기]에서 찾아서 써넣으세요.

[보 기]	할인	제시	운영

[1] 매표소의 직원에게 인증번호를 ☐☐ 합니다.

[2] 인터넷에서 놀이동산 ☐☐ 이용권을 구매했습니다.

[3] 의무실은 아침 10시부터 저녁 7시까지 ☐☐ 합니다.

[**3단계**] 아래 [보기]를 보고 빈칸을 알맞게 채워 보세요.

[보 기]	매표소 : 입장권 따위의 표를 파는 곳

[1] 안내소 : 어떤 사물이나 장소를 ☐☐ 하는 곳

[2] 연구소 : 어떤 일이나 사물에 대해 ☐☐ 하는 곳

시간 **끝난 시간** ☐시 ☐분   **1회분 푸는 데 걸린 시간** ☐분

채점 **독해** 7문제 중 ☐개   **어법·어휘** 8문제 중 ☐개

← 스스로 붙임딱지
문제를 다 풀고
맨 뒷장에 있는
붙임딱지를
붙여보세요.

7주 | 33회 153

두부

김시습

천성은 본디 맷돌 사이에서 왔으나
둥글고 빛나서 동산에 뜬 달과 똑같네.
용을 삶고 봉황을 구운 진미보다는 못해도
㉠머리 벗겨지고 이 빠진 어르신에게는 제일 좋구나.

(1440년, 김시습이 다섯 살 때 지은 시)

1

중심
생각

이 시의 중심 글감은 무엇인가요?

☐ ☐

 어려운 낱말 풀이 : ① 천성 본래 타고난 성격이나 성품 天하늘 천 性성품 성 ② 본디 처음부터 또는 근본부터 本근본 본 - ③ 봉황 예로부터 중국의 전설에 나오는 신비로운 새 鳳봉새 봉 凰봉황새 황 ④ 진미 참 좋은 맛 珍보배 진 味맛 미

2 시에 나오는 '동산에 뜬 달'과 '두부'의 공통점을 <u>모두</u> 고르세요. ━━━━━━━━ [　　,　　]

세부
내용

① 둥글다

② 거칠다

③ 부드럽다

④ 빛이 난다

⑤ 밤에 볼 수 있다

3 이 시를 낭송할 때, 어떤 목소리가 어울릴지 고르세요. ━━━━━━━━━━━ [　　　]

작품
이해

① 무섭게

② 울적하게

③ 밝고 경쾌하게

④ 화를 내는 듯하게

⑤ 아주 큰 소리로 시끄럽게

4 이 시가 재미있는 까닭으로 옳은 것을 고르세요. ━━━━━━━━━━━━━ [　　　]

작품
이해

① 두부를 사람처럼 표현하였다.

② 두부를 다른 것에 빗대어 표현하였다.

③ 모양을 흉내 내는 표현을 사용하였다.

④ 소리를 흉내 내는 표현을 사용하였다.

⑤ 사람이 아닌 것을 사람처럼 표현하였다.

5 이 시의 말하는 이와 같은 생각을 가진 친구를 고르세요. ━━━━━━━━━ [　　　]

추론
적용

① 서영 : 남들이 좋아하는 것이 나한테도 가장 좋은 것 같아.

② 준서 : 제일 비싼 물건을 사는 것이 가장 좋은 물건을 사는 방법이야.

③ 다인 : 요즘 제일 유행하는 옷을 갖고 싶어. 나에게도 가장 잘 어울릴 거야.

④ 정윤 : 최신 스마트폰보다 나에게 꼭 필요한 기능만 있는 폴더폰이 더 좋아.

⑤ 재호 : 가장 오래된 역사 깊은 물건이야말로 이 세상 최고의 물건인 것 같아.

6 시의 말하는 이가 ⊙처럼 말한 까닭을 고르세요. ------------------------------- [   ]

작품
이해

① 맷돌로 만들었기 때문에

② 세상 최고의 진미이기 때문에

③ 동산에 달이 떴을 때 먹는 음식이기 때문에

④ 용을 삶고 봉황을 구워서 만든 진미이기 때문에

⑤ 이가 빠진 어르신이라도 먹기 좋게 부드럽기 때문에

7 다음은 이 시를 읽고 친구들끼리 나눈 대화입니다. 적절하지 <u>않은</u> 것을 고르세요. ---------- [   ]

추론
적용

① 재훈 : 이 시에는 '두부'라는 말이 나오지는 않지만 두부에 관해 이야기하고 있어.

② 수지 : 옛날에는 두부를 맷돌로 만들어서 천성이 본디 맷돌 사이에서 나왔다고 한 것 같아.

③ 현주 : '용을 삶고 봉황을 구운 진미'가 옛날에는 두부처럼 꽤 흔한 음식이었던 것 같아.

④ 용준 : 이 시는 비록 내용은 짧지만 시를 통해 두부의 여러 가지 특징들을 알아낼 수 있어.

⑤ 혜경 : 요즘 두부는 네모난 모양인데, 시를 보니 옛날에 두부는 둥근 모양이었던 것 같아.

배경지식 더하기

작가 소개 : 김시습

김시습(金時習, 1435년 ~ 1493년)은 조선 초기의 문인이자 학자입니다.
김시습은 3살 때부터 외할아버지로부터 글자를 배우기 시작하여 다섯 살 때
한시를 지을 줄 아는 천재였습니다. 세종대왕이 이 소식을 듣고 김시습을
시험해보고는 열심히 공부하라고 당부하며 선물을 하사하여 '오세(五歲, 5세)'라는
별호를 얻게 되었다고 합니다. 우리나라 최초의 한문소설로 불리는
『금오신화』를 비롯한 수많은 시편들을 『유금오록(遊金鰲錄)』에 남겼습니다.

[1단계] 아래의 낱말에 알맞은 뜻을 선으로 이어 보세요.

[1] 천성 •   • ㉠ 참 좋은 맛

[2] 본디 •   • ㉡ 본래 타고난 성격이나 성품

[3] 진미 •   • ㉢ 처음부터 또는 근본부터

[2단계] 빈칸에 알맞은 낱말을 [보기]에서 골라 쓰세요.

> [보 기]   천성   본디   진미

[1] 김치는 우리나라 반찬 중 최고의 ☐☐ 라는 말이 있어.

[2] 이 아이는 ☐☐ 마음씨가 착해서 정말 좋은 아이인 것 같아.

[3] 사람은 겉모습보다는 타고난 ☐☐ 이(가) 중요하지.

[3단계] [보기]의 천(天)과 관련된 단어들을 학습한 후 아래 빈칸에 알맞은 낱말을 쓰세요.

> [보 기]   **천성**(天하늘 천 性성품 성) : 본래 타고난 성격이나 성품
>
>   **천하**(天하늘 천 下아래 하) : 하늘 아래 온 세상
>
>   **천국**(天하늘 천 國나라 국) : 하늘나라, 천당

[1] 이 넓은 ☐☐ 에 나를 도울 수 있는 누군가는 반드시 있겠지!

[2] 옛날 말에서 나쁜 일을 하면 지옥에 가고 착한 일을 하면 ☐☐ 에 간다고 하지요.

[3] 그는 영특하면서도 ☐☐ 이 부드러웠다.

시간 끝난 시간 ☐시 ☐분

1회분 푸는 데 걸린 시간 ☐분

채점 독해 7문제 중 ☐개

어법·어휘 9문제 중 ☐개

← 스스로 붙임딱지
문제를 다 풀고 맨 뒷장에 있는 붙임딱지를 붙여보세요.

옛날 어느 고을에 바느질을 잘하는 아이가 살고 있었습니다. **반짇고리**^① 속의 바늘, 자, 가위, **인두**^②, 다리미, 실, **골무**^③는 아이의 단짝 친구였습니다. 아이는 이들을 '일곱 **동무**^④'라고 불렀습니다.

어느 날, 따뜻한 햇볕을 **쬐던**^⑤ 아이는 깜빡 잠이 들고 말았습니다. 그러자 아이의 반짇고리 속 일곱 동무들이 반짇고리 바깥으로 나와서 재잘거리기 시작했습니다. 가장 먼저 자가 **으스대며**^⑥ 말했습니다.

"주인님이 바느질을 잘하는 건 전부 제 덕분이지요. 온갖 천과 비단이 있어도 길고 짧음, 넓고 좁음을 재어 주지 않는다면 옷을 만들 수 없습니다. 그러니 내 **공**^⑦이 제일 커요."

그러자 가위가 입을 삐죽이며 말했습니다.

"아닙니다. 아무리 옷감을 잘 잰들 자르지 않으면 옷을 만들 수 없는데, 다 제 도움 때문이지요."

옆에서 듣고 있던 바늘이 자와 가위에게 새침하게 대꾸했습니다.

"진주가 열 그릇이라도 **꿰어야**^⑧ 보물이지요. ⓐ내가 여기저기 꿰매 주지 않으면 옷이 아니라 고작 천 조각에 불과합니다. 바느질할 때 제일 중요한 건 ⓑ나입니다."

그러자 옆에 있던 실이 웃으며 말했습니다.

"ⓒ내가 있어야 ⓓ네가 제 역할을 할 수 있어. ⓔ너만으로는 천에 구멍만 낼 뿐이란다."

이 광경을 지켜보던 골무가 헛기침을 하며 이들의 자랑에 끼어들었습니다.

"에헴, 다들 자랑이 심하구나. 나로 말하자면 주인님이 바느질을 할 때 다치지 않게 손가락을 감싸 보호해 주지. 그러니 내가 가장 중요해."

골무의 잘난 체하는 말에 인두가 대답했습니다.

"다들 자기만 잘났다고 하지만, 내가 바느질할 때 제일 중요해요. 들쑥날쑥한 바느질도 내가 지나가기만 하면 반듯해지는걸요."

인두의 말에 다리미가 얼른 끼어들었습니다.

"저도 인두와 마찬가지예요. 내가 구겨지고 접힌 곳을 펴 주지 않는다면, 사람들은 모두 **볼품 없는**^⑨ 옷을 입겠지요."

일곱 동무들 모두 자신의 공이 가장 크다며 **옥신각신**^⑩했습니다. 그 소리에 잠을 깬 아이가 일곱 동무들을 야단쳤습니다.

"싸우는 소리에 시끄러워서 잠을 잘 수가 없잖아. ⟨⟨⟨⟨⟨⟨⟨ ㉮ ⟩⟩⟩⟩⟩⟩⟩라는 말도 있는데, 겸손하지는 못할망정 서로 잘났다고 다투기나 하고……."

아이는 일곱 동무를 모두 모아 반짇고리에 넣어 버리고는 다시 잠들었습니다. 일곱 동무들은 아이의 야단에 시무룩해졌습니다.

"주인님께 서운합니다. 언제나 바느질을 시작할 때는 나를 제일 먼저 찾았었는데……."

자의 말에 모두 한 마디씩 불평하기 시작했습니다.

"형님 말이 맞습니다. 내가 없으면 옷을 자르지도 못할 텐데……."

"저는 어떻고요. 조금이라도 찔리기만 하면 아프다고 저에게 화만 내더라고요."

"화로에 들어갈 때마다 얼마나 뜨겁고 아픈지, 옷을 다리기만 하는 주인님은 모를 거예요."

"저를 얼마나 힘을 줘서 눌러 대는지, 다림질 한 번 하고 나면 허리가 몹시 아픕니다."

반짇고리 속에서 웅성거리는 소리 때문에 다시 잠에서 깬 아이는 반짇고리를 열고 일곱 동무들에게 말했습니다.

"나에 대해 그렇게 불평하다니, 몹시 실망스러워."

다른 동무들과 다르게 불평을 하지 않았던 골무가 조심스럽게 말했습니다.

"저 아이들이 아직 생각이 어려서 그런 것이니 용서하십시오. 저희가 바느질을 하는 재주가 뛰어나다고 한들, 주인님께서 사용해 주셔야 어떤 바느질이든 할 수 있습니다. 저 아이들이 아직 그것을 모르고 불평을 했나 봅니다."

골무의 말을 들은 아이는 **흡족해**⑪하며 고개를 끄덕였습니다.

"**현명한**⑫ 골무의 말대로 너희들을 용서해 줄게. 골무는 내가 바느질을 하는 데 가장 큰 도움을 주니, 비단 주머니에 담아서 항상 몸에 지니고 다니겠어."

아이의 말에 여섯 동무들은 부끄러워하며 반짇고리 안으로 숨었습니다.

– 「바느질 일곱 동무의 말다툼」

1
중심
생각

이 글에 나오는 일곱 동무는 무엇을 하는 데 쓰이는 것인지 쓰세요.

....

어려운 낱말 풀이 ① **반짇고리** 바늘, 실 등 바느질 도구들을 담는 그릇 ② **인두** 바느질할 때 불에 달구어 구겨진 천을 눌러 펴거나 주름을 잡는 데 쓰던 기구 ③ **골무** 바느질할 때 바늘을 밀기 위해 손가락에 끼는 도구 ④ **동무** 친하게 어울리는 사람 ⑤ **쬐던** 햇볕이나 불기운 등을 몸에 받던 ⑥ **으스대며** 보기 좋지 않게 우쭐대고 뽐내며 ⑦ **공** 어떤 일을 위해 바친 노력과 수고. 또는 그 결과 功공 공 ⑧ **꿰어야** 구멍을 통해 실이나 끈 등을 한쪽에서 다른 쪽으로 나가게 해야 ⑨ **볼품없는** 겉으로 드러나 보이는 모습이 초라한 ⑩ **옥신각신** 서로 옳고 그름을 따지거나 자기주장을 내세우면서 말로 다툼 ⑪ **흡족해** 조금도 모자람이 없을 정도로 넉넉하여 만족해 洽넉넉할 흡 足만족할 족- ⑫ **현명한** 마음이 너그럽고 슬기로우며 일의 중요한 뜻을 잘 아는 賢어질 현 明밝을 명-

2
요소

다음 중 글에 나오는 일곱 동무를 찾아 <u>모두</u> ○표를 해 보세요.

↑ 바늘 [ ]	↑ 가위 [ ]	↑ 진주 [ ]	↑ 다리미 [ ]	↑ 인두 [ ]
↑ 골무 [ ]	↑ 화로 [ ]	↑ 실 [ ]	↑ 자 [ ]	↑ 비단 [ ]

3
세부
내용

이 이야기의 내용으로 알맞지 <u>않은</u> 것을 고르세요. ································· [   ]

① 일곱 동무는 '바느질을 할 때 누가 더 중요한지'에 대해 이야기를 나누었다.

② 제일 먼저 자신의 공을 내세운 동무는 자다.

③ 아이는 일곱 동무가 다투는 소리에 잠에서 깼다.

④ 아이는 자신에 대해 불평한 동무들에게 실망했다.

⑤ 아이의 야단에 일곱 동무는 모두 불평을 하였다.

4
요소

밑줄 친 ⓐ~ⓔ 중에서 가리키는 대상이 <u>다른</u> 하나를 고르세요. ················· [   ]

① ⓐ   ② ⓑ   ③ ⓒ   ④ ⓓ   ⑤ ⓔ

5
작품
이해

골무가 자신이 가장 중요하다고 말한 까닭을 쓰세요.

···

6
어휘
표현

빈칸 ㉮에 들어갈 속담으로 알맞은 것을 고르세요. ································· [   ]

① 천 리 길도 한 걸음부터다.   ② 벼는 익을수록 고개를 숙인다.

③ 말 한마디에 천 냥 빚도 갚는다.   ④ 사공이 많으면 배가 산으로 간다.

⑤ 백 번 듣는 것이 한 번 보는 것만 못하다.

7
작품
이해

이 이야기에 대한 특징으로 알맞은 것을 고르세요. ································· [   ]

① 실제로 일어났던 이야기이다.

② 물건을 올바르게 사용하는 방법을 설명하고 있다.

③ 주인공이 보고 듣고 생각한 것을 바탕으로 쓰였다.

④ 등장하는 물건들을 살아 있는 사람처럼 표현하고 있다.

⑤ 등장인물의 대사를 사투리로 표현해 이야기에 생생함을 불어넣었다.

[**1**단계] 아래의 낱말에 알맞은 뜻을 선으로 이어 보세요.

[1] 볼품없는 •

• ㉠ 마음이 너그럽고 슬기로우며 일의 중요한 뜻을 잘 아는

[2] 흡족한 •

• ㉡ 겉으로 드러난 모습이 초라한

[3] 현명한 •

• ㉢ 조금도 모자람이 없을 정도로 넉넉해 만족한

[**2**단계] 빈칸에 알맞은 낱말을 [보기]에서 골라 쓰세요.

[보 기]	볼품없는	흡족한	현명한

[1] 생일 선물을 잔뜩 받은 동생은 [   ] 얼굴로 잠들었다.

[2] 식당은 낡고 [   ] 모습이었지만 음식 맛이 뛰어나서 손님이 많았다.

[3] 지도자는 어떤 상황에서도 좋은 선택을 할 수 있는 [   ] 판단력이 필요하다.

[**3**단계] [보기]를 참고하여 밑줄 친 부분을 제대로 읽은 것을 고르세요.

[보 기]	ㄱ + ㅎ = ㅋ	ㅂ + ㅎ = ㅍ	ㅅ + ㅎ = ㅌ

[1] 아이가 몸을 **굽혀** 떨어진 돈을 주웠다. ────────── [   ]

① [구켜]　　　　　② [구펴]　　　　　③ [구텨]

[2] 어머니께서 물어보아도 모른 **척하고** 말하지 않았다. ────── [   ]

① [처파고]　　　　② [처타고]　　　　③ [처카고]

시간 **끝난 시간** [   ]시 [   ]분
1회분 푸는 데 걸린 시간 [   ]분

채점 **독해** 7문제 중 [   ]개
어법·어휘 8문제 중 [   ]개

↖ 스스로 붙임딱지
문제를 다 풀고 맨 뒷장에 있는 붙임딱지를 붙여보세요.

7주 | 35회 **161**

어서 오십시오(○) / 어서 오십시요(×)

명훈이는 가족들과 오랜만에 외식을 하러 음식점에 갔습니다. 문 앞에는 '어서 오십시요'라는 글이 크게 붙어 있습니다.

명훈 : 저기 '어서 오십시요'라고 쓰여 있네. 다른 음식점에는 '어서 오십시오'라고 쓰여 있던데 둘 중에 어떤 게 맞지?

'어서 오십시요'가 아니라 '어서 오십시오'가 바른 표현입니다. 존댓말에 사용되는 '-요' 때문에 이를 혼동해 사용하는 것입니다. '어서 와요'처럼 '-요' 앞의 '어서 와'만으로도 말이 되는 경우는 '-요'를 써도 맞습니다. 하지만 '어서 오십시-'만으로는 말이 되지 않으므로 '어서 오십시오'와 같이 '-오'로 쓰는 것이 맞습니다.

다음 중 바른 표현을 찾아 동그라미 치세요.

1. 저녁을 먹어요. (   ) / 저녁을 먹어오. (   )

2. 안녕히 가십시요. (   ) / 안녕히 가십시오. (   )

3. 함께 걸어요. (   ) / 함께 걸어오. (   )

4. 마음껏 드십시요. (   ) / 마음껏 드십시오. (   )

8주차

주간학습계획표

한 주 간의 계획을 먼저 세워보세요. 매일 학습을 마친 후 맞힌 문제의 개수를 쓰세요!

회차	영역	학습 내용	학습계획일	맞은 문제수
36회	독서 **기타**	**우리 조상들의 악기** 우리 조상들이 악기를 연주하는 방법에 따라 세 가지로 분류해서 설명해주는 글입니다. 항목별로 하나하나 잘 파악하면서 독해하는 회차입니다.	월 일	독해 7문제 중 ☐ 개 어법·어휘 8문제 중 ☐ 개
37회	독서 **기타**	**에디슨** 에디슨의 삶과 그의 발명품들에 대한 글입니다. 에디슨이 어떤 과정을 거치면서 성장하였고, 어떤 발명품들을 만들었는지를 파악해보는 회차입니다.	월 일	독해 7문제 중 ☐ 개 어법·어휘 9문제 중 ☐ 개
38회	독서 **국어**	**분류와 분석** 설명의 핵심 중 대표적인 분류와 분석을 비교하는 글입니다. 두 개념을 확실하게 익히고 적용해보는 회차입니다.	월 일	독해 7문제 중 ☐ 개 어법·어휘 8문제 중 ☐ 개
39회	문학 **연극**	**흥부 놀부 이야기** 놀부전의 뒷부분을 연극 대본으로 각색한 글입니다. 등장인물들의 상황과 반응, 그리고 교훈을 생각해보며 독해하는 회차입니다.	월 일	독해 7문제 중 ☐ 개 어법·어휘 7문제 중 ☐ 개
40회	문학 **일기**	**안네의 일기** 안네 프랑크의 일기 글입니다. 일기를 통해 안네의 생각을 파악해보고 교훈을 얻어가며 한 단계 성장해보는 회차입니다.	월 일	독해 7문제 중 ☐ 개 어법·어휘 8문제 중 ☐ 개

　　우리 조상들은 예로부터 음악을 즐겼습니다. 판소리처럼 노래를 부르기도 했고 여러 악기를 연주하기도 했습니다. 우리의 전통 악기는 소리를 내는 방법에 따라 '타악기', '현악기', '관악기'로 나눌 수 있습니다.

　　타악기란 몸체를 치거나 두드려서 소리를 내는 악기를 말하며, 소고, 장구 등이 있습니다. 소고는 작은 북입니다. 납작한 북통 양쪽에 가죽을 **메워**①서 만들었습니다. 백성들이 일하다가 틈을 내어 연주하며 놀 때 사용되었습니다. 소고를 이용한 **민속춤**②인 '소고춤'도 있습니다. 장구는 동그란 나무통에 잘 말린 가죽을 씌워서 만들었습니다. 모래시계를 옆으로 뉘어 놓은 것처럼 허리가 가늘고 양쪽이 큽니다. 장구는 다른 악기들과 어울려서 흥을 **돋우어**③ 주기도 하고 노래 반주를 하거나 풍물놀이를 할 때에도 빠지지 않는 악기입니다.

↑ 장구

　　현악기는 줄을 이용해서 소리를 내는 악기를 말하며, 가야금과 거문고 등이 있습니다. 가야금은 오동나무로 만든 울림통에 **명주실**④을 열두 줄로 꼬아서 얹은 악기입니다. 가야금은 가야국의 가실왕이 만들었으며 신라로 전해져 **궁중**⑤ 악기로 발전했습니다. 거문고는 긴 나무통에 6개의 줄과 16개의 받침대를 얹어 만든 악기입니다. 고구려의 왕산악이 만들었다고 전해집니다. 거문고는 힘차면서도 **웅장하고**⑥ 깊은 소리를 내기 때문에 옛 선비들이 즐겨 연주하였습니다.

↑ 가야금

　　관악기는 입으로 불어서 소리를 내는 악기로 단소 등이 있습니다. 단소는 맑고 깨끗한 소리를 내는 악기로 세로로 불어서 소리를 냅니다. 대나무를 이용하여 만드는데 요즘에는 소리 내기 쉽도록 플라스틱으로 만들기도 합니다.

　　우리 **전통**⑦ 악기는 피아노나 바이올린과 같은 서양 악기 못지않게 훌륭한 것이 많습니다. 그러나 서양 악기에 밀려 점점 그 자리를 잃게 되어 박물관에만 **보존**⑧되어 있는 악기도 있습니다. 이제는 전통 악기에 좀 더 관심을 갖고 발전시켜 우리 후손에게도 우리의 아름다운 소리를 들려줄 수 있도록 해야 합니다.

↑ 단소

1
중심
생각

이 글에서 가장 중심이 되는 낱말은 무엇인가요? ──────────────────────────────── [   ]

① 판소리　　　　② 서양 악기　　　　③ 전통 악기　　　　④ 민속춤　　　　⑤ 풍물놀이

2
세부
내용

이 글의 내용과 일치하지 <u>않는</u> 것을 고르세요. ──────────────────────────── [   ]

① 단소는 관악기이다.
② 소고는 작은 북이라는 뜻이다.
③ 소고를 이용한 민속춤이 있다.
④ 거문고는 옛 선비들이 즐겨 연주했다.
⑤ 가야금은 왕산악이 만들었다고 전해진다.

3
세부
내용

우리의 전통 악기를 무엇에 따라 타악기, 관악기, 현악기로 나누었나요? ──────────── [   ]

① 악기를 만드는 재료
② 악기를 연주하는 장소
③ 악기를 연주하는 사람
④ 악기를 보관하는 방법
⑤ 악기를 소리 내는 방법

4
구조
알기

빈칸을 채워 이 글의 내용을 정리해 봅시다.

```
                    ┌─────────────────┐
                    │    전통 악기     │
                    └─────────────────┘
         ┌──────────────────┼──────────────────┐
┌──┬──┬──┐          ┌───────────┐        ┌───────────┐
│  │  │  │          │  현악기   │        │  관악기   │
└──┴──┴──┘          └───────────┘        └───────────┘
┌─────────────────┐  ┌─────────────────┐  ┌─────────────────┐
│ 몸체를 치거나    │  │□ 을 이용해서    │  │□ 으로 불어서    │
│ 두드려서         │  │   소리를 내는    │  │   소리를 내는    │
│ 소리를 내는 악기 │  │   악기           │  │   악기           │
├─────────────────┤  ├─────────────────┤  ├─────────────────┤
│ 소고, □ □       │  │ 가야금, 거문고   │  │ □ □             │
└─────────────────┘  └─────────────────┘  └─────────────────┘
```

🧻 **어려운 낱말 풀이**

① **메워서** 뚫려 있거나 비어 있는 곳을 막거나 채워서　② **민속춤** 민간에 전해 내려오는 춤 民백성 민 俗풍속 속 -
③ **돋우어** 어떤 감정 같은 것이 생겨나게　④ **명주실** 누에고치에서 뽑은 가늘고 고운 실. 명나라 것이 유명해
붙여진 이름 明밝을 명 紬명주실 주 -　⑤ **궁중** 대궐 안 宮궁궐 궁 中가운데 중　⑥ **웅장하고** 규모 따위가 거대하고 성
대하고 雄수컷 웅 壯장할 장 -　⑦ **전통** 한 집단에서 옛날부터 이어져 내려오는 것 傳전할 전 統큰 줄기 통　⑧ **보존** 망
가지거나 없어지지 않게 지키는 것 保지킬 보 存있을 존

[보기]가 설명하는 낱말을 이 글에서 찾아 써 보세요.

[보 기] 우리나라 고유의 음악으로, 나발, 소고, 꽹과리, 북, 장구, 징 같은 악기를 불거나
치면서 노래하고 춤춘다.

☐ ☐ 놀 이

6

내용
적용

다음 사진은 꽹과리입니다. 빈칸에 알맞은 말을 써 보세요.

꽹과리는 타악기, 현악기, 관악기 중 ☐☐☐ 입니다. 왜냐하면

몸체를 ☐ 거나 ☐☐☐ 서 소리를 내기 때문입니다.

7

추론

이 글을 읽고 친구들이 전통 악기를 연주하려고 합니다. 다음 중 이 글을 잘못 이해한 친구를 고르세요. ··· [   ]

① 현아 : 난 바이올린을 연주할 줄 아니까 같은 현악기인 가야금을 연주할게.

② 수민 : 그럼 난 춤도 같이 추고 싶으니까 소고로 할게.

③ 지호 : 난 단소를 연주할래. 요즘엔 플라스틱이 많이 나오지만 대나무로 된 단소로 연주를 하고
싶어.

④ 태연 : 그럼 난 장구로 고를게. 장구는 풍물놀이를 할 때도 연주할 수 있어서 좋아.

⑤ 민우 : 다들 정했지? 우리 중에 관악기가 없으니까 내가 관악기를 연주할게.

[**1단계**] 아래의 낱말에 알맞은 뜻을 선으로 이어 보세요.

[1] 웅장하다 • 　　　　　 • ㉠ 규모 따위가 거대하고 성대하다.

[2] 전통 　　 • 　　　　　 • ㉡ 망가지거나 없어지지 않게 지키는 것

[3] 보존 　　 • 　　　　　 • ㉢ 한 집단에서 옛날부터 이어져 내려오는 것

[**2단계**] 아래 문장의 빈칸에 알맞은 낱말을 [보기]에서 찾아서 써넣으세요.

[보 기] 　　　　　 웅장 　　　　 전통 　　　　 보존

[1] 우리 ☐☐ 악기는 서양 악기 못지않게 훌륭한 것이 많습니다.

[2] 서양 악기에 밀려 박물관에만 ☐☐ 되어 있는 악기도 있습니다.

[3] 거문고는 힘차면서도 ☐☐ 하고 깊은 소리를 냅니다.

[**3단계**] 설명을 읽고 밑줄 친 낱말이 문장에서 쓰인 뜻을 찾아 번호를 쓰세요.

[보 기] 　**돋우다**

　① 어떤 감정 같은 것이 생겨나게 하다.

　② 입맛이 좋아지게 하다.

[1] 친구들의 장난이 점점 내 화를 **돋우었다.** ------------------------------- [　]

[2] 싱싱한 봄나물이 입맛을 **돋우었다.** ----------------------------------- [　]

시간 **끝난 시간** ☐시 ☐분

1회분 푸는 데 걸린 시간 ☐분

채점 **독해** 7문제 중 ☐개

어법·어휘 8문제 중 ☐개

◀ 스스로 붙임딱지
문제를 다 풀고
맨 뒷장에 있는
붙임딱지를
붙여보세요.

에디슨은 1847년 2월 11일 미국 오하이오 주 밀란의 가난한 집안에서 태어났습니다. 우리는 '발명왕 에디슨'으로 그를 기억하지만, 에디슨은 어렸을 때 '**엉뚱한**① 아이'라고 불렸습니다. 자신이 직접 달걀을 가슴에 품고 병아리가 태어나길 기다렸다든지, 하늘을 날고 싶어서 이상한 약을 친구와 함께 먹었다든지, 어떤 나뭇잎들을 불로 태웠을 때 연기가 나지 않는지 알아보는 것처럼 어른들이 생각했을 때 이상하고 위험해 보이는 일들을 **서슴없이**② 하곤 했기 때문입니다. 그리고 **호기심**③이 많아 궁금한 것을 보면 그냥 넘어가는 법이 없었습니다. 궁금한 것이 생기면 어른들에게 꼭 물어보았습니다. 어른들도 처음에는 친절하게 대답을 해주었지만, 끊임없는 질문에 나중에는 머리를 **절레절레**④ 흔들었다고 합니다. 그러나 에디슨은 아랑곳하지 않고, 궁금한 것이 완벽하게 이해가 될 때까지 노력했습니다.

에디슨은 열두 살 때 돈을 벌기 위해 기차 안에서 신문과 사탕을 팔았습니다. 그러면서도 에디슨은 기차 한쪽에 있는 조그마한 화물칸에 자신의 연구실을 만들어놓고 틈틈이 실험과 연구를 했습니다. 그러던 중 기차가 심하게 덜컹거리는 바람에 약품이 바닥에 쏟아져 큰불이 났습니다. 사람들의 도움으로 간신히 불은 껐지만, 에디슨은 이 일로 기차에서 쫓겨났습니다.

어른이 된 에디슨은 더 멋진 물건을 발명하기 위해 뉴욕으로 갔습니다. 하지만 그곳에서 발명한 물건들은 사람들에게 **외면**⑤당했습니다. 이러한 어려운 상황 때문에 에디슨은 자신이 하는 일을 그만두고 싶을 때가 많았습니다. 그래도 에디슨은 포기하지 않고 실험과 연구를 하며 끊임없이 노력했습니다.

에디슨은 사람의 목소리를 담아 다시 들을 수 있는 축음기를 만들었습니다. 에디슨이 손잡이를 돌리며 노래를 부르고, 노래가 끝난 다음 다시 손잡이를 돌리면 에디슨의 노랫소리가 그대로 흘러나왔습니다. 사람들은 이 광경을 보고 ㉠너무 놀라 **비명**⑥까지 질렀다고 합니다. 에디슨은 자신의 실험실이 너무 어두워서 환한 불빛을 만들고 싶어 했습니다. 그래서 전기를 이용하여 밝은 불빛을 낼 수 있는 물건을 만들어 냈습니다. 그것이 바로 오늘날 우리가 사용하고 있는 전구입니다. 이 발명품들 외에도 우리가 유용하게 사용하고 있는 **발전기**⑦, **영사기**⑧, 토스트 기계, 온풍기,

와플 기계 등도 모두 에디슨이 발명한 기계입니다. 사람들은 이렇게 다양한 발명품을 만든 에디슨을 '발명왕 에디슨'이라고 불렀습니다.

　1929년 전구 발명 50주년을 기념하는 축하 모임이 열렸습니다. 미국의 대통령과 각 나라의 유명한 사람들이 모여서 에디슨을 축하해주었습니다. 에디슨은 그 자리에서 자신이 평생 발명품을 만든 것은 사람들의 행복을 위해서라고 말했습니다. 그리고 자신이 한 일이 사람들에게 조금이라도 도움이 됐다면 그것으로 **만족**⁹한다고 말했습니다. 사람들은 에디슨의 노력과 **헌신**¹⁰에 큰 박수를 보냈습니다. 에디슨은 그렇게 마지막 **연설**¹¹을 남기고 우리의 곁을 떠났습니다. 그가 남긴 마지막 연설처럼 그의 노력과 열정은 우리의 마음속에 영원히 남아 있을 것입니다.

1 이 글의 중심 내용은 무엇인가요? -- [　]

중심
생각

① 전구의 발명
② 축음기의 첫 등장
③ 에디슨의 삶과 발명품
④ 전구 발명 50주년 축하 모임
⑤ 에디슨의 첫 발명품과 마지막 발명품

2 이 글의 내용과 <u>다른</u> 것은 무엇인가요? --- [　]

세부
내용

① 에디슨은 어려서부터 호기심이 많은 아이였습니다.
② 에디슨은 열두 살 때 기차에서 신문과 사탕을 팔았습니다.
③ 에디슨이 만든 발명품은 처음부터 사람들에게 인기가 많았습니다.
④ 에디슨은 축음기, 전구, 발전기, 영사기 등 많은 발명품을 만들었습니다.
⑤ 에디슨은 자신의 발명품이 사람들의 행복을 위해 사용되어서 만족하였습니다.

3 1929년에는 무슨 일이 있었을까요?

세부
내용

☐ ☐ 발명 ☐ ☐ 주년을 ☐ ☐ 하는 축하 모임

📃 어려운 낱말 풀이　① **엉뚱한** 보통 사람들이 알고 있거나 생각하는 것과 전혀 다른　② **서슴없이** 말이나 행동에 망설임이나 거침이 없이　③ **호기심** 새롭고 신기한 것을 좋아하거나 모르는 것을 알고 싶어 하는 마음 好좋을 호 奇기특할 기 心마음심　④ **절레절레** 머리를 좌우로 자꾸 흔드는 모양　⑤ **외면** 어떤 생각이나 사실 따위를 인정하지 않고 무시함 外바깥 외 面낯 면　⑥ **비명** 일이 매우 위급하거나 몹시 두려움을 느낄 때 지르는 소리 悲슬플 비 鳴울 명　⑦ **발전기** 전기를 일으키는 기계 發필 발 電번개 전 機틀 기　⑧ **영사기** 영화를 보여주는 기계 映비칠 영 寫베낄 사 機틀 기　⑨ **만족** 충분히 마음에 듦 滿찰 만 足발 족　⑩ **헌신** 몸과 마음을 바쳐 있는 힘을 다함 獻드릴 헌 身몸 신　⑪ **연설** 여러 사람 앞에서 자기의 주장이나 의견을 이야기함 演펼 연 說말씀 설

4

어휘
표현

다음 단어 중 ㉠을 대신해서 넣을 수 있는 가장 알맞은 말을 고르세요. ----------------------------- [   ]

① 감사했다   ② 기절했다   ③ 칭찬했다   ④ 감탄했다   ⑤ 실망했다

5

구조
알기

중심 내용이 잘 나타나도록 빈칸에 알맞은 말을 써보세요.

어릴 적 에디슨은 [ ][ ][ ] 이(가) 많아 궁금한 것이 생기면 완벽하게 이해될 때까지

노력하였다. 어른이 된 에디슨은 자신이 만든 [ ][ ][ ] 을(를) 사람들에게

보여주었지만 사람들은 그것을 외면하였다. 그럼에도 불구하고 에디슨은 발명을 멈추지 않았다.

이러한 노력으로 에디슨은 소리를 녹음하는 [ ][ ][ ] 와(과) 밝은 불빛을 내는

[ ][ ] 등을 발명하였다.

6

내용
적용

에디슨의 발명품에는 어떤 것이 있을까요?

에디슨은 사람의 [ ][ ][ ] 을(를) 담아 다시 들을 수 있는

[ ][ ][ ] 와(과) 밝은 불빛을 낼 수 있는 [ ][ ] , 그리고 발전기,

[ ][ ][ ] , 토스트 기계, 온풍기, 와플 기계를 발영했습니다.

7

추론

글의 내용과 가장 거리가 먼 이야기를 한 친구는 누구인가요? -- [   ]

① 하나 : 에디슨은 정말 다양한 발명품을 많이 만들었네!

② 민수 : 그렇지만 뉴욕 사람들은 에디슨의 발명품을 별로 좋아하지 않았나 봐.

③ 소희 : 그래도 에디슨 덕분에 방에 불을 켜고 책을 읽을 수 있게 된 거겠네.

④ 정민 : 에디슨은 그런 발명품들로 많은 사람들이 편리하게 생활할 수 있도록 돕고 싶어 했어.

⑤ 엄지 : 열두 살 때부터 어른이 될 때까지 기차에서 연구하고 실험했던 것이 발명에 도움이 많이
　　　　되었을 거야.

[1단계] 아래의 낱말에 알맞은 뜻을 선으로 이어 보세요.

[1] 외면 •

[2] 만족 •

[3] 헌신 •

• ㉠ 충분히 마음에 듦

• ㉡ 몸과 마음을 바쳐 있는 힘을 다함

• ㉢ 어떤 생각이나 사실 따위를 인정하지 않고 무시함

[2단계] 아래 문장의 빈칸에 알맞은 낱말을 [보기]에서 찾아서 써넣으세요.

> [보 기]   외면   만족   헌신

[1] 뉴욕에서 발명한 물건들은 사람들에게 ☐☐ 당했습니다.

[2] 사람들은 에디슨의 노력과 ☐☐ 에 큰 박수를 보냈습니다.

[3] 제가 한 일이 도움이 됐다면 그것으로 ☐☐ 합니다.

[3단계] 설명에 알맞은 낱말을 [보기]에서 찾아 쓰세요.

> [보 기]   서슴없이   틈틈이   끊임없이

[1] 말이나 행동에 망설임이나 거침이 없이 _____

[2] 계속하거나 이어져 있던 것이 끊이지 아니하게 _____

[3] 시간이 남을 때마다 _____

시간 끝난 시간 ☐시 ☐분
1회분 푸는 데 걸린 시간 ☐분

채점 독해 7문제 중 ☐개
어법·어휘 9문제 중 ☐개

← 스스로 붙임딱지
문제를 다 풀고 맨 뒷장에 있는 붙임딱지를 붙여보세요.

8주 37회

해설편 020쪽

■ 분류

　여러 가지가 뒤섞여 있는 가운데 종류가 같은 것끼리 모아서 나누는 것을 분류라고 합니다. 즉, 동물 전체를 놓고 보는 것보다 조류, 포유류, 양서류, 파충류처럼 같은 종끼리 묶어서 살펴보면 훨씬 이해하기가 쉽습니다. 분류의 짜임인지 알 수 있는 **단서**로는 '~로 나눈다.', '~로 분류된다.', '~에 따라 나누면' 등이 있습니다. 다음은 분류의 방법을 사용한 설명문의 예입니다.

(가)

　우리가 하는 운동에는 여러 가지가 있습니다. 운동할 때에 사용하는 기구를 기준으로 하여 운동을 분류하여 보면, 기구가 없어도 할 수 있는 운동과 기구가 있어야만 할 수 있는 운동이 있습니다.

　먼저 운동 기구가 없어도 할 수 있는 운동이 있는데, 이런 운동에는 달리기, 걷기, 수영 등이 있습니다. 달리기, 걷기가 땅에서 하는 운동인 반면에 수영은 물에서 하는 운동입니다.

　다음으로 운동 기구가 있어야만 할 수 있는 운동이 있습니다. 그 가운데에서 우리가 흔히 접하는 운동은 공을 사용하는 운동입니다. 공을 사용하는 운동은 크게 공만 사용하는 운동과 공을 칠 수 있는 라켓을 함께 사용하는 운동이 있습니다.

■ 분석

　분석이란 하나의 대상, 즉 전체를 여러 부분으로 나누어서 설명하는 방법입니다. 글을 쓸 때 분석의 방법을 이용하면 **전달**하고자 하는 내용을 **짜임새** 있게 정리하여 표현할 수 있습니다. 다음은 분석의 방법을 사용한 설명문입니다.

(나)

　제주도의 옛날 대문은 우리가 흔히 볼 수 있는 대문의 모습과 다릅니다. 제주도의 옛날 대문은 기둥과 서너 개의 나무토막으로 이루어져 있는데, 제주도에서는 이 기둥을 정주목이라고 하고, 나무토막을 정낭이라고 부릅니다.

　정주목은 정낭을 걸쳐 놓기 위하여 집의 입구 양쪽에 세워 둔 것입니다. 이 정주목은 굵은 나무나 제주도에서 흔히 볼 수 있는 **현무암**을 적당한 크기로 다듬어서 만듭니다. 그리고 정주목에는 일반적으로 세 개 정도의 구멍을 뚫습니다.

　정낭은 정주목 사이에 가로로 길게 걸쳐 놓는 나무토막입니다. 정주목에 걸쳐진 정낭이

몇 개인지에 따라 집주인이 찾아온 사람에게 알려주는 내용이 서로 다릅니다. 정낭이 한 개이면 집주인이 가까운 곳에 있어 금방 돌아온다는 뜻이고, 두 개이면 조금 먼 곳에 가 있어 얼마 뒤에 돌아온다는 뜻입니다. 그리고 정낭이 세 개이면 집주인이 아주 먼 곳에 가 있어 꽤 오랜 시간이 지나야 집에 돌아온다는 뜻입니다. 정낭이 한 개도 걸쳐져 있지 않으면 집 안에 사람이 있으니 들어와도 좋다는 뜻입니다.

↑ 제주도 전통가옥의 문 (출처 : 연합뉴스)

해설편 020쪽

1
중심
생각

가장 중심이 되는 낱말 2개를 찾아 동그라미 하세요.

| 분류 | 정주목 | 파충류 | 짜임새 | 분석 | 운동 |

2
세부
내용

다음 중 이 글의 내용과 다른 것을 고르세요. ------------------------------- [   ]

① '~로 나눈다.', '~로 분류된다.'라는 말이 사용되면 분석이다.

② 자전거를 여러 부분으로 나누어서 설명하는 방법은 분석이다.

③ 제주도의 옛날 대문을 설명한 (나) 글은 분석의 방법을 사용했다.

④ 조류, 포유류, 양서류, 파충류처럼 같은 종끼리 묶어 설명하는 방법은 분류다.

⑤ 운동할 때에 사용하는 기구를 기준으로 하여 운동을 나누어 설명한 (가) 글은 분류의 방법을 사용했다.

3
세부
내용

(나) 글에 대한 설명으로 알맞은 것을 고르세요. ------------------------------- [   ]

① 정낭이 두 개이면 주인이 금방 돌아온다는 뜻이다.

② 정낭이 한 개도 없으면 주인이 집을 비웠다는 뜻이다.

③ 정낭이 세 개이면 주인이 아주 먼 곳에 가 있다는 뜻이다.

④ 정주목은 두세 개의 현무암이나 나무토막으로 이루어져 있다.

⑤ 제주도 대문의 기둥을 정낭이라 하고, 나무토막을 정주목이라 한다.

어려운 낱말 풀이 | ① **단서** 어떤 문제를 해결하는 방향으로 이끌어 가는 일의 첫 부분 端끝 단 緖실마리 서 ② **전달** 어떤 내용을 다른 사람에게 전하여 이르게 함 傳전할 전 達통달할 달 ③ **짜임새** 짜인 모양새 ④ **현무암** 화산에서 분출된 마그마가 굳어서 식어진 돌. 검은색이나 검은 회색을 띠고 기둥 모양인 것이 많으며 단단함 玄검을 현 武호반 무 巖바위 암

4

구조
알기

(가) 글을 읽고 분류의 방법으로 설명한 순서대로 정리해 보세요.

> ㉠ 먼저 운동 기구가 없어도 할 수 있는 운동이 있습니다.
>
> ㉡ 그 가운데에서 우리가 흔히 접하는 운동은 공을 사용하는 운동입니다.
>
> ㉢ 운동할 때 사용하는 기구를 기준으로 운동을 분류하면, 기구가 없어도 할 수 있는 운동과 기구가 있어야만 할 수 있는 운동이 있습니다.
>
> ㉣ 다음으로 운동 기구가 있어야만 할 수 있는 운동이 있습니다.
>
> ㉤ 달리기, 걷기가 땅에서 하는 운동인 반면에 수영은 물에서 하는 운동입니다.

☐ → ☐ → ☐ → ☐ → ☐

5

어휘
표현

아래 문장이 뜻하는 낱말을 이 글에서 찾아 쓰세요.

> 여러 가지가 뒤섞여 있는 가운데 종류가 같은 것끼리 모아서 나누는 것

☐☐

6

내용
적용

글을 쓸 때 분류와 분석을 사용하면 좋은 점을 써 보세요.

글을 쓸 때 분류의 방법을 이용하면 같은 것끼리 ☐☐ 서 살펴볼 수

있기 때문에 ☐☐ 하기가 쉽습니다. 분석의 방법을 이용하면

☐☐ 하고자 하는 내용을 ☐☐☐ 있게 정리해 표현할 수 있습니다.

7

추론

다음 중 설명의 방법이 다른 하나를 고르세요. ────────────────── [   ]

① 빨간 과일에는 사과, 딸기, 자두 등이 있다.

② 나무는 잎의 형태에 따라 활엽수, 침엽수 등으로 나뉜다.

③ 기후에는 한랭 기후, 온난 기후, 열대 우림 기후 등이 있다.

④ 악기는 소리를 내는 방법에 따라 현악기, 관악기, 타악기로 나눌 수 있다.

⑤ 지폐에는 역사를 빛낸 위대한 인물과 그 인물에 관련된 그림이 그려져 있다.

[**1단계**] 아래의 낱말에 알맞은 뜻을 선으로 이어 보세요.

[1] 단서　•
[2] 전달　•
[3] 짜임새•

• ㉠ 어떤 내용을 다른 사람에게 전하여 이르게 함
• ㉡ 짜인 모양새
• ㉢ 어떤 문제를 해결하는 방향으로 이끌어 가는 일의 첫 부분

[**2단계**] 아래 문장의 빈칸에 알맞은 낱말을 [보기]에서 찾아서 써넣으세요.

> [보 기]　　　　단서　　　　전달　　　　짜임새

[1] 분석의 방법을 쓰면 [　　　　　] 있게 정리하여 표현할 수 있습니다.

[2] 글을 쓸 때 분석의 방법을 이용하면 [　　　　　] 하고자 하는 내용을 정리해 표현할 수 있습니다.

[3] 분류의 짜임인지 알 수 있는 [　　　　　] 로는 '~로 나눈다.', '~로 분류된다.' 등이 있습니다.

[**3단계**] 다음 [보기]를 참고하여 아래의 문장에 쓰인 알맞은 뜻의 번호를 쓰세요.

> [보 기]　**나누다**
> ① 여러 가지가 섞인 것을 구분하여 분류하다.
> ② 말이나 이야기, 인사 따위를 주고받다.

[1] 친구와 이야기를 **나누는** 일은 언제나 즐겁다. ⋯⋯⋯⋯⋯⋯⋯⋯⋯ [　　　]
[2] 선생님은 학생들을 청군과 백군으로 **나누어** 편을 갈랐다. ⋯⋯⋯⋯ [　　　]

시간　**끝난 시간** [　]시 [　]분
　　　　1회분 푸는 데 걸린 시간 [　]분

채점　**독해** 7문제 중 [　]개
　　　어법·어휘 8문제 중 [　]개

◀ 스스로 붙임딱지
문제를 다 풀고 맨 뒷장에 있는 붙임딱지를 붙여보세요.

해설(무대에 등장하지 않고 소리만) : ㉠옛날, 옛날 아주 옛날에 흥부와 놀부가 살고 있었어요. 마음씨 착한 동생 흥부는 제비를 고쳐주고 큰 선물을 받아 부자가 되었어요. 욕심이 많던 나쁜 형 놀부는 제비 다리를 일부러 부러뜨렸다가 큰 벌을 받았어요. 앞으로 이야기가 어떻게 진행될까요? 다 함께 지켜볼까요?

무대가 점점 어두워진다. 북 치는 소리가 잦아들면서 무대 완전히 어두워진다. 잠시 뒤, 무대 가운데 천장에서 **조명**①이 동그랗게 떨어지며 흥부네 집 방 안을 비춘다.

> **흥부** : 당신 ㉡생각은 어떤가요?
>
> **흥부 아내** : 저야 당연히 당신과 생각이 같지요.
>
> **흥부** : 아니, 부인. 어떻게 내 생각을 알고 그런 말씀을 하시오?
>
> **흥부 아내** : 20년 이상을 함께 살았는데, 당연히 알지요.
>
> **흥부** : 그럼 제 생각대로 놀부 형님네와 함께 살아도 될까요?   Ⓐ
>
> **흥부 아내** : 그럼요, 저는 당신 생각에 항상 찬성입니다.
>
> **흥부** : 부인, 정말 고마우이.
>
> **흥부 아내** : 부부끼리 이러는 건 당연하다고 생각해요.
>
> **흥부** : 정말 고마워요. 그럼 함께 놀부 형님께 가볼까요?

두 사람은 다정하게 손을 잡고 일어선다. 조명이 꺼진다. 잠시 뒤, 다시 조명이 동그랗게 떨어지며 마을 길가를 비춘다. 아무도 없던 길가에 흥부 부부와 놀부 부부가 서로 만난다. 놀부 부부는 옷이 찢어지고 **만신창이**②가 되어 있다.

흥부 : 형님, 저희 집으로 갑시다. 저희와 함께 살아요.

놀부 : (고집스런 말투로) 됐다. 그럴 필요 없다.

흥부 아내 : 아주버님, 왜 그러세요. 저희랑 함께 살아요.

놀부 아내 : (마찬가지로 고집스런 말투로) 내 남편이 싫다면 나도 싫네.

흥부 : (놀부의 손을 꼭 잡으며) 형님! 우리는 한 가족이잖아요. 저희와 같이 살아주세요.

놀부 : (고개를 숙이며) 알았다. 정 그렇다면…. 그동안 정말 미안했다. 내가 죄인이구나.

흥부 : 형님, 한 핏줄끼리 그런 일은 당연히 용서해야죠….

네 사람은 서로 손을 얼싸안는다. 흥겨운 **농악**^③ 소리가 들리며 북소리가 점점 커진다. 무대 조명이 점점 어두워지며 막이 내린다.

－연극 「흥부 놀부 이야기」

1
요소

이 연극의 등장인물을 다음 빈칸에 알맞게 쓰세요.

☐☐ : 마음씨 착한 동생

☐☐☐☐ : 마음씨 착한 동생의 아내

☐☐ : 욕심 많은 형

☐☐☐☐ : 욕심 많은 형의 아내

2
요소

이 연극을 흥겹게 해주는 데 도움을 주는 악기를 찾아 쓰세요.

☐

3
어휘
표현

밑줄 친 ㉠에 대한 설명으로 옳지 **않은** 것을 고르세요. ┄┄┄┄┄┄┄┄┄┄┄┄┄┄ [　　　]

① 존댓말을 사용하였다.
② 앞부분 이야기의 내용을 요약해준다.
③ 같은 낱말을 반복하는 문장이 나온다.
④ 소리나 모양을 흉내 내는 표현이 사용되었다.
⑤ 연극을 할 때 이 대사를 하는 사람은 등장인물이 아니다.

어려운 낱말 풀이 │ ① **조명** 빛으로 밝게 비춤, 또는 그 빛 照비출 조 明밝을 명 ② **만신창이** 온몸이 상처투성이가 됨 滿찰 만 身몸 신 瘡부스럼 창 痍상처 이 ③ **농악** 농촌에서 농부들 사이에 행하여지는 우리나라 고유의 음악 農농사 농 樂풍류 악

4
세부
내용

밑줄 친 ⓛ의 의미로 가장 적절한 것을 고르세요. ────────────────── [   ]

① 놀부네를 벌주는 것에 대한 생각

② 놀부네와 함께 사는 것에 대한 생각

③ 자신들이 부자가 된 것에 대한 생각

④ 서로의 의견이 같지 않다는 것에 대한 생각

⑤ 마을 사람들을 집으로 초대하는 것에 대한 생각

5
세부
내용

이야기의 내용으로 옳지 않은 것을 고르세요. ──────────────── [   ]

① 놀부는 자신의 죄를 인정했다.

② 흥부와 흥부 아내는 20년 이상을 함께 살았다.

③ 흥부와 흥부 아내는 놀부 부부를 모시러 가기로 결정한다.

④ 놀부와 놀부 아내는 처음에는 흥부 부부의 부탁을 거절했다.

⑤ 흥부와 흥부 아내는 놀부의 집으로 들어가서 놀부 부부를 만났다.

6
작품
이해

이 글로 연극을 준비하려 할 때 옳지 않은 것을 고르세요. ──────── [   ]

① 흥부 부부는 서로 사이가 좋아보이도록 연기해야겠다.

② 무대의 맨 마지막에는 신나는 분위기의 농악을 준비해야겠다.

③ 흥부 부부는 부자가 되었으니 집 안의 모습은 좋아보이도록 꾸미자.

④ 흥부와 놀부가 마을 길가에서 만날 때 주변에 사람이 북적이도록 꾸미자.

⑤ 놀부 부부가 흥부 부부를 만났을 때의 옷차림은 누추해 보이도록 꾸미자.

7
추론
적용

[보기]는 Ⓐ 부분을 다시 쓴 것입니다. 옳지 않은 것을 고르세요. ─────── [   ]

[보기] "당신 생각은 어때요?" 흥부가 말했다. "저야 당신과 생각이 같죠." 흥부 아내가 웃으면서 말했다. 그러자 흥부가 깜짝 놀란 얼굴로 말했다. "어떻게 제 생각을 알고…. 정말 형님네와 살아도 괜찮겠어요?" 흥부의 아내는 계속해서 웃으면서 말했다. "많은 세월을 함께했는데 당연히 알죠. 저도 형님네와 함께 살아야 한다고 생각해요." 두 사람은 한동안 서로를 말없이 웃으면서 바라보았다.

① Ⓐ에 비해서 [보기]는 연극보다는 동화의 느낌이다.

② Ⓐ보다는 [보기]에서 요즘 쓰는 말투가 많이 사용되었다.

③ Ⓐ와는 달리 [보기]에는 서로 바라보는 내용이 추가되었다.

④ [보기]와는 달리 Ⓐ에서는 인물의 표정을 알 수 있는 부분이 있다.

⑤ [보기]와는 달리 Ⓐ에서는 인물의 대사 한마디 한마디가 더 짧은 편이다.

[1단계] 아래의 낱말에 알맞은 뜻을 선으로 이어 보세요.

[1] 조명 •
[2] 만신창이 •
[3] 농악 •

• ㉠ 빛으로 밝게 비춤. 또는 그 빛
• ㉡ 농촌에서 농부들 사이에 행하여지는 우리나라 고유의 음악
• ㉢ 온몸이 상처투성이가 됨

[2단계] 빈칸에 알맞은 낱말을 [보기]에서 골라 쓰세요.

> [보 기] 　　　조명 　　　만신창이 　　　농악

[1] 농부들의 [   ] 소리가 한창 흥겹네요.

[2] 도대체 무슨 일이 있었기에 이렇게 [   ] 이(가) 된 거니?

[3] [   ] 이(가) 너무 밝으니까, 좀만 어둡게 부탁합니다.

[3단계] [보기]의 극(劇)과 관련된 낱말을 학습 후 아래 빈칸에 알맞은 낱말을 쓰세요.

> [보 기]
> **비극**(悲슬플 비 劇연극 극) : 인생의 슬픔과 비참함을 주제로 하는 연극
> **희극**(喜기쁠 희 劇연극 극) : 웃음을 목적으로 하여 인간과 사회의 문제점을 경쾌하고 흥미 있게 다룬 연극
> **활극**(活살 활 劇연극 극) : 싸움, 도망, 모험 따위를 주로 하여 연출한 연극

지영 : 내가 어제 연극을 봤거든? 그런데 주인공이 사랑하는 사람이 큰 병에 걸려서 죽어버리더라고. 그리고 주인공도 슬픔을 못 이기고 죽는 날까지 외롭게 살다가 죽었어.

성호 : 네가 본 연극은 [ ][ ] 이네.

시간 　**끝난 시간** [ ]시 [ ]분
1회분 푸는 데 걸린 시간 [ ]분

채점 　**독해** 7문제 중 [ ]개
어법·어휘 7문제 중 [ ]개

◀ 스스로 붙임딱지
문제를 다 풀고 맨 뒷장에 있는 붙임딱지를 붙여보세요.

문학 | 일기

40회

공부한 날   월   일

시작 시간   시   분

(가) 안네 프랑크가 쓴 것으로 유명한 안네의 일기는 그녀가 2차 세계 **대전** ⓐ기간에 ⓑ강제 **수용**②소로 잡혀가기 전까지 은신처에서 숨어 살면서 쓴 일기이다. 그녀는 일기장에 '키티'라는 이름을 붙여주었다. 그래서 안네의 일기를 읽으면 그녀가 마치 키티라는 **가상**③의 친구와 대화를 하는 것처럼 느끼게 된다. 안네의 일기에는 그녀가 수용소에서 힘든 일을 겪으며 느낀 감정들과 생각들이 고스란히 담겨있다.

(나)

1943년 1월 13일 수요일

키티에게

ㄱ오늘 아침에는 모든 게 엉망이라는 생각이 들어 아무것도 제대로 할 수가 없었어. 바깥세상은 점점 더 끔찍해지고 있어. 우리 가족은 숨어 지내지만, 다른 **유대인**④들은 독일군에게 이리저리 끌려다니고 있어. 나중에는 가족들마저 뿔뿔이 흩어진대.

밤이면 수백 대의 비행기가 네덜란드를 지나 독일로 날아가고 있어. 독일의 도시들이 **폭격**⑤으로 잿더미가 되었다고 하고, 소련(지금의 러시아)과 아프리카에서도 날마다 수많은 사람이 죽어 가고 있대. 안전한 **은신처**⑥에서 지내고 있는 우리는 ⓒ운이 좋다고 말할 수밖에…. 사실 우리도 그동안 모아놓은 돈으로 겨우 살아가고 있어.

이렇게 추운 날에도 얇은 옷에 슬리퍼를 신고, 시들어 버린 홍당무를 먹으며 지내는 사람도 많아. 우리 모두는 하루빨리 이 ⓓ불행이 끝나기만을 바라고 있단다.

(다)

1943년 7월 23일 금요일

키티! 전쟁이 끝나고 가장 먼저 우리가 하고 싶은 일이 무엇인지 이야기해 줄게. 마르고 언니와 판 단 아저씨는 무엇보다도 더운물이 철철 넘치는 욕조에 푹 잠기고 싶대. 판 단 아주머니는 당장 크림 케이크를 먹고 싶다고 하셨고, 뒤셀 아저씨는 헤어진 로체를 만날 일만 생각하고 계셔. 엄마는 ⓔ향기로운 커피를 마시고 싶다고 하시고, 아빠는 포스콰일 씨 **문병**^⑦을 가고 싶어 하셔. 페터는 마음껏 거리를 걷다가 영화를 보고 싶대.

　나는 그런 날이 오면 정말 기뻐서 무얼 해야 할지 모를 것 같아. 내가 가장 원하는 것은 자유롭게 살면서 학교에 다니는 거란다. 전쟁이 끝난 뒤에 무엇을 할지 생각에 잠기면 참 행복해.

-안네 프랑크, 「안네의 일기」 中

1
중심
생각

글 (가)를 참고하여 (나)와 (다)의 글쓴이의 이름을 쓰세요.

☐☐☐☐☐

2
요소

글 (가)에 따르면 이 글에서 '키티'는 무엇인가요?

안네의 ☐☐☐

8
주
40
회

해
설
편
0
2
1
쪽

3
추론
적용

(나), (다)와 같은 글이 쓰인 목적으로 옳은 것을 고르세요. ------------------------------- [　　]

① 사람을 설득하기 위해

② 사람을 추천하기 위해

③ 자신의 지식을 자랑하기 위해

④ 자신이 보고 느낀 점을 기록하기 위해

⑤ 다른 사람의 주장을 반박하고 비판하기 위해

4
작품
이해

밑줄 친 ㉠을 통해 안네가 느꼈을 심정으로 적절하지 <u>않은</u> 것은 무엇인가요? -------------- [　　]

① 슬프다　　　② 괴롭다　　　③ 담담하다　　　④ 비참하다　　　⑤ 불안하다

🧻 어려운 낱말 풀이 　① **대전** 여러 나라가 참가하여 넓은 지역에 걸쳐 큰 전쟁을 벌임. 또는 그런 전쟁 大큰 대 戰싸울 전　② **수용** 사람을 감옥 등에 넣어 둠 收거둘 수 容얼굴 용　③ **가상** 실제가 아닌 것을 생각으로 지어낸 것 假거짓 가 想생각할 상　④ **유대인** 유대교라는 종교를 믿는 사람들　⑤ **폭격** 비행기에서 폭탄을 떨어뜨려 적의 군대나 시설물, 또는 땅을 파괴하는 일 爆터질 폭 擊부딪칠 격　⑥ **은신처** 몸을 숨기는 곳. 은신=몸을 숨김 隱숨길 은 身몸 신 處살 처　⑦ **문병** 아픈 사람을 찾아가 위로함 問물을 문 病병 병

5

어휘
표현

밑줄 친 ⓐ~ⓔ의 낱말들로 문장을 만든 것 중, 내용이 <u>어색한</u> 것을 고르세요. ···················· [   ]

① ⓐ 이번 주부터 다음 주까지는 시험 기간입니다.

② ⓑ 이 일은 강제니까 여러분이 꼭 하지 않으셔도 되는 일입니다.

③ ⓒ 이번에는 찍는 문제마다 다 틀리다니, 정말 운이 없네.

④ ⓓ 불행한 일을 잘 견디면 언젠가 즐거운 일이 찾아올 거야.

⑤ ⓔ 봄이 되니까 향긋한 꽃향기가 내 코를 찌르는 것 같아.

6

세부
내용

글 (나)를 통해 확인할 수 <u>없는</u> 내용을 고르세요. ·· [   ]

① 다들 하루빨리 전쟁이 끝나기를 소망한다.

② 네덜란드의 도시들이 폭격으로 잿더미가 되었다.

③ 유대인들은 독일군에게 이리저리 끌려 다니고 있다.

④ 안네의 가족은 은신처에서 하루하루 힘겹게 지내고 있다.

⑤ 소련과 아프리카에서도 날마다 수많은 사람들이 죽어 가고 있다.

7

추론
적용

아래 글은 가상의 인터뷰입니다. (가)~(다)의 내용과 일치하지 <u>않는</u> 말을 하는 사람을 고르세요.

·· [   ]

① **기자** : 안녕하세요. 여러분이 전쟁이 끝나면 가장 하고 싶은 일은 무엇인가요?

② **안네** : 어서 이 지긋지긋한 전쟁이 빨리 끝났으면 좋겠어요. 저는 전쟁이 끝나면 무엇보다도
    자유롭게 살면서 학교에 다니고 싶어요.

③ **페터** : 저는 전쟁이 끝나면 마음껏 거리를 걷고 영화도 보러가고 싶어요.

④ **마르고 언니** : 저는 달콤한 크림 케이크를 먹고 따뜻한 물에 목욕을 하고 싶어요.

⑤ **뒤셀 아저씨** : 저는 전쟁 중에 로체와 헤어지게 되어서 자나 깨나 로체 생각뿐이랍니다.
    어서 다시 로체를 만났으면 좋겠습니다.

[**1단계**] 아래의 낱말에 알맞은 뜻을 선으로 이어 보세요.

[1] 가상 •

• ㉠ 아픈 사람을 찾아가 위로함

[2] 폭격 •

• ㉡ 비행기에서 폭탄을 떨어뜨려 적의 군대나 시설물, 또는 땅을 파괴하는 일

[3] 문병 •

• ㉢ 실제가 아닌 것을 생각으로 지어낸 것

[**2단계**] 빈칸에 알맞은 낱말을 [보기]에서 골라 쓰세요.

> [보 기]　　　　　가상　　　　폭격　　　　문병

[1] 병원에 계신 할아버지께 얼른 ☐☐ 을 가자꾸나.

[2] 엄청난 ☐☐ 으로 모든 집들이 부서져 버렸다.

[3] 너희들이 하는 게임은 진짜가 아니라 ☐☐ 의 세계야.

[**3단계**] 다음 중 '대전'이 문장 속에서 쓰인 뜻을 찾아 고르세요.

[1] 조선 시대의 대표적인 법에 관한 책은 경국**대전**이다. ---------------- [　　]
　① 어떤 분야에 대한 사항이나 어떤 사람이 쓴 글을 빠짐없이 모아 엮은 책
　② 여러 나라가 참가하여 넓은 지역에 걸쳐 큰 전쟁을 벌임. 또는 그런 전쟁

[2] 세계**대전** 당시의 사진들을 보면 그 참혹함을 알 수 있다. ---------------- [　　]
　① 어떤 분야에 대한 사항이나 어떤 사람이 쓴 글을 빠짐없이 모아 엮은 책
　② 여러 나라가 참가하여 넓은 지역에 걸쳐 큰 전쟁을 벌임. 또는 그런 전쟁

8주
40
회

해설편 021쪽

시간 **끝난 시간** ☐시 ☐분
1회분 푸는 데 걸린 시간 ☐분

채점 **독해** 7문제 중 ☐개
어법·어휘 8문제 중 ☐개

← 스스로 붙임딱지
문제를 다 풀고
맨 뒷장에 있는
붙임딱지를
붙여보세요.

유레카(Eureka)

옛날 그리스의 왕이 어느 날 자신의 왕관이 순금이 아니라는 소문을 들었습니다.

"정말 내 왕관이 순금이 아닌가? 직접 확인해 봐야겠어."

왕은 소문의 진실을 밝히기 위해 그리스 최고의 과학자인 아르키메데스를 불렀습니다.

"우리나라 최고의 과학자인 당신이 이 왕관의 비밀을 밝혀주시오. 이 왕관이 정말 순금인지 아닌지 꼭 알아야만 하겠소."

"예, 폐하. 알겠습니다."

아르키메데스는 그날부터 열심히 왕관을 살펴봤지만 아무리 살펴봐도 왕관이 순금인지 아닌지 알 수 없었습니다. 하지만 왕의 부탁이었기 때문에 쉽게 포기할 수 없었습니다. 아르키메데스의 고민은 날로 깊어만 갔습니다.

"도대체 이 문제를 어떻게 풀어야 한담?"

고민하던 아르키메데스는 잠시 휴식을 취하기 위해 목욕을 하기로 했습니다. 그는 피곤한 몸을 이끌고 욕조에 풍덩 들어갔습니다. 그러자 욕조의 물이 넘치기 시작했습니다. 물이 넘쳐흐르는 것을 본 아르키메데스는 갑자기 외쳤습니다.

"유레카! 이제야 알겠어!"

목욕탕에서 뛰쳐나온 아르키메데스는 왕에게 달려갔습니다. 그리고 물통 두 개에 물을 가득 채웠습니다. 그 다음에 한 물통에는 왕관을 빠뜨리고, 나머지 하나에는 왕관에 쓰인 금과 같은 양의 금을 빠뜨렸습니다. 그러자 두 물통에서 넘쳐흐르는 물의 양이 달랐습니다.

"폐하, 보십시오. 두 물통에서 넘치는 물의 양이 다릅니다. 왕관이 순금이라면 물의 양이 다르지 않을 것입니다!"

아르키메데스의 기발함에 왕과 신하들은 모두 놀랐습니다.

아르키메데스가 방법을 떠올렸을 때 외친 말인 '유레카(Eureka)'는 그리스어로 '찾았다'라는 의미입니다. 이 일화가 세상에 전해지면서 사람들은 지금까지도 기발한 방법을 떠올렸을 때 '유레카!'라고 외치곤 합니다.

뿌리깊은 초등국어 독해력

낱말풀이 놀이

놀이를 하면서 그동안 공부했던 낱말을 복습해 보세요.

놀이 준비하기

뒤쪽에 있는 카드는 **점선에 따라 자른 후**
문제가 있는 면을 위로 하여 쌓아 두세요.

자른 카드는
**낱말풀이 카드
두는 곳**에
쌓아 두세요.

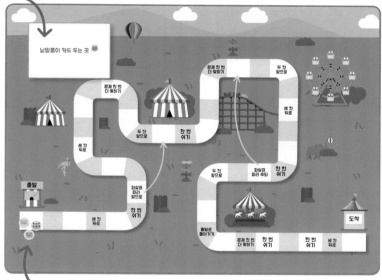

놀이 방법 설명서 뒤쪽에
놀이판이 있습니다.

카드가 있는 쪽의 첫 번째 칸에
놀이용 말 🐐 🐰 🐱 🐭 🐑 🐏이 있습니다.
사람 수대로 잘라 **출발 칸**에 두세요.

※칼이나 가위를 쓸 때는 꼭 부모님과 함께 하세요.

놀이하는 방법

❶ 가위바위보 등을 하여 순서를 정하세요.

❷ 순서대로 가장 위에 있는 카드의 문제를 보고 맞히세요.

❸ 처음 문제를 본 친구가 문제를 풀지 못하면 다음 순서로 넘어갑니다.

❹ 문제를 풀었다면 카드에 적힌 숫자만큼 놀이말을 움직이세요.

❺ 만약 모든 친구가 문제를 풀지 못했다면 그 카드를 맨 밑에 넣으세요.

❻ 가장 먼저 도착한 친구가 승리하는 놀이입니다.

하루 15분 국어 독해력의 기틀을 다지는

뿌리깊은
초등국어
독해력
정답과 해설

4단계

초등 3 · 4학년
대상

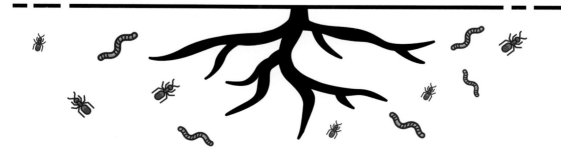

MOTHERTONGUE
마더텅출판사
since 1999.4.1.

이 책에 실린 작품

회차	제목	지은이	나온 곳	쪽수
4	이상 없음	김영기	한국문학예술저작권협회	22쪽
14	고향의 봄	이원수	한국문학예술저작권협회	66쪽
24	저녁때	피천득	한국문학예술저작권협회	110쪽
35	바느질 일곱 동무의 말다툼	작자 미상	가전체 고전소설 〈규중칠우쟁론기〉를 윤문한 글	158쪽

이 책에 쓰인 사진 출처

회차	제목	출처	쪽수
5	탈무드	https://commons.wikimedia.org/	28쪽
21	열기구	https://commons.wikimedia.org/	98쪽
21	플라이어 1호	https://www.flickr.com/	98쪽
23	재활용 표시	https://www.keco.or.kr/	106쪽
25	월든 호수 사진	https://commons.wikimedia.org/	114쪽
28	광성보	https://commons.wikimedia.org/	128쪽
28	운요호	https://commons.wikimedia.org/	130쪽
31	5만원권	http://www.bok.or.kr/ (한국은행)	144쪽
32	석주명	단국대학교 석주선 기념 박물관 소장	146쪽
33	디즈니월드	https://pxhere.com/	152쪽
35	인두, 다리미, 바늘, 실, 자, 가위, 화로	국립중앙박물관 (공공누리 공공저작물)	159쪽
	골무	위키미디어 커먼즈	
	비단, 목걸이	PIXABAY	
37	에디슨	https://en.wikipedia.org/	168쪽

마더텅 학습 교재 이벤트에 참여해 주세요. 참여해 주신 모든 분께 선물을 드립니다.

이벤트 1 1분 간단 교재 사용 후기 이벤트

마더텅은 고객님의 소중한 의견을 반영하여 보다 좋은 책을 만들고자 합니다.
교재 구매 후, <교재 사용 후기 이벤트>에 참여해 주신 모든 분께는 감사의 마음을 담아
네이버페이 포인트 1천 원 을 보내 드립니다. 지금 바로 QR 코드를 스캔해 소중한 의견을 보내 주세요!

이벤트 2 마더텅 교재로 공부하는 인증샷 이벤트

인스타그램에 <마더텅 교재로 공부하는 인증샷>을 올려 주시면 참여해 주신 모든 분께 감사의 마음을 담아
네이버페이 포인트 2천 원 을 보내 드립니다. 지금 바로 QR 코드를 스캔해 작성한 게시물의 URL을 입력해 주세요!

필수 태그 #마더텅 #뿌리깊은초등국어 #공스타그램

이벤트 3 독해력 나무 기르기 이벤트

SNS 또는 커뮤니티에 완성한 <독해력 나무 기르기> 사진을 올려 주시면 참여해 주신 모든 분께 감사의 마음을
네이버페이 포인트 1천 원 및 B 북포인트 2천 점 을 보내 드립니다.
지금 바로 QR 코드를 스캔해 작성한 게시물의 URL을 입력해 주세요!

SNS/커뮤니티 페이스북, 인스타그램, 블로그, 네이버/다음 카페 등
필수 태그 #마더텅 #뿌리깊은초등국어

하루 15분 국어 독해력의 기틀을 다지는

뿌리깊은
초등국어
독해력
정답과 해설

4단계

초등 3·4학년
대상

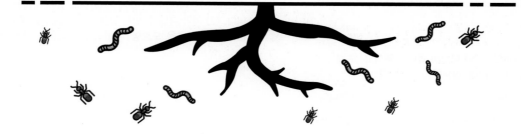

01회 본문 10쪽

1 우리말, 종류   2 ③   3 ④
4 (1) 순우리말 - 다른 나라 말이 섞이지 않은 말 - 해
  (2) 한자어 - 한자로 이뤄진 말 - 태양
  (3) 귀화어 - 외국에서 왔지만 외국어 느낌이 없는 말 - 빵
  (4) 외래어 - 외국에서 온 말이라는 것을 사람들이 … - 택시
5 순우리말 - 바람, 아침
  한자어 - 공부, 독서
  귀화어 - 가방, 냄비
  외래어 - 버스
6 ④   7 귀화어

어법·어휘편

[1단계]
(1) 밀접한 - ⓒ 아주 가깝게 맞닿아 있는
(2) 귀화 - ⊙ 다른 곳으로 옮겨가 그곳에 자리를 …

[2단계]
(1) 밀접한   (2) 귀화

[3단계]
(1) 순우리말   (2) 순수   (3) 순종

---

1. 이 글은 '우리말'의 '종류'를 다룬 글입니다.

2. 이 글에서 가장 중요한 내용은 우리말에 '순우리말'과 '한자어', '귀화어' 등이 있다는 것입니다.

3. '귀화어'와 '외래어'를 구분하는 기준은 사람들이 외국어로 생각하는가의 여부입니다.

4. 지문의 내용을 토대로 하여 알맞게 연결하면 됩니다.

5. 지문의 내용을 토대로 하여 순우리말, 한자어, 귀화어, 외래어를 분류하면 됩니다.

6. 순우리말 외에 외래어도 우리말입니다. 토박이말은 순우리말을 가리키는 말입니다. 빵은 귀화어이므로 우리말입니다. 외래어는 순우리말만큼 많습니다.

7. 고무는 일본어나 프랑스어가 변한 외래어이고, 한국어 속에 들어온 지 오래되어 외국에서 건너온 말이라는 느낌이 없이 쓰이는 귀화어입니다.

어법·어휘편 해설

[1단계] '밀접한'은 아주 가깝게 맞닿아 있다는 뜻이고, '귀화'는 다른 곳으로 옮겨가 그곳에 자리를 잡는다는 뜻입니다.

[2단계] (1)에는 '밀접한', (2)에는 '귀화'가 자연스러운 말입니다.

[3단계] (1)에는 '순우리말', (2)에는 '순수', (3)에는 '순종'이 자연스러운 말입니다.

02회 본문 14쪽

1 도로명주소
2 ①
3 ④
4 ④
5 대로, 로, 길
6 도로명, 건물번호, 도로명주소가 아니다.
7 ④

어법·어휘편

[1단계]
(1) 관공서 - ⓒ 구청, 동주민센터, 법원 등을 …
(2) 규칙적 - ⊙ 일정한 질서를 따르는
(3) 표기 - ⓛ 겉에 표시해 기록함

[2단계]
(1) 관공서   (2) 규칙적   (3) 표기

[3단계]
(1) 주소/주민   (2) 대로/도로
(3) 성명/도로명

---

1. 이 글은 '도로명주소'에 대해 설명한 글입니다.

2. 이 글은 도로명주소가 무엇인지 설명하고 있습니다.

3. 이 글에서 전화번호는 전혀 다루어지지 않았고, 도로명주소를 안다고 하여 전화번호를 아는 것은 아닙니다.

4. 도로명주소가 도로명과 건물번호로 이루어져 있다는 예가 되는 문장이므로 (나)의 맨 뒤에 들어가야 합니다.

5. 도로는 도로의 폭에 따라 '대로', '로', '길'로 나뉩니다.

6. 도로명주소는 '도로명'과 '건물번호'로 이루어져 있는데 [보기] 문장은 도로명, 건물번호가 나오지 않으므로 도로명주소가 아닙니다.

7. 세종대로 166의 건물은 건물번호가 짝수이므로 도로가 나아가는 방향으로 오른쪽에 위치한 건물입니다.

어법·어휘편 해설

[1단계] '관공서'는 구청, 동주민센터, 법원 등을 이르는 말이고, '규칙적'은 일정한 질서를 따른다는 말입니다. '표기'는 겉에 표시해 기록하는 것을 말합니다.

[2단계] (1)에는 '관공서', (2)에는 '규칙적', (3)에는 '표기'가 자연스러운 말입니다.

[3단계] (1) 집이나 회사가 자리 잡고 있는 곳을 나타낸 이름을 '주소'라고 합니다. 어떤 곳에 계속 살고 있는 사람은 '주민'이라 합니다. (2) 차가 다닐 수 있는 길을 '도로', 큰길을 '대로'라고 합니다. (3) 도로의 이름을 '도로명', 사람의 성과 이름을 '성명'이라 합니다.

1 ③
2 ③
3 전시회, 공연
4 ②
5 기원합니다
6 교장, 학부모, 학습 발표회, 격려
7 ④

어법·어휘편

[1단계]
(1) 결실 - ⓒ 열매를 맺음
(2) 기량 - ⓛ 기술적인 재능이나 솜씨
(3) 격려 - ㉠ 용기나 의욕이 솟아나도록 북돋워줌

[2단계]
(1) 결실   (2) 격려   (3) 기량

[3단계]
(1) ①   (2) ③   (3) ②

1. 이 초대장에 공연 순서는 나와 있지 않습니다.

2. 대한초등학교의 학습 발표회에서는 전시회 외에 공연도 볼 수 있습니다.

3. 학생들의 작품을 감상하는 '전시회'와 학생들이 기량과 끼를 뽐내는 '공연'을 볼 수 있습니다.

4. [보기]는 전시회가 열리는 곳에 대한 설명이므로 '장소'에 들어가야 합니다.

5. 바라는 일이 이루어지기를 비는 것을 '기원하다'라고 합니다.

6. 이 글을 쓴 사람은 대한초등학교 '교장' 선생님, 받는 사람은 '학부모'들입니다. 대한초등학교 '학습 발표회'에 와서 '격려'와 칭찬을 해 달라고 학부모들을 초대하기 위해 쓴 글입니다.

7. 전시회와 공연이 동시에 진행된다고 하였으니 순서에 상관없이 구경하면 됩니다.

어법·어휘편 해설

[1단계] '결실'은 열매를 맺는다는 말입니다. '기량'은 기술적인 재능이나 솜씨를 말합니다. '격려'는 용기나 의욕이 솟아나도록 북돋워준다는 말입니다.

[2단계] (1)에는 '결실', (2)에는 '격려', (3)에는 '기량'이 자연스러운 말입니다.

[3단계] (1) 낙서장의 한 부분을 펴서 드러낸다는 뜻이므로 ①의 뜻으로 쓰였습니다. (2) 꿈을 이루기 위해 행동하라는 뜻이므로 ③의 뜻으로 쓰였습니다. (3) 아이스 발레단이 사람들이 감상할 수 있게 환상적인 무대를 보인다는 뜻이므로 ②의 뜻으로 쓰였습니다.

1 배추
2 4, 15
3 ④
4 ④
5 ②
6 ②
7 아빠, 내, 배추, 쌈

어법·어휘편

[1단계]
(1) 질척질척   (2) 아삭아삭
(3) 질겅질겅

[2단계]
(1) 질척질척   (2) 아삭아삭
(3) 질겅질겅

[3단계]
(1) ①   (2) ③   (3) ②

1. 이 시는 배추에 대해 쓴 시입니다.

2. 이 시는 4연 15행으로 이루어져 있습니다.

3. 말하는 이는 캐어 온 배추에 대해 아버지와 말을 하고 있습니다.

4. 이 시에서 배추는 농약하고는 관계없는 무공해 식품입니다.

5. '이상 없음'이라는 말은 먹어도 좋다는 뜻입니다.

6. 이 시에서 사투리는 나오지 않습니다.

7. ⓛ은 '아빠'와 '내'가 '배추'로 '쌈'을 싸 먹고 있는 중이라는 뜻입니다.

어법·어휘편 해설

[1단계] (1) 물기가 많아 매우 차지고 질은 상태를 '질척질척'하다고 표현합니다. (2) 싱싱한 과일이나 채소를 가볍게 베어 물 때 나는 소리를 '아삭아삭'이라고 표현합니다. (3) 질긴 물건을 자꾸 크게 씹는 모양을 '질겅질겅'이라 표현합니다.

[2단계] (1)에는 '질척질척', (2)에는 '아삭아삭', (3)에는 '질겅질겅'이 자연스러운 말입니다.

[3단계] (1) 시비를 걸어 싸운다는 의미이므로 ①의 뜻으로 쓰였습니다. (2) 쌈을 싸서 먹는다는 의미이므로 ③의 뜻으로 쓰였습니다. (3) 바늘을 세는 단위로 사용되었으므로 ②의 뜻으로 쓰였습니다.

05회 본문 26쪽

1 망원경, 양탄자, 사과
2 공주, 병
3 ③
4 ②
5 ③
6 ③
7 ⑤

어법·어휘편

[1단계]
(1) 사경 - ⓒ 죽음에 임박한 상황
(2) 계승 - ㉠ 선임자의 뒤를 이어받음
(3) 진단 - ⓔ 의사가 환자의 병 상태를 판단하는 일

[2단계]
(1) 사경   (2) 계승   (3) 진단

[3단계]
(1) 광고   (2) 포고
(3) 선고   (4) 보고

1. 첫째는 '망원경', 둘째는 '양탄자', 셋째는 '사과'를 가지고 있었습니다.

2. 공주가 무서운 병에 생기면서 일이 시작되었습니다.

3. 첫째와 둘째는 공주의 병이 나은 후에도 보물을 가지고 있었습니다. 셋째만 공주에게 사과를 주었습니다.

4. ①, ③, ④, ⑤는 공주가 사는 왕궁을, ②는 삼 형제가 살던 곳을 가리킵니다.

5. 공주가 사과를 먹고 병이 말끔히 나은 것으로 보아 막내의 사과는 '어떤 병이라도 낫게 해주는' 사과였습니다.

6. 막내는 공주의 병을 낫게 하기 위해 사과를 주었고, 사과는 그에게 몹시 중요한 보물이었습니다. 따라서 '모든'이 ⓒ에 가장 적절한 낱말입니다.

7. 이 이야기에서 임금이 막내를 사위로 삼기로 한 것은 막내가 모든 것을 바쳐 공주의 목숨을 살렸기 때문입니다. 여기서 다른 사람을 도울 때 아낌없이 주는 것이 가장 위대하다는 것을 배울 수 있습니다.

어법·어휘편 해설

[1단계] '사경'은 죽음에 임박한 상황, '계승'은 선임자의 뒤를 이어받는 것, '포고'는 어떤 일을 다른 사람들에게 알리는 것, '진단'은 의사가 환자의 병 상태를 판단하는 것을 말합니다.

[2단계] (1)에는 '사경', (2)에는 '계승', (3)에는 '진단'이 자연스러운 말입니다.

[3단계] (1)에는 '광고', (2)에는 '포고', (3)에는 '선고', (4)에는 '보고'가 적절한 말입니다.

06회 본문 32쪽

1 결정
2 ⑤
3 ⑤
4 결정, 배열, 육각형, 습도, 온도, 별
5 입자
6 대표적, 기온, 10, 20, 눈, 결정
7 ⑤

어법·어휘편

[1단계]
(1) 얼핏 - ㉠ 지나는 결에 잠깐 나타나는 모양
(2) 배열 - ⓒ 일정한 차례나 간격에 따라 벌여 놓음
(3) 습도 - ⓔ 공기 가운데 수증기가 들어 있는 정도

[2단계]
(1) 습도   (2) 배열   (3) 얼핏

[3단계]
(1) ①   (2) ②

1. 이 글은 눈의 '결정'에 대해 설명하는 글입니다.

2. 작은 입자들이 '규칙적으로 고르게 배열되어 있는 물질'을 결정이라고 합니다.

3. 결정의 기본 구조는 육각형으로 되어 있습니다.

4. '입자', '배열', '육각형', '습도', '온도', '별'이 빈칸에 알맞은 말입니다.

5. 물질의 일부로서 구성하는 물질과 같은 종류의 매우 작은 물체를 '입자'라고 합니다.

6. 눈의 결정 중 가장 '대표적'이고 아름다운 별 모양 결정은 '기온'이 영하 '10'도에서 '20'도 사이일 때 만들어집니다. 엘사가 물을 얼릴 때 별 모양이 나오는 까닭도 '눈'의 '결정'을 표현한 것이기 때문입니다.

7. [보기]의 사진 같은 별 모양 결정은 기온이 영하 10도에서 20도 사이일 때 만들어집니다. 온도가 매우 높거나 낮을 때 만들어진 결정은 그 모양이 밋밋합니다.

어법·어휘편 해설

[1단계] '얼핏'은 지나는 결에 잠깐 나타나는 모양, '배열'은 일정한 차례나 간격에 따라 벌여 놓음, '습도'는 공기 가운데 수증기가 들어 있는 정도를 말합니다.

[2단계] (1)에는 '습도', (2)에는 '배열', (3)에는 '얼핏'이 자연스러운 말입니다.

[3단계] (1) 앞으로 어떻게 할지 태도나 방향을 정한 후 실천하라는 말이므로 ①의 뜻으로 사용되었습니다. (2) 그동안 공부했던 노력으로 원하는 결과(합격)를 이루었다는 말이므로 ②의 뜻으로 사용되었습니다.

1 ㉠ 다람쥐 원숭이, ㉡ 미어캣
2 ④　　3 (1) O (2) O (3) X (4) X
4 (예시 답안)
　(1) - 털이 부드럽다.
　(2) - 곤충을 먹는다.
　(3) - 여러 지역에 퍼져 살고 있다.
5 ④　　6 포유류　　7 미어캣

어법·어휘편

[1단계]
(1) 활동 - ㉢ 몸을 움직여 행동하는 것
(2) 수명 - ㉠ 생물이 태어나서 죽을 때까지의 기간
(3) 고루 - ㉡ 빠짐없이 골고루

[2단계]
(1) 수명　　　　(2) 고루　　　(3) 활동

[3단계]
(1) 草 (풀 초)　　(2) 雜 (섞일 잡)
(3) 肉 (고기 육)

1 교통사고, 예방
2 ③
3 ⑤
4 ㉡, ㉠, ㉣, ㉢
5 교통법규
6 절반, 신문
7 ⑤

어법·어휘편

[1단계]
(1) 예방 - ㉢ 일이 일어나기 전에 미리 막는 일
(2) 주의 - ㉡ 마음에 새겨 두고 조심함
(3) 계통 - ㉠ 비슷한 것끼리 모인 부분

[2단계]
(1) 주의　　　　(2) 계통　　　(3) 예방

[3단계]
(1) 설치　　　　(2) 혼잡

---

1. ㉠는 다람쥐 원숭이이며, ㉡는 미어캣입니다.

2. 이 글은 동물에 대한 설명문으로서, 첫 번째 글에서 말하는 동물은 다람쥐 원숭이입니다. 다람쥐 원숭이에 대한 잘못된 설명은 ④번입니다. 다람쥐 원숭이는 낮에 활동하는 동물이라고 설명하고 있습니다.

3. ㉡은 미어캣(별칭 : 슈리게이트)에 대한 설명입니다. 미어캣은 '발가락이 4개'이며, 곤충을 포함해 당근, 사과, 배추, 닭고기도 먹는 '잡식성'입니다. 따라서 (3), (4)번이 옳지 않습니다.

4. ㉠의 다람쥐 원숭이와 ㉡의 미어캣에는 여러 공통점이 있습니다. 둘 다 여러 지역에 퍼져 살고 있고, 크지 않고 털이 부드럽습니다. 새끼를 낳고 먹이는 곤충을 포함한 잡식성입니다.

5. 두 글에서 공통적으로 설명하고 있는 것은 크기, 식성, 생김새, 사는 곳입니다. ④의 '번식기'에 대한 설명은 첫 번째 글에서 찾아볼 수 없습니다.

6. 두 번째 글의 첫 줄을 보면 '포유류'는 등뼈가 있으면서 새끼에게 젖을 주는 동물을 뜻합니다. 참고로 우리 인간도 등뼈가 있고 아기에게 어머니가 젖을 줍니다. 따라서 인간도 포유류입니다.

7. 앞발로 굴을 파서 생활하는 것은 '미어캣'입니다.

어법·어휘편 해설

[1단계] '활동'은 '몸을 움직여 행동하는 것'이며, '수명'은 '태어나서 죽을 때까지의 기간'입니다. '고루'는 '빠짐없이 골고루'의 약자입니다.

[2단계] (1) 다람쥐 원숭이는 15년 정도 살기 때문에 '수명'이 적절하며 (2) 퍼져 살고 있다는 것에서 '고루' (3) 낮에 움직여 행동하기에 '활동'이 정답입니다.

[3단계] (1) 풀을 먹기에 草 (풀 초) (2) 고기와 풀을 가리지 않고 섞어 먹기에 雜(섞일 잡) (3) 고기를 먹기에 肉(고기 육)이 정답이 됩니다.

1. 학급 회의의 주제는 '교통사고'를 '예방'하기 위해서 해야 할 일이었습니다.

2. 자전거 전용 도로를 이용하자고 한 사람은 경호입니다.

3. 안전 장비를 갖추면 사고가 나서 크게 다치는 것을 예방할 수 있습니다.

4. ㉡(진석), ㉠(은영), ㉣(경호), ㉢(지헌)의 순으로 제안되었습니다.

5. '교통법규'에 대한 설명입니다.

6. 회의 시작 부분에 회장인 학생의 말에 따르면, 회의를 통해 나온 의견들 중 절반 이상의 학생의 동의를 얻은 의견은 학교 어린이 신문에 실릴 예정입니다.

7. 안전 장비 없이 자전거를 타면 위험합니다. 길을 건널 때에는 자전거에서 내려 천천히 건너야 하고, 비가 오는 날에는 우산이 앞을 가리지 않도록 우산을 들어야 합니다. 횡단보도의 신호가 초록색 신호로 바뀌어도 자동차가 완전히 멈춘 다음에 길을 건너야 합니다.

어법·어휘편 해설

[1단계] '예방'은 일이 일어나기 전에 미리 막는 일, '주의'는 마음에 새겨 두고 조심함, '계통'은 비슷한 것끼리 모인 부분을 뜻합니다.

[2단계] (1)에는 '주의', (2)에는 '계통', (3)에는 '예방'이 자연스러운 말입니다.

[3단계] (1) 어떤 목적으로 쓰기 위해 만드는 것을 '설치'라 합니다. (2) 여럿이 한데 뒤섞여 어수선한 것을 '혼잡'이라 합니다.

09회 본문 44쪽

2주차

1 태산
2 ③
3 태산, 하늘, 오르지, 사람, 노력, 산, 높아서
4 ④
5 ④
6 ⑤
7 도끼, 바늘, 사람, 도끼

어법·어휘편

[1단계]
(1) 안   (2) 않   (3) 안
(4) 않   (5) 안

[2단계]
(1) X   (2) O
(3) O   (4) X

---

1. 이 시조는 높고 큰 산인 태산을 글감으로 하여 쓴 글입니다.

2. 높고 커서 오르기 힘든 산을 오르고 또 오른다는 것은 '끊임없는 노력'을 뜻합니다.

3. 본문을 잘 살펴보면 이 시조의 글감인 '태산'이 아무리 높다고 해도 '하늘' 아래에 있는 산일 뿐이며 오르고 또 오르다 보면 누구든 '오르지' 못할 수가 없다고 말하고 있습니다. 그러나 '사람'들은 오르려고 스스로 '노력'하지도 않으면서 그저 '산'이 너무 '높아서' 오르지 못한다며 산을 탓한다고 말하고 있습니다.

4. 이 시조는 어떤 일이든 쉽게 포기하지 않고 노력하다 보면 결과를 얻을 수 있음을 알려주고 있습니다. 그러므로 이 시조의 글쓴이는 '태산처럼 아주 높은 산이라도 노력하면 오를 수 있지'라고 말하고 싶을 것입니다.

5. '열 번 찍어 안 넘어가는 나무 없다'는 넘어트리기 힘들어 보이는 나무도 도끼로 열 번을 찍으면 넘어트릴 수 있다는 말입니다. 즉, 어려워 보이는 일도 포기하지 않고 노력하면 해낼 수 있다는 뜻의 속담입니다.

6. 이백이 깨달음을 얻고 산으로 돌아가 공부를 다시 시작하고, 쉽게 포기하지 않고 이어나간 것으로 볼 때, ⓒ의 내용으로 가장 적절한 것은 ⑤번입니다.

7. 위 이야기는 커다란 '도끼'라도 포기하지 않고 열심히 노력하여 갈다 보면 작은 '바늘'이라는 결과를 얻을 수 있다고 말하고 있습니다. 따라서 본문 시조의 '태산'이 들어갈 자리에는 '도끼'를 넣으면 됩니다.

어법·어휘편 해설

[1단계] (1)에는 '안', (2)에는 '않', (3)에는 '안', (4)에는 '않', (5)에는 '안'이 알맞은 말입니다.

[2단계] (1) 한 줌도 되지 않는다는 것은 매우 적은 양이므로 '태산'만큼 남아 있다고 할 수 없습니다. (4) 방은 아주 깨끗해서 작은 먼지 하나도 없는 상태입니다. 그러므로 '태산'이 아니라 몹시 작거나 적은 것을 나타내는 표현이 들어가야 합니다.

10회 본문 48쪽

2주차

1 ⑤
2 생선 가시가 목에 걸려서 며칠 내내 말을 하거나 음식을 먹지 못했습니다.
3 ④
4 ① → ⑦ → ③ → ⑤ → ④ → ⑥ → ②
5 ②   6 ②   7 ③

어법·어휘편

[1단계]
(1) 신신당부하다 - ⓒ 거듭해서 간곡히 부탁하다
(2) 온데간데없다 - ⓒ 어떤 것이 사라져서 찾을 …
(3) 또랑또랑하다 - ㉠ 아주 밝고 똑똑하다

[2단계]
(1) 온데간데없이   (2) 신신당부하셨다(하신다)
(3) 또랑또랑한

[3단계]
(1) 손   (2) 채   (3) 닢

---

1. 이 이야기의 주인공 덕쇠는 어머니의 말씀이라면 무엇이든 믿고 따르는 인물로, 당나귀를 어깨에 메려고 한 것은 원님 딸의 병을 낫게 하기 위해 일부러 한 행동이 아니라 어머니 말씀을 그대로 따르는 바람에 그렇게 된 것입니다.

2. 원님의 딸은 덕쇠를 보며 웃다가 목에 걸린 생선 가시가 빠진 후 "이것이 목에 걸려 여태 먹지도 말하지도 못한 겁니다."라고 말했습니다.

3. ㉮는 덕쇠가 일한 보답으로 받은 당나귀를 어머니의 말씀대로 가져가려고 하는 부분입니다. 어머니는 일하고 받은 것은 끈으로 묶은 후 어깨에 짊어지고 가져오라고 말했으므로, ㉮에서 덕쇠는 당나귀를 끈으로 묶어 어깨에 짊어지려고 했을 것입니다.

4. 본문 이야기의 진행 순서는 ① → ⑦ → ③ → ⑤ → ④ → ⑥ → ②입니다.

5. 이웃 마을 사람은 덕쇠에게 보답으로 엽전 세 닢을 주었습니다.

6. ㉠은 이웃 마을 사람이 덕쇠가 돈을 잃어버리지 않도록 신신당부하며 하는 말이므로 걱정스러운 표정으로 말해야 자연스럽습니다. ㉡은 며칠 간 생선 가시 때문에 먹지도 말하지도 못하던 원님의 딸이 목에서 생선 가시가 빠진 후 또랑또랑한 목소리로 하는 말이므로 웃으며 밝은 목소리로 표현해야 자연스럽습니다.

7. 덕쇠는 어머니의 말씀을 곧이곧대로 믿고 따를 뿐 상황에 알맞은 방법을 택하지 못했습니다.

어법·어휘편 해설

[1단계] '신신당부하다'는 '거듭해서 간곡히 부탁하다'라는 뜻입니다. '온데간데없다'는 '어떤 것이 사라져 찾을 수가 없다'라는 뜻이며, '또랑또랑하다'는 '아주 밝고 똑똑하다'라는 뜻입니다.

[2단계] (1) 눈이 녹아서 자취를 감추었다는 뜻의 '온데간데없이'가 들어가야 합니다. (2) 어머니께서 밥은 꼭 챙겨먹으라고 늘 말씀하신 것이므로 '신신당부하셨다'가 들어가야 합니다. (3) 아주 밝고 똑똑해 보이는 눈망울을 '또랑또랑한' 눈망울이라고 합니다.

[3단계] (1) 한 손에 잡을만한 고등어의 분량을 세는 단위는 '손'입니다. (2) 이불을 세는 단위는 '채'입니다. (3) 동전을 세는 단위는 '닢'입니다.

6 뿌리깊은 초등국어 독해력 4단계

11회 본문 54쪽

1 ③

2 ③

3 치즈

4 혼합물, 성질, 분리, 종류

5 ②

6 ②

7 ④

어법·어휘편

[1단계]

(1) 분리 - ⓒ 나누기

(2) 첨가 - ㉠ 더하기

(3) 부착 - ⓒ 붙이기

[2단계]

(1) 첨가   (2) 혼합   (3) 분리

[3단계]

(1) 牛(소 우)   (2) 묘(콩 두)

(3) 石(돌 석)

---

1. 이 글은 '우유'에 대해 설명한 글입니다.

2. ① 혼합물은 분리할 수 있습니다. ② 우유에서 단백질을 분리하면 치즈가 됩니다. ④ 저지방 우유는 일반 우유에 비해 지방이 적습니다. ⑤ 혼합물에서 각 물질의 성질은 변하지 않습니다. 즉 김밥에 들어간 밥의 맛은 변하지 않습니다.

3. 우유에서 단백질을 분리하여 만든 것은 치즈입니다.

4. 두 가지 이상의 물질이 섞여있는 것을 '혼합물'이라 합니다. 혼합물에서 물질의 '성질'은 변하지 않습니다. 우유를 '분리'하거나 어떤 성분을 첨가하면 여러 가지 '종류'의 우유로 변화시킬 수 있습니다.

5. 칼슘 우유는 칼슘 성분을 첨가한 우유입니다.

6. 5문단 중심내용은 우유를 '분리'해서 만드는 제품인데, 칼슘 우유는 칼슘을 '더해' 만든 것이므로 어울리지 않습니다.

7. 호두는 그 자체로 하나의 물질입니다.

어법·어휘편 해설

[1단계] '분리'는 '나누기', '첨가'는 '더하기', '부착'은 '붙이기'라는 뜻을 가진 낱말입니다.

[2단계] (1)에는 '첨가', (2)에는 '혼합', (3)에는 '분리'가 자연스러운 말입니다.

[3단계] (1) 소의 젖을 '소 우(牛)' 자를 써서 우유라 합니다. (2) 간 콩으로 만든 우유를 '콩 두(묘)' 자를 써서 두유라 합니다. (3) 땅속에서 얻는 기름을 '돌 석(石)' 자를 써서 석유라 합니다.

12회 본문 58쪽

1 ②   2 ⑤   3 연지 곤지   4 ③   5 ①

6 (1) ⓒ 올곧게 살길 기원함, (2) ⑩ 변함없이 살길 기원함, (3) ㉠ 사악한 기운을 물리침, (4) ② 자식을 많이 낳길 기원함, (5) ⓒ 오래 살길 기원함

7 초례, 기러기, 사모관대, 초례상, 표주박

어법·어휘편

[1단계]

(1) 복장 - ⓒ 옷차림

(2) 다산 - ㉠ 아이를 많이 낳음

(3) 장수 - ⓒ 오래 삶

[2단계]

(1) 소매   (2) 장수   (3) 복장

[3단계]

④

---

1. 이 글은 우리 조상들의 결혼식인 '초례'에 대해 설명한 글입니다.

2. 이 글에서는 결혼식에 활옷을 입고 족두리를 쓴다고 하였으며, 평소에도 활옷을 입거나 족두리를 썼다는 설명은 나오지 않습니다.

3. [보기]는 '연지 곤지'에 대한 설명입니다.

4. 신랑이 신부의 집에 가져가는 기러기에 대한 내용은 글 (다)에 나옵니다.

5. ㉠에서 '올리다'는 '(식을) 행하여 치르다'라는 뜻으로 사용되었고, 이와 의미가 비슷한 것은 ①입니다.

6. '대나무'는 올곧게 살길 기원하려고, '소나무'는 변함없이 살길 기원하려고, '명태'는 사악한 기운을 물리치려고, '대추'는 자식을 많이 낳길 기원하려고, '밤'은 오래 살길 기원하려고 올렸습니다.

7. '초례', '기러기', '사모관대', '초례상', '표주박'이 빈칸에 알맞은 말입니다.

어법·어휘편 해설

[1단계] '복장'은 옷차림, '다산'은 아이를 많이 낳음, '장수'는 오래 삶을 뜻하는 말합니다.

[2단계] (1)에는 '소매', (2)에는 '장수', (3)에는 '복장'이 자연스러운 말입니다.

[3단계] 소나무는 항상 변함없음을 뜻하는데, 그에 어울리는 별명은 '늘 푸른 나무'입니다.

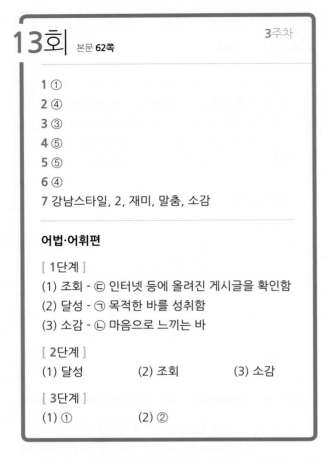

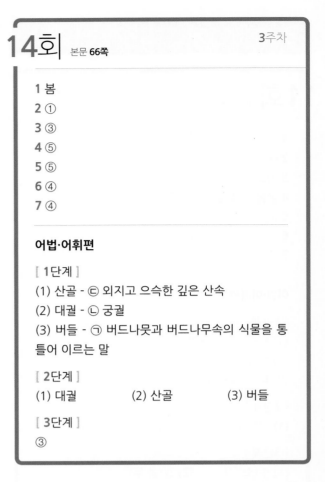

13회 본문 62쪽

1 ①
2 ④
3 ③
4 ⑤
5 ⑤
6 ④
7 강남스타일, 2, 재미, 말춤, 소감

어법·어휘편

[1단계]
(1) 조회 - ⓒ 인터넷 등에 올려진 게시글을 확인함
(2) 달성 - ㉠ 목적한 바를 성취함
(3) 소감 - ⓛ 마음으로 느끼는 바

[2단계]
(1) 달성   (2) 조회   (3) 소감

[3단계]
(1) ①   (2) ②

14회 본문 66쪽

3주차

1 봄
2 ①
3 ③
4 ⑤
5 ⑤
6 ④
7 ④

어법·어휘편

[1단계]
(1) 산골 - ⓒ 외지고 으슥한 깊은 산속
(2) 대궐 - ⓛ 궁궐
(3) 버들 - ㉠ 버드나뭇과 버드나무속의 식물을 통틀어 이르는 말

[2단계]
(1) 대궐   (2) 산골   (3) 버들

[3단계]
③

1. 이 기사는 '강남스타일'이 유튜브에서 조회 수 20억이 넘는 것에 대해 '알리기' 위해 쓴 글입니다.

2. 이 기사에서 다룬 중요한 사건은 싸이의 노래 '강남스타일'의 유튜브 조회 수가 20억을 넘었다는 것입니다.

3. 유튜브 측에서 싸이에게 축하 메시지를 전달하였습니다.

4. ⓐ는 '강남스타일'이 2년이 채 되지 않아 조회 수 20억을 달성했다는 앞 문장을 뜻합니다.

5. ㉠처럼 '밝히다'가 '공공연히 알리다'라는 뜻으로 사용된 문장은 ⑤입니다.

6. A가 속한 문장은 '강남스타일'처럼 재미있는 노래를 만들겠다는 의지를 밝힌 것이므로 A에는 '계속해서', '앞으로도', '더 열심히', '자만하지 않고' 등의 표현이 어울립니다. 기사의 내용에 싸이가 잘못한 내용이 없기 때문에 '죄송하지만'은 어울리지 않습니다.

7. '강남스타일', '2', '재미', '말춤', '소감'이 빈칸에 알맞은 말입니다.

어법·어휘편 해설

[1단계] '조회'는 인터넷 등에 올려진 게시글을 확인함, '달성'은 목적한 바를 성취함, '소감'은 마음으로 느끼는 바란 뜻입니다.

[2단계] (1)에는 '달성', (2)에는 '조회', (3)에는 '소감'이 자연스러운 말입니다.

[3단계] (1) 연예인에 대한 사실을 알리는 글을 읽어봤는지 묻는 문장이므로 ①의 뜻으로 사용되었습니다. (2) 동화 속에 나오는 말을 탄 무사가 된 것 같다는 말이니 ②의 뜻으로 사용되었습니다.

1. '꽃 피는 산골', '복숭아꽃 살구꽃 아기 진달래' 등의 시구를 보고 계절적 배경이 '봄'임을 알 수 있습니다.

2. 이 시의 말하는 이는 어릴 적 고향의 모습에 대해 '추억'하고 있습니다.

3. '그 속에서 놀던 때가 그립습니다.'의 구절을 통해 '그리움'이 정답임을 알 수 있습니다.

4. '울긋불긋 꽃 대궐 차린 동네'의 구절은 수많은 꽃들이 피어 있는 모습이 커다란 대궐과 같다는 의미입니다.

5. 이 시의 말하는 이는 꽃과 대화하고 있지는 않습니다.

6. 이 시에서는 고향의 밤의 모습에 대해선 이야기하지 않았습니다. 따라서 ④번의 모습은 시를 통해 떠올릴 순 없습니다.

7. 용국이는 다른 나라에 가서 우리나라의 음식을 그리워하고 있습니다. 따라서 시의 말하는 이가 고향을 그리워하는 모습과 비슷합니다.

어법·어휘편 해설

[1, 2단계] '산골'은 외지고 으슥한 깊은 산속을, '대궐'은 궁궐을, '버들'은 버드나뭇과 버드나무속의 식물을 통틀어 이르는 말입니다.

[3단계] '알록달록'은 여러 가지 밝은 빛깔의 점이나 줄 따위가 고르지 아니하게 무늬를 이룬 모양을 뜻합니다. 따라서 '울긋불긋'과 가장 비슷하게 쓰일 수 있는 표현입니다.

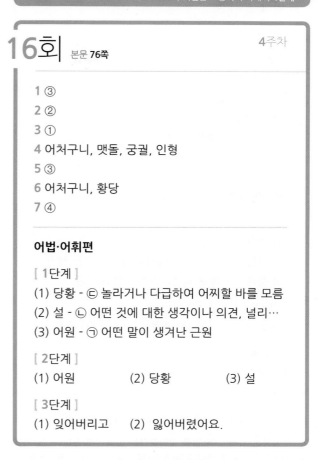

15회 본문 70쪽

1 라푼젤
2 ⑤
3 ①
4 ③
5 ④
6 황량
7 ②

어법·어휘편

[1단계]
(1) 발각 - ㉫ 숨겼던 것이 드러남
(2) 저주 - ㉠ 남에게 재앙이나 고난이 닥치도록 빌고…
(3) 시력 - ㉢ 눈으로 볼 수 있는 능력

[2단계]
(1) 시력   (2) 저주   (3) 발각

[3단계]
①

16회 본문 76쪽

1 ③
2 ②
3 ①
4 어처구니, 맷돌, 궁궐, 인형
5 ③
6 어처구니, 황당
7 ④

어법·어휘편

[1단계]
(1) 당황 - ㉢ 놀라거나 다급하여 어찌할 바를 모름
(2) 설 - ㉡ 어떤 것에 대한 생각이나 의견, 널리…
(3) 어원 - ㉠ 어떤 말이 생겨난 근원

[2단계]
(1) 어원   (2) 당황   (3) 설

[3단계]
(1) 잊어버리고   (2) 잃어버렸어요.

---

1. 이 이야기의 주인공은 '라푼젤'입니다.

2. ㉠, ㉡, ㉢, ㉣은 부부의 이웃집 마녀가 키우는 독일 양배추를, ㉤은 부부의 아이를 가리킵니다.

3. 마녀가 라푼젤의 머리카락을 사다리로 삼아 높은 탑을 드나들 수 있다는 내용에서 라푼젤의 머리카락이 매우 길다는 것을 짐작할 수 있습니다.

4. 왕자가 자신 때문에 앞을 볼 수 없다는 것을 알게 된 라푼젤의 기분은 매우 '슬펐을' 것입니다.

5. 아이에게 '라푼젤'이란 이름을 붙여준 것은 아내가 아닌, 마녀였습니다.

6. 텅 비고 넓지만 몹시 메마르고 거친 상태를 '황량하다'라고 표현합니다.

7. 왕자가 몰래 숨어서 마녀와 라푼젤을 지켜본 것은 마녀가 두려웠기 때문입니다.

어법·어휘편 해설

[1단계] '발각'은 숨겼던 것이 드러남, '저주'는 남에게 재앙이나 고난이 닥치도록 빌고 바라는 것, 혹은 그러한 재앙이나 고난, '시력'은 눈으로 볼 수 있는 능력을 말합니다.

[2단계] (1)에는 '시력', (2)에는 '저주', (3)에는 '발각'이 자연스러운 말입니다.

[3단계] ② 저주 - 축복, ③ 정성 - 건성은 서로 반대되는 말입니다. ① 시력 - 청력은 서로 반대되는 말이 아닙니다.

---

1. 이 글은 '어처구니없다'의 어원을 설명한 글입니다.

2. 맷돌의 손잡이가 없으면 맷돌을 돌릴 수 없습니다.

3. '어처구니'는 맷돌의 손잡이를 말합니다.

4. '어처구니', '맷돌', '궁궐', '인형'이 빈칸에 알맞은 말입니다.

5. '어처구니없다'는 '너무 뜻밖이어서 기가 막힌다'라는 뜻이고 이와 비슷한 말은 ①, ②, ④, ⑤입니다. ③은 화가 나서 신경질이 난다는 뜻이므로 '어처구니없다'를 대신하여 쓸 수 없습니다.

6. 맷돌의 손잡이를 '어처구니'라 부르는데, 맷돌의 손잡이가 없어진다면 곡물을 갈 수 없는 '황당'한 상황이 되었을 것입니다. 여기서 '어처구니없다'라는 말이 유래했습니다.

7. ④는 똑똑한 생각을 격려해주어야 하는 상황이므로 '어처구니없다'보다 '대견하다', '기특하다' 등의 말이 어울립니다.

어법·어휘편 해설

[1단계] '당황'은 놀라거나 다급하여 어찌할 바를 모름, '설'은 어떤 것에 대한 생각이나 의견, 널리 알려지거나 일반적으로 인정되고 있는 이야기, '어원'은 어떤 말이 생겨난 근원을 뜻합니다.

[2단계] (1)에는 '어원', (2)에는 '당황', (3)에는 '설'이 자연스러운 말입니다.

[3단계] (1) 지갑을 생각하지 못하여 안 가져왔다는 문장이므로 '잊어버리고'가 알맞은 표현입니다. (2) 복잡한 백화점에서 가방이 없어졌다는 문장이므로 '잃어버렸어요'가 알맞은 표현입니다.

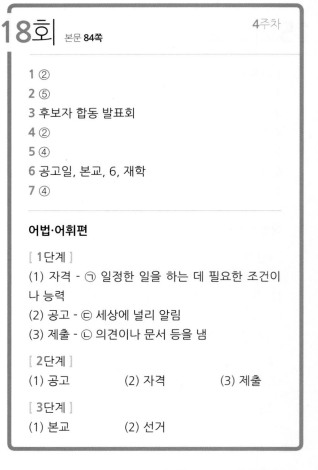

17회 본문 80쪽

4주차

1 떡국
2 ②
3 ③, ⑤
4 떡국, 무병장수, 부자, 풍년
5 무병장수
6 엽전, 재물, 엽전, 재산
7 ③

어법·어휘편

[1단계]
(1) 청결 - ㉡ 맑고 깨끗함
(2) 재물 - ㉢ 돈이나 그 밖의 값나가는 모든 물건
(3) 풍족 - ㉠ 매우 넉넉하여 부족함이 없음

[2단계]
(1) 청결   (2) 재물   (3) 풍족

[3단계]
(1) ②   (2) ①

18회 본문 84쪽

4주차

1 ②
2 ⑤
3 후보자 합동 발표회
4 ②
5 ④
6 공고일, 본교, 6, 재학
7 ④

어법·어휘편

[1단계]
(1) 자격 - ㉠ 일정한 일을 하는 데 필요한 조건이나 능력
(2) 공고 - ㉢ 세상에 널리 알림
(3) 제출 - ㉡ 의견이나 문서 등을 냄

[2단계]
(1) 공고   (2) 자격   (3) 제출

[3단계]
(1) 본교   (2) 선거

---

1. 이 글은 명절에 '떡국'을 먹는 이유를 설명한 글입니다.

2. ① 떡국이 직접 나쁜 일을 막아준다는 설명은 없습니다. ③ 가래떡이 따뜻한 기운을 준다고 믿었습니다. ④ 가래떡의 영양분에 대한 설명은 없습니다. ⑤ 떡국이 만들기 편한 음식이란 설명은 없습니다.

3. '흰색'은 청결, 순수, 근엄함을 상징합니다.

4. '떡국', '무병장수', '부자', '풍년'이 빈칸에 알맞은 말입니다.

5. '병 없이 건강하게 오래 사는' 것을 '무병장수'라 합니다.

6. 얇게 썬 떡국 떡이 '엽전'과 비슷해 떡국을 먹으며 '재물'이 풍족하길 기원했습니다. 긴 가래떡을 '엽전' 모양으로 썰면서 '재산'이 불어나길 바랐습니다.

7. 가래떡은 따뜻한 기운을 의미합니다.

어법·어휘편 해설

[1단계] '청결'은 맑고 깨끗한 상태를, '재물'은 돈이나 그 밖의 값나가는 모든 물건을 말합니다. '풍족'은 매우 넉넉하고 부족함이 없다는 말입니다.

[2단계] (1)에는 '청결', (2)에는 '재물', (3)에는 '풍족'이 자연스러운 말입니다.

[3단계] (1) 몸살의 초기 증상이 나타난다는 말이므로 ②의 뜻으로 사용되었습니다. (2) 움직일 수 있는 힘을 말하므로 ①의 뜻으로 사용되었습니다.

---

1. 이 글은 '전교 어린이 회장/부회장 선거'에 대한 정보를 전달하는 글입니다.

2. 이 글에 회장으로 뽑히면 해야 할 활동은 나오지 않습니다.

3. 3월 13일 13시(오후 1시)에는 '후보자 합동 발표회'가 다목적실에서 열린다고 하였습니다.

4. [보기]의 내용은 입후보 자격에 대한 내용이므로 ②에 들어가야 합니다.

5. '선거에 후보자로 나서는 것'을 '입후보'라고 합니다.

6. 선거에 후보로 나설 수 있는 사람은 '공고일' 현재 '본교' 학생인 사람으로, 회장 후보는 '6'학년, 부회장 후보는 6학년/5학년에 '재학' 중인 학생입니다.

7. 회장에 입후보한 사람은 '후보자 등록 신청서' 1부와 학생 3명 이상의 동의를 받은 '추천장' 1부를 제출해야 합니다. 이에 대해 설명한 것은 ④입니다.

어법·어휘편 해설

[1단계] '자격'는 일정한 일을 하는 데 필요한 조건이나 능력, '공고'는 세상에 널리 알림, '제출'은 의견이나 문서 등을 냄을 뜻하는 낱말입니다.

[2단계] (1)에는 '공고', (2)에는 '자격', (3)에는 '제출'이 자연스러운 말입니다.

[3단계] (1) '우리 학교'를 '본교'라 합니다. (2) 대표자나 임원을 뽑는 일을 '선거'라 합니다.

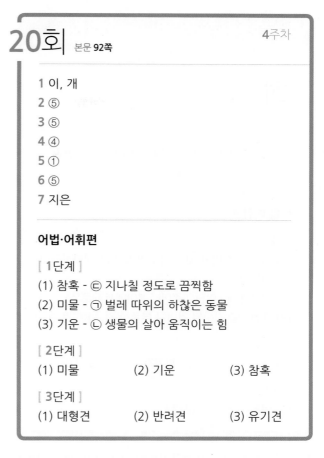

1 ②　　　　2 ⑤

3 부서진 달 조각처럼 보였다.

4 ④　　　　5 가자

6 ③　　　　7 ④

어법·어휘편

[1단계]

(1) ㉠　　　(2) ㉢　　　(3) ㉡

[2단계]

(1) ①　　　(2) ③　　　(3) ②

[3단계]

⑤

1. 이 시의 말하는 이는 듣는 이에게 함께 그믐달이 뜬 밤 숲으로 부서진 달 조각을 주우러 갈 것을 희망찬 어조로 권유하고 있습니다.

2. 이 시는 그믐달이 뜬 밤에 숲에서 반딧불이 반짝이는 모습을 표현하고 있습니다.

3. 이 시의 말하는 이는 '그믐밤 반딧불은 부서진 달 조각'이라고 표현하고 있습니다. 따라서 말하는 이는 그믐달이 떠서 어두운 숲을 밝히는 반딧불의 불빛이 원래 밤을 밝혀 주던 달이 부서져 땅에 떨어진 조각처럼 보인다고 말하고 있습니다.

4. ㉠에 쓰인 비유법은 은유법입니다. 은유법은 'A는 B이다', 'B인 A'와 같이 표현하고자 하는 대상을 다른 대상으로 대신하여 표현하는 방법입니다. 따라서 '내 동생의 얼굴(A)은 동그란 보름달(B)'에 은유법이 쓰였습니다.

5. 이 시의 말하는 이는 1연의 1행, 2행, 4행, 3연의 1행, 2행, 4행에서 '가자'라는 말을 반복하여 달 조각을 주우러 숲으로 가려는 의지를 나타내고 있습니다.

6. 이 시는 1연의 내용이 3연에 반복되는 수미상관 구조로 되어 있습니다. 이 시는 모든 연의 마지막 행이 같지 않습니다. 따라서 ③번은 잘못된 설명입니다.

7. 눈을 휘면서 웃는 모습은 초승달의 모습과 비슷합니다.

어법·어휘편 해설

[1단계] (1) '조각'이란 '한 물건에서 따로 떼어 내거나 떨어져 나온 작은 부분'이라는 뜻입니다. (2) '그믐'이란 '음력으로 한 달의 마지막 날'을 뜻합니다. (3) '반딧불'은 '꽁무니에서 빛을 내며 날아다니는 곤충'이라는 뜻입니다.

[2단계] (1) 단단한 큰 바위가 깨어져 모래가 되는 것이므로 ①번의 의미로 쓰였습니다. (2) 겨울이 되면 벌레가 없어질 것이라는 기대가 무너진 것이므로 ③번의 의미로 쓰였습니다. (3) 파도가 퍼지고 흩어지는 것이므로 ②번의 의미로 쓰였습니다.

[3단계] 청유형은 화자가 청자에게 어떠한 행위를 함께할 것을 권유하는 문장 종결 유형으로 주로 문장의 끝에서 '~자', '~합시다'와 같이 나타납니다. 따라서 청유형을 사용한 문장은 ⑤번입니다.

1 이, 개

2 ⑤

3 ⑤

4 ④

5 ①

6 ⑤

7 지은

어법·어휘편

[1단계]

(1) 참혹 - ㉢ 지나칠 정도로 끔찍함

(2) 미물 - ㉠ 벌레 따위의 하찮은 동물

(3) 기운 - ㉡ 생물의 살아 움직이는 힘

[2단계]

(1) 미물　　　(2) 기운　　　(3) 참혹

[3단계]

(1) 대형견　　(2) 반려견　　(3) 유기견

1. 이 글은 '이'와 '개'에 대한 글입니다.

2. 나는 화를 내지 않고 손님에게 차분히 설명하였습니다.

3. 손님은 개처럼 크고 도움이 되는 짐승만 소중하다고 생각하였습니다. '나'의 말 중에서 '엄지손가락'은 큰 것을 뜻하고, '나머지 손가락'은 작은 것을 뜻합니다. 따라서 손님에게 ㉠, ㉡, ㉢, ㉣은 소중한 것이고, ㉤은 보잘 것 없는 것입니다.

4. '한결같다'는 '여럿이 모양이나 성질이 동일하다'라는 뜻입니다. '순간적으로'는 '매우 짧은 사이에'라는 뜻으로 '한결같이'를 대신하여 쓸 수 없습니다.

5. '나'는 큰 놈이든 작은 놈이든 모든 생명이 한결같이 살기를 원한다고 하였습니다. 그렇기 때문에 개와 이의 죽음도 동일하게 봐야 한다고 설명하였습니다. ㉮에는 '그렇기 때문에'라는 뜻을 가진 이어주는 말 '따라서'가 들어가야 합니다.

6. 이 이야기에서 크기를 떠나 모든 생물이나 사물이 소중하다는 교훈을 얻을 수 있습니다.

7. 이야기에서는 작은 생물이나 큰 생물 등 크기에 상관없이 모든 생물이 소중하다고 하였습니다. '지은'의 말처럼 작은 생명이 더 소중하다고 한 것은 아닙니다.

어법·어휘편 해설

[1단계] '참혹'은 지나칠 정도로 끔찍함, '미물'은 벌레 따위의 하찮은 동물, '기운'은 생물의 살아 움직이는 힘을 뜻하는 말입니다.

[2단계] (1)에는 '미물', (2)에는 '기운', (3)에는 '참혹'이 자연스러운 말입니다.

[3단계] (1)에는 '대형견', (2)에는 '반려견', (3)에는 '유기견'이 적절한 낱말입니다.

21회 본문 98쪽

1 ②   2 ③   3 ②

4 최초, 열기구, 엔진, 프로펠러, 온도, 제트 엔진

5 ④   6 ④   7 ④

어법·어휘편

[1단계]

(1) 시도 - ㉠ 어떤 것을 이루어 보려고 계획하거나
    행동함

(2) 획기적 - ㉢ 어떤 과정이나 분야에서 새로운 …

(3) 개선 - ㉡ 잘못된 것이나 부족한 것, 나쁜 것 …

[2단계]

(1) 개선   (2) 획기적   (3) 시도

[3단계]

(1) 덕분   (2) 탓

---

1. 이 글은 하늘을 날고자 하던 사람들의 노력과 비행기의 탄생에 관한 설명문입니다. 따라서 가장 중요한 낱말은 '비행기'입니다.

2. 최초로 하늘을 난 사람은, 1783년 프랑스의 몽골피에 형제입니다. 따라서 ③이 글의 내용과 다릅니다.

3. ㉠을 중심으로 앞문장과 뒷문장이 반대되는 내용입니다. 따라서 '하지만'을 사용해야 합니다.

4. 비행기의 발전 과정을 정리하면 1783년 몽골피에 형제가 '열기구'를 발명하여 '최초'로 하늘을 나는 데 성공했습니다. 1903년 라이트 형제는 '엔진'과 날개, '프로펠러'를 단 비행기를 발명했고 1930년 휘틀은 높은 '온도'와 압력의 가스를 내뿜어 힘을 얻는 '제트 엔진'을 발명하여 비행기의 성능을 크게 개선하였습니다.

5. 플라이어 1호는 12초 동안 약 36미터를 날았습니다. 38킬로미터를 38분 동안 난 비행기는 플라이어 3호입니다.

6. 이 글에서는 플라이어 1호와 3호에 대해 나왔습니다. '플라이어 2호'에 대한 답을 구할 수 없습니다.

7. 비행기가 하늘을 날 수 있는 까닭은 '높은 온도와 압력의 가스를 내뿜어 힘을 얻는 제트 엔진' 덕분입니다.

어법·어휘편 해설

[1단계] '시도'는 무엇인가를 이루고자 계획하고 행동하는 것이며, '획기적'은 기존의 것을 고쳐 놀라울 정도로 더욱더 좋게 만든다는 뜻입니다. '개선'은 부족한 것을 고쳐 더 좋게 만든다는 뜻입니다.

[2단계] (1) 제트 엔진은 비행기의 성능을 '개선'하였습니다. (2) 제트 엔진의 성능은 기존의 것에 비해 놀라울 정도로 훌륭했습니다. 따라서 '획기적'이 적합합니다. (3) 여러 가지 방법을 동원해서 하늘을 날고자 했으므로 '시도'가 좋습니다.

[3단계] (1) 문장의 내용이 긍정적이기 때문에 '덕분'이 어울리고 (2) 급한 성격 때문에 실수를 많이 한다는 표현에서 '탓'이 정답으로 적당합니다.

22회 본문 102쪽

1 ⑤

2 (가), (라), (나), (다)

3 지구, 자전

4 온도, 저기압, 자전, 뜨거운 공기

5 ②

6 바닷물, 북반구, 다르기

7 ⑤

어법·어휘편

[1단계]

(1) 나선 - ㉡ 소라 껍데기처럼 빙빙 비틀린 것

(2) 흡수 - ㉠ 빨아서 거두어들임

(3) 열기 - ㉢ 뜨거운 기운

[2단계]

(1) 나선   (2) 열기   (3) 흡수

[3단계]

(1) 발달   (2) 치우친다

(3) 마찬가지

---

1. 이 글은 태풍이 만들어지는 과정을 설명한 글입니다.

2. 태풍이 만들어지는 과정은 먼저 태양이 바다 주변의 공기를 데웁니다. 뜨거워진 공기는 하늘로 올라가고 커다란 비구름이 됩니다. 이 비구름은 지구의 자전으로 소용돌이치게 됩니다.

3. 태풍은 '지구의 자전'으로 회전력이 생깁니다.

4. 첫째 문단은 태풍이 만들어지는 '온도'인 26.5도에 대해 설명하고 있습니다. 둘째 문단은 '저기압'이 발달해 만들어지는 태풍, 셋째 문단은 지구의 '자전' 때문에 생긴 태풍의 회전, 마지막 넷째 문단에서는 태풍이 '뜨거운 공기'에서 에너지를 얻고 있음을 설명하고 있습니다.

5. 태풍은 바다의 '차가운 공기'가 아니라 '뜨거운 공기'에서 에너지를 얻습니다.

6. 태풍이 만들어지기 위해서는 '바닷물'의 온도가 26.5도가 넘어야 합니다. '북반구'와 남반구에서는 시기에 따라 바닷물의 온도가 '다르기' 때문에 태풍이 만들어지는 시기도 각각 다릅니다.

7. ㉯는 ㉮에서 에너지를 얻습니다. 즉 자동차는 연료에서 에너지를 얻습니다. 하지만 엄마는 핸드폰 배터리에서 에너지를 얻을 수 없습니다. 따라서 ⑤이 답입니다.

어법·어휘편 해설

[1단계] '나선'은 소라 껍데기에서 볼 수 있는 모양으로 빙빙 비틀린 모습입니다. '흡수'는 무엇인가를 빨아서 거두어들인다는 뜻입니다. '열기'는 뜨거운 기운을 뜻합니다.

[2단계] (1) 태풍의 모습은 반시계 방향의 '나선' 모양입니다. (2) 태풍은 뜨거워진 바다의 '열기'를 이용해서 이동할 수 있으며 (3) 뜨거운 바다의 공기를 '흡수'해 에너지를 얻습니다.

[3단계] (1) 태풍은 열대성 저기압이 '발달'한 것이고 (2) 지구의 자전으로 인해 북반구의 물건은 오른쪽으로 '치우치고' (3) '마찬가지로' 태풍도 오른쪽으로 휘게 됩니다.

1 ②　　2 (1) × (2) × (3) × (4) ○　　3 종량제
4 분리배출　　5 재활용 순환표시　　6 협조
7 ⑤

어법·어휘편

[1단계]

(1) 협조 - ⓒ 힘을 모아 서로 도움
(2) 배출 - ㉠ 안에서 밖으로 내보냄
(3) 재활용 - ⓛ 못 쓰게 되어 버린 물건 따위를…

[2단계]

(1) 배출　　　　(2) 재활용　　　　(3) 협조

[3단계]

수거, 배출, 배출, 배출, 수거, 수거

1. 『비닐 분리배출 안내문』이라는 제목에서 '비닐 분리배출 방법'에 대한 글임을 알 수 있습니다.

2. '돗자리', '1회용 비닐', '이물질이 묻은 비닐'은 재활용이 되지 않습니다.

3. '검정 비닐 봉투', '반쯤 풀린 비닐 랩', '구멍 송송 난 스펀지', '돌돌 말린 돗자리'는 재활용되지 않으므로 종량제 봉투에 담아서 배출해야 합니다.

4. 종류별로 나누어서 쓰레기를 버리는 것은 '분리배출'이라고 합니다.

5. 기호가 뜻하는 바는 비닐류를 재활용할 수 있다는 뜻입니다. 따라서 '재활용 순환표시'가 정답으로 적당합니다.

6. 주민들의 도움을 요청하는 내용이기에 '협조'라는 단어가 적절합니다.

7. ①흰 비닐과 검정 비닐은 모두 재활용품으로 배출할 수 없는 폐비닐류입니다. ②검정 비닐 봉투는 종량제 봉투에 담아서 버려야 하는 폐비닐류입니다. ③재활용 순환 표시 라벨이 인쇄되어 있는 비닐은 재활용품으로 배출이 가능하기 때문에 종량제 봉투에 담아 버리지 않아도 됩니다. ④섬유 재질 비닐로 만든 돗자리는 재활용이 되지 않는 폐비닐류입니다. 따라서 ①현준, ②민아, ③서현, ④주빈이는 이 안내문을 잘못 이해했다고 볼 수 있습니다. 이물질이 묻은 비닐이 재활용이 되지 않는다는 것은 적혀 있지만 그 까닭은 안내문에 적혀 있지 않으므로 ⑤영훈이는 안내문을 잘 이해했다고 볼 수 있습니다.

어법·어휘편 해설

[1단계] '협조'는 힘을 보태어 돕는다는 뜻이기에 '힘을 모아 서로 도움'이 정답으로 적절합니다. '배출'은 '안에서 밖으로 내보냄'이라는 뜻을 가졌고 '재활용'은 다시 활용한다는 뜻이기에 '못 쓰게 되어 버린 물건 따위를 쓰임새를 바꾸거나 새로 만들어 다시 씀'의 의미가 적절합니다.

[2단계] (1) 폐비닐류는 종량제 봉투를 사용하여 '배출'해야 하며 (2) '재활용' 순환표시 라벨이 붙어 있는 비닐류는 수거해 갑니다. (3) 비닐 분리배출 방법에 적극적으로 '협조'해야 합니다.

[3단계] '수거'는 거두는 것이고 '배출'은 밖으로 내보내는 것입니다. 따라서 쓰레기를 버리는 것은 '분리배출' 혹은 '분류 배출'이 정확한 표현입니다. 반면 쓰레기를 치우는 행위는 '분리수거', '분류수거'가 맞는 표현입니다.

---

1 저녁
2 4, 8
3 ⑤
4 ④
5 ⑤
6 치맛자락, 새, 바람, 고개, 풀잎, 저녁때
7 ③

어법·어휘편

[1단계]

(1) 자락 - ⓛ 옷이나 이불 따위의 아래로 드리운 넓은 조각
(2) 전송 - ⓒ 예를 갖추어 떠나보냄
(3) 기상 - ㉠ 잠자리에서 일어남

[2단계]

(1) 전송　　　　(2) 기상　　　　(3) 자락

[3단계]

긴 치맛자락을 끌고 해가 언덕을 넘어갈 제

1. 이 시는 '저녁' 무렵의 모습을 그린 시입니다.

2. 행은 시의 한 줄 한 줄을 뜻하며, 연은 행들의 집합입니다. 따라서 이 시는 '4연 8행'으로 구성되어 있습니다.

3. ㉠은 시간을 뜻하는 단어입니다. 따라서 시간과 관련되지 않은 '모양'이 정답이 됩니다.

4. 이 시는 저녁 무렵의 모습을 그리고 있습니다. 따라서 '새들마저 고요한 가운데 저녁 해가 지는 풍경'이 정답이 됩니다. 참고로 '고개 숙인 풀잎을 비추며 밝아오는 햇빛'은 아침을 뜻합니다.

5. 이 시는 총 4연으로 구성되고, 마지막 두 행이 반복되고 있습니다. 또한 사람이 아닌 대상을 사람처럼 표현하였습니다.

6. 1연에서는 해가 언덕을 넘어가는 모습을 '치맛자락'을 끌고 가는 사람에 비유했고, 2연에서는 '새'가 지저귀지 않고 '바람'이 멎은 조용한 저녁때의 모습을 나타냈습니다. 3연에서는 지는 해의 노을이 '고개'를 숙인 '풀잎'을 비추고 있다고 하였고, 4연에서는 이런 때가 '저녁때'라고 말하고 있습니다.

7. 피천득의 '저녁때'에서는 [보기]의 '보글보글'과 같은 소리나 모양을 흉내 내는 표현을 사용하지 않았습니다.

어법·어휘편 해설

[1단계] '자락'은 '옷이나 이불 따위의 아래로 드리운 넓은 조각'을 뜻하며, '전송'은 '예를 갖추어 떠나보냄'을 의미합니다. '기상'은 '잠자리에서 일어남'을 뜻합니다.

[2단계] (1) '나를 위해'와 관련된 [보기]의 단어는 '전송'이 됩니다. (2) '기상'은 잠자리에서 일어난다는 뜻입니다. (3) 바지와 관련된 [보기]의 단어는 '자락'입니다.

1 월든 호수

2 ①

3 (여름날들의) 시간을 많이 가지고 있었기 때문입니다.

4 ④

5 ⑤

6 ②

7 ⑤

어법·어휘편

[1단계]

(1) 장엄 - ㉢ 씩씩하고 웅장하며 위엄 있고 엄숙함

(2) 채굴 - ㉠ 땅을 파고 땅 속에 묻혀 있는 광물 따위를 캐냄

(3) 결실 - ㉡ 일의 결과가 잘 맺어짐. 또는 그런 성과

[2단계]

(1) 채굴   (2) 장엄   (3) 결실

[3단계]

(1) 쫓아   (2) 좇는   (3) 쫓고   (4) 좇도록

---

1. 이 수필은 '월든 호수'에 대한 글쓴이의 생각을 나타내는 글입니다.

2. 이 글은 위에서 설명하고 있듯 '월든 호수'에 대한 글쓴이의 경험과 생각을 표현하고 있습니다.

3. "저는 햇살 가득한 여름날들의~"의 문장을 통해 알 수 있습니다.

4. '노'를 통해 '배'가 움직입니다. 이와 같은 낱말 관계는 '자전거-페달'입니다.

5. 글쓴이는 젊을 때 호수에서 더 많은 시간을 보냈습니다.

6. "하지만 월든 호수는 굳어져 있지 않은~"의 문장을 통해 알 수 있습니다.

7. 이 글에서 글쓴이는 월든 호수야 말로 최고의 보물이며 자연 그 자체라고 하고 있습니다. 따라서 태윤이의 의견이 가장 적절합니다.

어법·어휘편 해설

[1, 2단계] '장엄'은 씩씩하고 웅장하며 위엄 있고 엄숙함, '채굴'은 땅을 파고 땅 속에 묻혀 있는 광물 따위를 캐냄, '결실'은 일의 결과가 잘 맺어짐. 또는 그런 성과의 뜻을 갖고 있습니다.

[3단계] 주어진 문제 (1)번과 (3)번은 "어떤 대상을 잡기 위하여 뒤를 급히 따르다", "어떤 자리에서 떠나도록 몰다."의 의미를 갖고 있으므로 '쫓다'가 적절합니다. 그리고 (2)번과 (4)번은 "목표, 이상, 행복 따위를 추구하다.", "남의 말이나 뜻을 따르다."의 의미를 갖고 있으므로 '좇다'가 적절합니다.

---

1 무게, 질량   2 (1) X (2) X (3) X (4) O

3 ③   4 ②

5 중심, 무게, 뉴턴, 질량, 천체

6 중심, 약해지, 변하지   7 ①

어법·어휘편

[1단계]

(1) 방향 - ㉢ 어떤 곳을 향한 쪽

(2) 물질 - ㉠ 물체의 본바탕

(3) 천체 - ㉡ 우주에 있는 모든 물체

[2단계]

(1) 물질   (2) 방향   (3) 천체

[3단계]

(1) ②   (2) ①

---

1. 이 글은 무게와 질량에 대한 개념을 정의하는 설명문입니다.

2. 질량의 물체의 고유한 양이기 때문에 지구 중심과 거리가 멀어져도 변함이 없습니다. 또한 지구를 포함한 모든 천체에는 물체를 끌어당기는 힘이 있습니다. 그리고 사람들은 평소에 무게와 질량을 구분해서 사용하지 않습니다.

3. 자석이 다른 극끼리 서로 당기는 힘은 지구의 중력이 아닙니다. 이 글에는 설명되어 있지 않지만 자석에서 작용하는 힘은 '자기력'이란 힘입니다. 나머지는 모두 물체가 지구로 향하게 하는 힘인 '중력'과 관련된 현상입니다.

4. 어느 곳에서도 변하지 않는다는 것은 '고유'하다는 것을 뜻합니다. 따라서 정답은 '고유한'입니다.

5. 지구는 지구 '중심'으로 물체를 잡아당기는 힘을 가지고 있고, 이 힘의 크기를 '무게'라고 합니다. '무게'는 '뉴턴'이라는 단위를 사용합니다. 반면 '질량'은 물체를 이루는 물질의 양을 뜻합니다. 지구에서는 물론이고 달과 태양과 같은 '천체'들도 물체를 끌어당기는 힘을 가지고 있습니다.

6. 3번째 단락 "아주 높은 산에 질량이 100g ~"을 보면 빈칸에 들어갈 적절한 말을 쉽게 찾을 수 있습니다.

7. 지구가 끌어당기는 힘이 1이라면 달은 1/6입니다. 따라서 지구가 달에 비해 6배의 힘으로 물체를 끌어당깁니다. 달에서 몸무게가 8N이였다면 지구는 6배의 힘으로 당기므로, 48N의 힘이 됩니다.

어법·어휘편 해설

[1단계] '방향'이란 '어떤 곳을 향한 쪽'이며, '물질'은 물체의 본바탕을 뜻합니다. '천체'는 우주에 있는 모든 물체를 뜻하며 지구, 달, 태양 등을 포함합니다.

[2단계] (1) 질량은 물체를 이루는 '물질'의 양입니다. (2) 지구는 지구 중심 '방향'으로 물체를 당기고 있습니다. (3) 모든 '천체'들은 물체를 끌어당기는 힘을 가지고 있습니다.

[3단계] (1) 집에서 학교까지의 거리를 확인하는 것이므로 '자, 저울 따위를 이용하여 길이, 무게, 온도, 속도 따위의 정도를 알아보는 것'이 정답입니다. (2) 책에 대해 알아보고 결정을 짓는 것이므로 '여러모로 따져 보고 헤아리다'가 정답입니다.

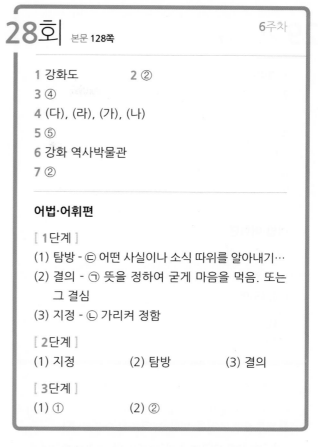

27회 본문 124쪽

1 도시, 해결
2 ③
3 ⑤
4 일자리, 생활, 편리
5 (1) ㉯ (2) ㉮ (3) ㉰
6 ⑤
7 ④

어법·어휘편

[1단계]
(1) 대기 - ㉢ 지구를 둘러싸고 있는 공기
(2) 정화 - ㉠ 더러운 것을 깨끗하게 함
(3) 배출 - ㉡ 안에서 밖으로 내보냄
[2단계]
(1) 정화   (2) 대기   (3) 배출
[3단계]
(1) 혼잡   (2) 친환경

28회 본문 128쪽

1 강화도   2 ②
3 ④
4 (다), (라), (가), (나)
5 ⑤
6 강화 역사박물관
7 ②

어법·어휘편

[1단계]
(1) 탐방 - ㉢ 어떤 사실이나 소식 따위를 알아내기…
(2) 결의 - ㉠ 뜻을 정하여 굳게 마음을 먹음. 또는
       그 결심
(3) 지정 - ㉡ 가리켜 정함
[2단계]
(1) 지정   (2) 탐방   (3) 결의
[3단계]
(1) ①   (2) ②

---

1. 이 글은 여러 가지 '도시 문제'를 '해결'하자는 내용의 글입니다.

2. '바른 말 고운 말을 쓰자'는 주장하는 글로서 논설문입니다. 제목으로 보아 '전화의 역사'와 '책은 어떻게 만들어질까?'는 설명문, '겨울 방학 안내문'은 실용문, '서울 문화 회관을 다녀와서'는 기행문이 될 수 있습니다.

3. 재생은 '죽었다 다시 살아남'의 뜻을 가지고 있습니다. '영원한 생명, 또는 영원한 삶'은 '영생'이라는 단어의 뜻입니다.

4. 도시에 많은 사람들이 모여 사는 까닭은 도시에 '일자리'가 많고 '생활'에 '편리'한 시설들이 많기 때문입니다.

5. 대기 오염은 친환경 자동차를 통해 해결이 가능합니다. 또한 교통 혼잡은 '자전거 이용', 하천 오염은 '물 재생 시설'을 통해 극복이 가능합니다.

6. 젊은 사람들의 인구가 줄어드는 것은 사실이지만 이 글에서 알 수 있는 내용이 아닙니다.

7. 지문 마지막 부분에 따르면 이러한 도시 문제는 지금부터 노력하지 않으면 안 된다고 되어 있습니다.

어법·어휘편 해설

[1, 2단계] '대기'는 지구를 둘러싸고 있는 공기입니다. '정화'는 더러운 것을 깨끗하게 한다는 뜻이며, '배출'은 안에서 밖으로 내보낸다는 뜻입니다.

[3단계] (1) 뒤섞여서 어수선하다는 단어는 '혼잡'이며 (2) 자연을 오염하지 않고 환경과 잘 어울린다는 단어는 '친환경'입니다.

---

1. 이 글은 '강화도'를 다녀오고 내용을 정리한 기행문입니다.

2. 제목은 전체의 내용을 아우르고, 부제목은 주요 내용을 알 수 있는 것이 좋습니다. 따라서 제목은 '우리나라의 역사가 살아 숨 쉬는 그곳', 부제목은 '강화도에서 역사의 흔적을 느끼다.'가 적절합니다.

3. '㉠지속적' 대신에 쓸 수 있는 표현은 '계속해서'입니다. 참조로 '지속적'이란 '어떤 상태가 오래 계속되는 것'입니다.

4. 이 글은 시간의 흐름에 따라 쓴 글이기에 글쓴이는 고려궁지에서 시작하여 강화 고인돌 공원, 강화 역사박물관, 광성보 순으로 방문하였습니다.

5. 강화도는 네 번째로 큰 섬이고 강화 역사박물관은 2010년에 새로이 개관하였습니다. 고려는 몽골의 침략을 받았고, 고인돌은 강화도를 포함하여 우리나라 각지에서 볼 수 있습니다.

6. 강화 역사박물관에는 '선사시대부터 현대까지 모든 시대별로 어떤 일이 있었는지 자세히 살펴 볼 수 있는 전시관'이 있습니다.

7. 강화도는 인천광역시에 속하기 때문에 지역번호가 인천(032)입니다.

어법·어휘편 해설

[1단계] '탐방'이란 멋진 곳을 방문하거나 무엇인가를 알기 위해서 찾아가는 것입니다. '결의'는 마음을 굳게 먹는다는 뜻이고, '지정'은 가리켜 정한다는 뜻입니다.

[2단계] (1) 선생님이 방을 정해 주는 것이기에 '지정'이 적당하며 (2) 맛집을 방문하는 것이기에 '탐방'이 적절합니다. (3) 정말 열심히 하겠다고 마음을 굳게 다잡는 것이기에 '결의'가 좋습니다.

[3단계] (1) 전체를 대강 살펴본다는 의미로 '개관'이 있습니다. 현대 문학의 역사를 대충 살펴보는 것이기에 첫 번째가 정답으로 적절합니다. (2) 반면 '개관'에는 도서관, 박물관 따위가 처음으로 문을 연다는 뜻도 있습니다. 여기서는 '개관 10주년'이라는 표현이 있기에 두 번째의 뜻이 적절합니다.

29회 본문 132쪽

1 강아지
2 ②
3 ③
4 ①
5 6
6 ④
7 ③

어법·어휘편
③

[2단계]
(2), (3)에 ○

[3단계]
(2)에 ○

---

1. 이 시에서 중심이 되는 글감은 '강아지'입니다.

2. 이 시의 7행을 통해 이 시의 말하는 이가 이웃집에서 강아지 두 마리를 받은 후에 이 시를 적었다는 것을 알 수 있습니다.

3. ㉠'견줄'의 뜻은 '마주놓고 비교할'입니다. 따라서 바꾸어 쓸 수 있는 낱말은 '비교할'입니다.

4. 이 시에는 강아지가 주인에 대한 충성심이 강하다는 특징이 드러나 있지 않습니다.

5. [보기]는 강아지가 자는 것을 몰래 엿보며 조심스럽게 다가갔는데도 강아지가 이를 알아차리고 반겨 주었다는 내용입니다. 이러한 경험을 떠올릴 수 있는 행은 6행입니다.

6. 이 시의 말하는 이는 자신이 강아지를 귀여워하는 마음을 그대로 드러내고 있습니다. 이 시의 특징으로 알맞지 않은 것은 ④입니다.

7. [보기]는 강아지가 뛰어난 후각과 청각을 통해 사람을 기억하고 알아볼 수 있다는 내용입니다. 이러한 내용은 이 시의 3행과 4행에 있습니다.

어법·어휘편 해설

[1단계] '날쌔다'의 뜻은 '움직임이 가볍고 빠르다'입니다. 비슷한 뜻을 가진 낱말이 아닌 것은 '움직임이 느리다'라는 뜻을 가진 '둔하다'입니다.

[2단계] [보기]의 '귀신같이'의 뜻은 '동작이나 추측이 매우 정확하거나 재주가 놀라울 정도로 뛰어나게'입니다. (2) 탐정이 범인이 남긴 흔적을 매우 정확하게 찾아낸 것이기 때문에 [보기]의 뜻으로 쓰였습니다. (3) 우리 집 강아지가 간식이라는 단어를 놀라울 정도로 잘 알아듣는 것이기 때문에 [보기]의 뜻으로 쓰였습니다.

[3단계] '머무르며'의 뜻은 '일시적으로 어떤 곳에서 묵거나 살다'입니다. 가족과 캠핑장에서 잠깐 머무르면서 여름 휴가를 보낸 것이기 때문에 밑줄 친 부분의 뜻은 (2)가 알맞습니다.

30회 본문 136쪽

1 오즈   2 ②
3 (1) 사자 - 용기, (2) 허수아비 - 뇌,
(3) 양철 나무꾼 - 심장
4 ④   5 ④
6 ⑤   7 ③

어법·어휘편

[1단계]
(1) 야생 - ㉠ 산이나 들에서 나서 자란
(2) 증거 - ㉡ 어떤 사실을 증명할 수 있는 근거
(3) 합류 - ㉢ 다른 사람이나 단체 따위와 …

[2단계]
(1) 나동그라져   (2) 줄행랑치며
(3) 맞닥뜨려

[3단계]
(1) 정성, 정성껏   (2) 마음, 마음껏

---

1. 이야기의 뒷부분에서 도로시 일행은 각자의 소원을 부탁하기 위해 마법사인 '오즈'에게 가고 있다는 것을 알 수 있습니다.

2. '㉡작은 개'는 토토를, 나머지는 모두 사자를 가리키는 말입니다.

3. 겁쟁이인 사자는 '용기'를, 머리가 짚으로 채워진 허수아비는 '뇌'를, 심장이 없는 양철 나무꾼은 '심장'을 오즈에게 달라고 할 것이라 말하고 있습니다.

4. '㉤저으며'는 '머리나 손을 좌우로 흔들며'라는 의미로, '내저으며'나 '가로저으며'와 바꾸어 쓸 수 있고 주로 거절할 때 하는 행동입니다. 반면 '끄덕이며'는 '고개를 아래위로 거볍게 움직이며'라는 뜻으로, '저으며'와 움직이는 방향이 다르고 주로 동의할 때 하는 행동입니다.

5. 사자의 말을 주의 깊게 보면, 사람을 무서워하기에 자신으로부터 달아나도록 일부러 크게 으르렁댄다는 것을 알 수 있습니다. 즉 사람을 피하기 위해 위협한 것이므로, 도망치는 사람을 굳이 뒤쫓지 않고 다행이라고 생각했을 것입니다.

6. 사자가 자신이 겁쟁이라서 불행하다고 여기고 눈물을 훔치면서 한 말이므로, '울상을 지으며 힘없는 목소리로' 읽어야 합니다.

7. 사자는 오즈가 자신에게 용기를 줄 것을 기대하며 ㉢과 같이 말했습니다. 곧이어 사자가 길동무로 합류한 것으로 볼 때, 사자는 도로시 일행에게 '함께 오즈에게 가고 싶다'라고 말했을 것입니다.

어법·어휘편 해설

[1단계] '야생'은 '산이나 들에서 나서 자란'이라는 뜻이고, '증거'는 '어떤 사실을 증명할 수 있는 근거'를 말합니다. '합류'는 '다른 사람이나 단체 따위와 하나로 합쳐 행동을 같이함'을 의미합니다.

[2단계] (1) 물건이 아무렇게나 내팽개쳐진 모습을 '나동그라져' 있다고 표현할 수 있습니다. (2) '줄행랑치며'는 '도망치며'와 같은 의미입니다. (3) 경찰과 도둑이 만나 마주 대하게 된 상황에는 '맞닥뜨려'가 어울립니다.

[3단계] '정성'의 뒤에 '-껏'이 붙으면 '정성을 다해서'라는 의미가, '마음'에 접미사 '-껏'이 붙으면 '마음을 다해서'라는 의미가 됩니다.

31회
본문 142쪽

1 ③   2 ⑤
3 특수한, 위조, 인쇄, 검사, 한국은행
4 위치 추적 장치   5 ①
6 목화솜, 물, 찢어지지   7 ②

어법·어휘편

[1단계]
(1) 특수 - ㉢ 특별히 다름
(2) 추적 - ㉠ 뒤를 밟아 쫓아감
(3) 출동 - ㉡ 군대, 경찰, 소방대 등이 어떤 일을…

[2단계]
(1) 특수   (2) 출동   (3) 추적

[3단계]
(1) 반복되는   (2) 꼼꼼하게

---

1. 이 글은 '돈을 만드는 과정'에 대해 설명하는 글입니다.

2. 그림을 인쇄판에 옮겨 새길 때 두 개의 판을 만듭니다.

3. 한국은행과 한국 조폐 공사에서 돈을 만드는데, 돈은 면을 이용한 '특수한' 종이로 만들고 숨은 그림과 무늬, 색 등이 들어갑니다. 그림판을 만들고 인쇄판에 옮겨 새길 때 무늬를 인쇄하는 판과 '위조'를 막는 판을 만듭니다. 그러고 난 뒤에 '인쇄'를 하고 '검사'를 합니다. 마지막으로 완성된 돈은 '한국은행'으로 옮겨지고 세상에 나옵니다.

4. 돈을 나르는 차에는 '위치 추적 장치'가 설치되어 있습니다.

5. '어떤 물건을 다른 사람을 속이려고 꾸며 진짜처럼 만듦'의 뜻을 가진 단어는 '위조'입니다.

6. '목화솜'으로 된 면은 '물'에 닿아도 다른 종이에 비해 쉽게 '찢어지지' 않습니다.

7. 셋째 문단에 위조를 막기 위한 방법이 쓰여 있습니다. 위조를 막기 위해 지폐에 숨은 그림을 인쇄하여 넣는다고 설명하고 있습니다. 이 설명에 맞는 것은 ②입니다.

어법·어휘편 해설

[1단계] '특수'는 '특별히 다름'이라는 뜻이며, '추적'은 '뒤로 밟아 쫓아감'이라는 뜻입니다. '출동'은 '군대, 경찰, 소방대 등이 어떤 일을 하려고 떠남'의 뜻을 가지고 있습니다.

[2단계] (1) 가짜 돈을 만들기 어렵게 하고자, 여러 가지 숨은 그림과 복잡한 무늬를 넣는 '특수'한 제작 과정을 거칩니다. (2) 사고가 나면 경찰이 즉각 '출동'합니다. (3) 돈을 나르는 차에는 위치를 '추적'할 수 있는 장치가 있습니다.

[3단계] (1) 되풀이된다는 것은 어떤 일이나 모양이 '반복된다'라는 뜻입니다. (2) 빈틈없이 차분하고 조심스럽다는 것은 '꼼꼼하다'라는 뜻입니다.

32회
본문 146쪽

1 석주명   2 나비
3 학자
4 ④
5 ④
6 ③
7 나비, 생물, 나비, 일본, 나비, 영국, 나비

어법·어휘편

[1단계]
(1) 연구 - ㉢ 깊이 조사하고 생각하여 진리를 따져…
(2) 생물 - ㉡ 생명을 가진 물체
(3) 학자 - ㉠ 연구 하는 사람

[2단계]
(1) 학자   (2) 연구   (3) 생물

[3단계]
(1) ②   (2) ①   (3) ③

---

1. 이 글은 '석주명'에 대한 전기문입니다.

2. 석주명은 우리나라 '나비' 연구자입니다. 따라서 그는 '나비'를 연구했다고 말할 수 있습니다.

3. 연구하는 사람을 '학자'라고 부릅니다.

4. 석주명은 영국 왕립 아시아 학회로부터 편지를 받은 뒤에 온갖 정성을 쏟아 나비에 대한 책을 쓰고 그 책을 영국 왕립 도서관에 보냅니다. 따라서 (가)의 내용은 '조선에 있는 모든 나비에 대해 책으로 써 주십시오.'가 적절합니다.

5. 이 글에서는 석주명이 언제 태어났고 언제 죽었는지 나와 있지 않습니다. 또한 석주명이 쓴 책의 이름도 알 수 없습니다. 하지만 그가 일본에서 공부했다는 것은 알 수 있습니다.

6. 석주명 선생님은 어렸을 때 개와 고양이뿐만 아니라 비둘기, 도마뱀까지 기를 만큼 동물을 좋아하였습니다. 따라서 '동준'이의 말은 옳지 않습니다.

7. 석주명 선생님은 우리나라 '나비' 연구가이자 '생물'학자입니다. 석주명 선생님이 '나비'를 연구하기로 마음먹은 것은 '일본'에서 공부하던 때였습니다. 우리나라에 돌아온 그는 '나비' 연구에 몰두하였고, '영국' 왕립 아시아 학회로부터 편지를 받은 뒤 더욱 '나비' 연구에 몰두하여 우리나라 '나비'에 대한 책을 썼습니다.

어법·어휘편 해설

[1단계] '연구'는 무엇인가를 '깊이 조사하고 생각하여 진리를 따져 보는 것'입니다. '생물'은 살아 있는 것 또는 '생명을 가진 물체'를 뜻합니다. '학자'는 '연구 하는 사람'입니다.

[2단계] (1) 국어에 대해 공부하는 사람이므로 '학자'가 적절합니다. (2) 미국의 NASA는 우주에 대해 '연구'하는 곳입니다. (3) '생물'은 살아 있기 때문에 함부로 죽이면 안 됩니다.

[3단계] (1) 마음을 굳게 먹었다는 뜻은 마음을 '단단히' 먹었다는 뜻입니다. (2) '몰두'란 어떤 일에 온 정신을 다 기울여 집중한다는 뜻입니다. 따라서 '집중'이 정답으로 좋습니다. (3) '온갖'은 '모든'을 뜻합니다.

33회 본문 150쪽

1 ⑤

2 (1) ○ (2) X (3) X (4) X

3 ③

4 ⓒ, ㉠, ㉡, ㉢

5 ③

6 의무실, 의무실, 구급함

7 ②

어법·어휘편

[1단계]

(1) 할인 - ㉠ 일정한 값에서 얼마를 뺌

(2) 제시 - ㉢ 물건을 내어 보임

(3) 운영 - ㉡ 어떤 대상을 관리하고 경영함

[2단계]

(1) 제시   (2) 할인   (3) 운영

[3단계]

(1) 안내   (2) 연구

---

1. 이 글은 어린이 놀이동산 이용과 관련하여 자주 하는 질문을 모아 놓은 글입니다. 이를 통해 우리는 '어린이 놀이동산을 이용할 때 필요한 내용'을 알 수 있습니다.

2. 어린이 놀이동산 안에서는 자전거를 탈 수 없으며, 의무실은 정문 고객안내센터에 있습니다. 식당에서 도시락을 먹으면 분리배출을 해야 하고, 12월에는 의무실이 저녁 6시까지 운영됩니다.

3. 놀이동산 안에는 밥을 먹을 수 있는 공간이 여럿 있지만, 정문에 있는 고객안내센터에서는 먹을 수 없습니다.

4. 첫 번째 질문과 답변을 참조하면 먼저 놀이동산 입구에 있는 매표소에 가서, 매표소 직원에게 인증번호를 제시해야 합니다. 그러면 이용권으로 교환받을 수 있고 그다음부터 놀이기구를 이용하면 됩니다. 따라서 순서는 ⓒ, ㉠, ㉡, ㉢입니다.

5. '물건을 사다'는 '구매'입니다. '물건을 팔다'는 '판매'입니다.

6. 어린이 놀이동산 안에서 다쳤을 때는 고객안내센터 안에 있는 '의무실'에 가야 합니다. 만약 의무실이 닫혀 있다면 입구의 경비실에 있는 '구급함'을 이용합니다.

7. 의무실이 안 열려 있을 땐 매표소가 아니라 '경비실'의 구급함을 이용해야 합니다.

어법·어휘편 해설

[1단계] '할인'이란 '일정한 값에서 얼마를 뺀 것'을 뜻합니다. '제시'란 '물건을 내어 보인다'라는 뜻이며, '운영'은 '어떤 대상을 관리하고 경영한다'라는 뜻입니다.

[2단계] (1) 매표소 직원에게 인증번호를 내어 보이는 것이므로 '제시'가 적절하며 (2) 놀이동산 이용권 중 [보기]에서 들어갈 만한 단어는 '할인'밖에 없습니다. (3) 의무실이 여는 시간을 '운영'시간이라고 합니다.

[3단계] (1) '안내소'는 '안내'하는 곳이며 (2) '연구소'는 무엇인가를 '연구'하는 곳입니다.

34회 본문 154쪽

1 두부

2 ①, ④

3 ③

4 ②

5 ④

6 ⑤

7 ③

어법·어휘편

[1단계]

(1) 천성 - ㉡ 본래 타고난 성격이나 성품

(2) 본디 - ㉢ 처음부터 또는 근본부터

(3) 진미 - ㉠ 참 좋은 맛

[2단계]

(1) 진미   (2) 본디   (3) 천성

[3단계]

(1) 천하   (2) 천국   (3) 천성

---

1. 이 시는 김시습의 '두부'로서, '두부'에 대한 시입니다.

2. 이 시의 두 번째 줄을 보면 '둥글고 빛나서 동산에 뜬 달과 똑같네.'라는 표현이 있습니다. 이를 통해 '동산에 뜬 달'과 '두부'의 공통점은 '둥글다'와 '빛난다'하는 것을 알 수 있습니다.

3. 이 시는 원래 김시습이 한 노파가 두부를 맛있게 먹고 있는 모습을 보고 쓴 시입니다. 또한 '이 빠진 어르신에게는 제일 좋구나.' 등의 표현을 생각한다면 '밝고 경쾌하게' 읽는 것이 좋습니다.

4. 두부를 동산에 뜬 달에 빗대어 표현하였습니다.

5. 두부가 제일 맛있다고 할 수 없지만, 이 빠진 어르신에게는 먹기 편합니다. 따라서 나의 스마트폰이 제일 좋다고 할 수 없지만 나에게 필요한 기능만 있다면 더할 나위 없이 좋다고 할 수 없습니다.

6. '머리 벗겨지고 이 빠진 어르신에게는 제일 좋구나.'처럼 말한 것은 두부가 이가 빠진 어르신이라도 먹기 좋게 부드럽기 때문입니다.

7. '용'과 '봉황'은 상상 속의 동물입니다. 따라서 용과 봉황을 이용한 음식은 없습니다. 이 시에서 말하는 '용을 삶고 봉황을 구운 진미'는 세상에서 구할 수 없는 정말 맛있는 요리를 뜻합니다.

어법·어휘편 해설

[1단계] '천성'은 '본래 타고난 성격이나 성품'을 뜻하며, '본디'는 '처음부터 또는 근본부터'의 뜻입니다. '진미'란 '참 좋은 맛'을 뜻합니다.

[2단계] (1) 음식과 관련된 [보기]의 단어는 '진미'입니다. (2) 문맥상 빈칸에 들어갈 말은 '본디'입니다. (3) 타고났다는 점에서 '천성'이 답이 됩니다.

[3단계] (1) 이 넓은 ○○은 넓은 세상을 의미합니다. 따라서 '천하'가 답이 됩니다. (2) 지옥과 대비되는 단어는 '천국'입니다. (3) '그는 영특하면서 ○○이 부드러웠다'에서 ○○은 성격과 관련된 것입니다. 따라서 [보기]의 '천성'이 정답이 됩니다.

35회 본문 158쪽

1 바느질

2 바늘, 가위, 다리미, 인두, 골무, 실, 자에 ○표

3 ⑤   4 ③

5 아이가 바느질을 할 때 다치지 않게 손가락을 감싸 보호해 주기 때문이다.

6 ②   7 ④

어법·어휘편

[1단계]
(1) ㉃   (2) ㉄   (3) ㉅

[2단계]
(1) 흡족한   (2) 볼품없는   (3) 현명한

[3단계]
(1) ②   (2) ③

36회 본문 164쪽

1 ③   2 ⑤   3 ⑤

4 타악기, 장구, 줄, 입, 단소   5 풍물놀이

6 타악기, 치, 두드려   7 ⑤

어법·어휘편

[1단계]
(1) 웅장하다 - ㉠ 규모 따위가 거대하고 성대하다.
(2) 전통 - ㉢ 한 집단에서 옛날부터 이어져 내려오는 것
(3) 보존 - ㉡ 망가지거나 없어지지 않게 지키는 것

[2단계]
(1) 전통   (2) 보존   (3) 웅장

[3단계]
(1) ①   (2) ②

---

1. 글에 나오는 일곱 동무는 바느질하는 데에 쓰입니다.

2. 본문의 첫 번째 문단을 통해 반짇고리 속의 '바늘, 자, 가위, 인두, 다리미, 실, 골무'가 이 글에서 말하는 일곱 동무에 포함된다는 것을 알 수 있습니다.

3. 본문의 '다른 동무들과 다르게 불평을 하지 않았던 골무가 조심스럽게 말했습니다.'라는 문장을 참고하면 골무는 불평하지 않았음을 알 수 있습니다.

4. ⓐ, ⓑ, ⓓ, ⓔ는 바늘, ⓒ는 실을 나타냅니다.

5. 골무는 아이가 바느질할 때 다치지 않게 손가락을 감싸 보호해 주는 역할을 하기 때문에 자신이 가장 중요하다고 말했습니다.

6. 아이가 동무들을 야단치는 상황입니다. 동무들이 자신의 공을 겸손하게 생각하지 않고 자랑만 했기 때문입니다. 이러한 상황에 잘 어울리는 속담은 '속이 꽉 찬 사람은 인격이나 지식의 정도가 높아질수록 점점 더 겸손해진다.'라는 뜻인 '벼는 익을수록 고개를 숙인다.'입니다.

7. 이 이야기는 바느질할 때 사용하는 물건들을 말하고 생각하는 사람처럼 나타내고 있습니다.

어법·어휘편 해설

[1단계] (1) '볼품없는'은 '겉으로 드러난 모습이 초라한'이라는 뜻입니다. (2) '흡족한'은 '조금도 모자람이 없도록 넉넉해 만족한'이라는 뜻입니다. (3) '현명한'은 '마음이 너그럽고 슬기로우며 일의 중요한 뜻을 잘 아는'이라는 뜻입니다.

[2단계] (1) 생일 선물을 잔뜩 받은 동생이 넉넉한 선물에 만족스러워하는 얼굴로 잠들었다는 뜻이므로 '조금도 모자람이 없도록 넉넉해 만족한'이라는 의미의 '흡족한'을 써야 합니다. (2) 식당은 낡고 초라한 모습이었지만 맛이 뛰어나 손님이 많았다는 뜻의 문장이므로 '겉으로 드러난 모습이 초라한'이라는 뜻의 '볼품없는'을 써야 합니다. (3) '어떤 상황에서도 좋은 선택을 할 수 있는 판단력'에 어울리는 수식어는 '일의 중요한 뜻을 잘 아는'이라는 뜻의 '현명한'입니다.

[3단계] (1) '굽혀'는 'ㅂ+ㅎ'이 만나 'ㅍ'의 소리가 납니다. [구펴]라고 발음하는 것이 옳습니다. (2) '척하고'는 'ㄱ+ㅎ'이 만나 'ㅋ'의 소리가 납니다. [처카고]라고 발음하는 것이 옳습니다.

---

1. 이 글은 우리 조상들의 악기에 관한 글이기에 중심이 되는 낱말은 '전통 악기'가 됩니다.

2. '가야금'은 왕산악이 만든 악기가 아니라 가야국의 가실왕이 만들었습니다. 왕산악이 만든 악기는 '거문고'입니다.

3. 우리나라 전통 악기는 소리를 내는 방법에 따라 분류합니다.

4. 이 글의 내용을 정리하면 전통 악기는 '타악기', 현악기, 관악기로 나눌 수 있습니다. '타악기'는 몸체를 치거나 두드려서 소리를 내는 악기로서 소고, '장구' 등이 있습니다. 현악기는 '줄'을 이용해서 소리를 내는 악기입니다. 가야금, 거문고 등이 있습니다. 마지막으로 관악기는 '입'으로 불어서 소리를 내는 악기로서 '단소' 등이 있습니다.

5. 우리나라 고유의 음악으로 나발, 소고, 꽹과리, 북, 장구, 징 같은 악기를 불거나 치면서 노래하고 춤추는 것은 '풍물'놀이입니다.

6. 꽹과리는 몸체를 '치'거나 '두드려'서 소리를 내는 '타악기'입니다.

7. 지호가 관악기인 단소를 연주하기 때문에, 관악기가 없어 관악기를 연주하겠다는 민우의 말이 잘못 되었습니다.

어법·어휘편 해설

[1단계] '웅장하다'는 '규모 따위가 거대하고 성대하다'라는 뜻으로, 비슷한 말로 으리으리하다 등이 있습니다. '전통'이란 '한 집단에서 옛날부터 이어져 내려오는 것'을 뜻합니다. '보존'이란 '망가지거나 없어지지 않게 지키는 것'을 의미합니다.

[2단계] (1)[보기]에서 악기와 관련된 단어는 '전통'이며 (2) 박물관과 어울리는 단어는 '보존'입니다. (3) '힘차면서'와 관련된 단어는 '웅장'입니다.

[3단계] '돋우다'는 '어떤 것이 생겨나게 하다'의 뜻을 가지고 있습니다. 입맛과 관련해서는 '입맛을 생겨나게 하다' 즉 '좋아지게 하다'로 연결됩니다. 따라서 (1)의 화와 관련해서는 ①의 생겨나게 하다가 정답이고 (2)의 입맛과 관련해서는 ②의 입맛이 '좋아지게 하다'가 바른 뜻풀이입니다.

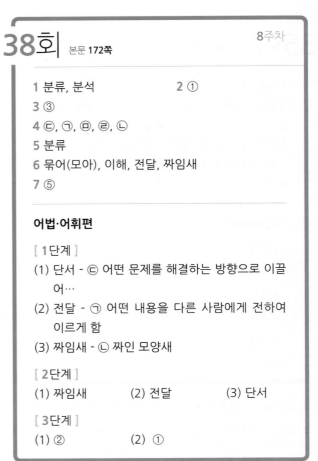

37회 본문 168쪽

1 ③　　　　　　2 ③

3 전구, 50, 기념

4 ④

5 호기심, 발명품, 축음기, 전구

6 목소리, 축음기, 전구, 영사기

7 ⑤

어법·어휘편

[1단계]

(1) 외면 - ⓒ 어떤 생각이나 사실 따위를 인정하지
　　않고…

(2) 만족 - ㉠ 충분히 마음에 듦

(3) 헌신 - ⓛ 몸과 마음을 바쳐 있는 힘을 다함

[2단계]

(1) 외면　　　　(2) 헌신　　　　(3) 만족

[3단계]

(1) 서슴없이　　(2) 끊임없이　　(3) 틈틈이

---

1. 이 글은 에디슨의 삶과 발명품에 관한 전기문입니다.

2. 에디슨의 발명품이 처음부터 사람들의 사랑을 받은 것이 아니었습니다.

3. 1929년에는 '전구' 발명 '50'주년을 '기념'하는 축하 모임이 열렸습니다.

4. '너무 놀라 비명'을 지른 것은, 에디슨의 발명품이 무섭거나 두려웠기 때문이 아닙니다. 비명을 지를 만큼 사람들이 에디슨의 발명품에 '감탄'했기 때문입니다.

5. 에디슨은 '호기심'이 많아 궁금증이 풀릴 때까지 노력하였습니다. 어른이 되어서도 '발명품'을 만들어 사람들에게 보여주었지만 처음에는 외면당하였습니다. 그럼에도 에디슨은 끊임없이 노력하여 '축음기'와 '전구' 등을 발명하였습니다.

6. 에디슨의 발명품에는 사람의 '목소리'를 담는 '축음기', '전구', '영사기' 등이 있습니다.

7. 엄지의 말에 따르면, 어른이 될 때까지 기차에서 연구를 한 것이 되는데 지문에 따르면 에디슨은 기차에서 큰불을 내서 기차에서 쫓겨났습니다. 따라서 엄지의 말이 적절하지 않습니다.

어법·어휘편 해설

[1단계] '외면'이란 어떤 생각이나 사실 따위를 인정하지 않고 무시한다는 의미입니다. '만족'이란 '충분히 마음에 들어한다.'라는 뜻이고, '헌신'은 '몸과 마음을 바쳐 있는 힘을 다한다.'라는 의미입니다.

[2단계] (1)[보기]에서 '~당했습니다.'와 어울리는 단어는 '외면'입니다. (2) 큰 박수를 보낸 까닭은 에디슨의 노력과 '헌신' 때문입니다. (3) 도움이 되었기에 '만족'할 수 있습니다.

[3단계] (1) '서슴없이'는 망설임이나 거침이 없는 모습이며 (2) 끊이지 아니하는 것은 '끊임없이'입니다. (3) 시간이 남을 때마다는 '틈틈이'의 뜻입니다.

38회 본문 172쪽

1 분류, 분석　　　　　　2 ①

3 ③

4 ⓒ, ㉠, ⓜ, ⓛ, ⓛ

5 분류

6 묶어(모아), 이해, 전달, 짜임새

7 ⑤

어법·어휘편

[1단계]

(1) 단서 - ⓒ 어떤 문제를 해결하는 방향으로 이끌
　　어…

(2) 전달 - ㉠ 어떤 내용을 다른 사람에게 전하여
　　이르게 함

(3) 짜임새 - ⓛ 짜인 모양새

[2단계]

(1) 짜임새　　　(2) 전달　　　(3) 단서

[3단계]

(1) ②　　　　　(2) ①

---

1. 이 글은 '분류'와 '분석'에 대한 설명문입니다. 따라서 중심 낱말로서 '분류'와 '분석'을 들 수 있습니다.

2. '~로 나눈다.', '~로 분류된다.'는 '분석'이 아니라 '분류'에 해당되는 내용입니다.

3. 정낭이 세 개면 집주인이 아주 먼 곳에 가 있어 꽤 오랜 시간이 지나야 집에 돌아온다는 뜻입니다. 따라서 ③이 정답입니다.

4. 분류의 방법에 따라 설명하면, 먼저 운동을 기구를 기준으로 나눕니다. 그리고 기구가 없는 운동과 그에 대한 설명 및 예시가 필요합니다. 그다음으로 기구가 필요한 운동과 그에 대한 설명과 예시가 필요합니다. 따라서 정답은 ⓒ-㉠-ⓜ-ⓛ-ⓛ의 순이 됩니다.

5. '분류'는 '여러 가지가 뒤섞여 있는 가운데 종류가 같은 것끼리 모아서 나누는 것'을 뜻합니다.

6. 분류의 방법을 이용하여 같은 것끼리 '묶어'서 살펴볼 수 있기에 '이해'하기가 쉽습니다. 분석의 방법을 이용하면 '전달'하고자 하는 내용을 '짜임새' 있게 정리해서 표현할 수 있습니다.

7. ①~④는 분류에 따른 방법이고, ⑤번은 분석입니다.

어법·어휘편 해설

[1단계] '단서'는 '어떤 문제를 해결하는 방향으로 이끌어 가는 일의 첫 부분'으로 '단서를 찾다', '단서를 잡다' 등의 표현을 사용합니다. '전달'은 '어떤 내용을 다른 사람에게 전하여 이르게 한다'라는 뜻이며, '짜임새'는 '짜인 모양새'를 뜻합니다.

[2단계] (1) 분석은 '짜임새' 있게 정리하고 표현하는데 도움이 됩니다. (2) 분석의 방법을 활용하면 '전달'하는 내용을 짜임새 있게 정리할 수 있습니다. (3) 분류라는 것을 알 수 있는 '단서'로서 '~로 나눈다', '~로 분류된다' 등이 있습니다.

[3단계] (1) 이야기를 나누는 것은 ②의 주고받다의 의미이며 (2) 청군과 백군으로 나눈다는 것은 ①의 분류하다의 뜻입니다.

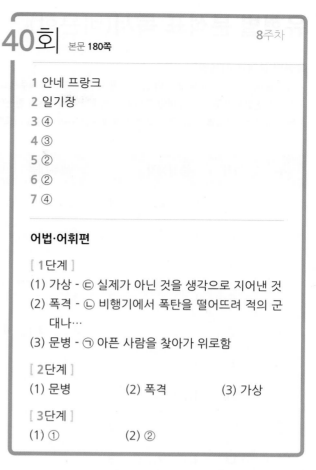

1 흥부, 흥부 아내, 놀부, 놀부 아내
2 북
3 ④
4 ②
5 ⑤
6 ④
7 ④

어법·어휘편

[1단계]
(1) 조명 - ㉠ 빛으로 밝게 비춤. 또는 그 빛
(2) 만신창이 - ㉢ 온몸이 상처투성이가 됨
(3) 농악 - ㉡ 농촌에서 농부들 사이에 행하여지는…

[2단계]
(1) 농악   (2) 만신창이   (3) 조명

[3단계]
비극

1 안네 프랑크
2 일기장
3 ④
4 ③
5 ②
6 ②
7 ④

어법·어휘편

[1단계]
(1) 가상 - ㉢ 실제가 아닌 것을 생각으로 지어낸 것
(2) 폭격 - ㉡ 비행기에서 폭탄을 떨어뜨려 적의 군대나…
(3) 문병 - ㉠ 아픈 사람을 찾아가 위로함

[2단계]
(1) 문병   (2) 폭격   (3) 가상

[3단계]
(1) ①   (2) ②

1. 이 이야기는 연극으로 등장인물로는 '흥부', '흥부 아내', '놀부', '놀부 아내'가 있습니다.

2. 북은 이 연극에서 흥을 돋울 때 사용합니다.

3. 밑줄 친 ㉠은 소리나 모양을 흉내 내는 표현이 사용되지는 않았습니다.

4. ㉡의 '생각'은 흥부의 말에서 그 뜻을 찾을 수 있습니다. 즉 '제 생각대로 놀부 형님네와 함께 살아도 될까요?'에서 흥부네는 '놀부네와 함께 사는 것에 대해 생각'하고 있음을 알 수 있습니다.

5. 흥부와 흥부 아내가 놀부 부부를 만난 곳은 '길가'입니다.

6. 무대가 어두워지고 등장하는 것은 '흥부', '흥부 아내'입니다. 따라서 마을 사람들이 북적이는 모습은 연극에서 필요 없습니다.

7. 인물의 표정을 알 수 있는 것은 ⓐ가 아니라 [보기]입니다.

어법·어휘편 해설

[1단계] '조명'은 광선으로 밝게 비춘다는 뜻입니다. 따라서 '빛으로 밝게 비춤, 또는 그 빛'이 정답이 됩니다. '만신창이'는 '온몸이 상처투성이가 된다'라는 뜻입니다. '농악'은 '농촌에서 농부들 사이에 행하여지는 우리나라 고유의 음악'입니다.

[2단계] (1) 농부들이 흥겹게 소리를 내는 것이기에 '농악'이 정답으로 적절합니다. (2) 일이 있어 몸에 상처 등이 생겼음을 문장을 통해 알 수 있습니다. 따라서 '만신창이'가 적절합니다. (3) 밝다, 어둡다 등 빛과 관련된 단어가 제시되어 있습니다. 따라서 [보기]에서 '조명'이 가장 어울립니다.

[3단계] 연극에는 '비극', '희극', '활극' 등이 있습니다. 지영이가 본 연극은 주인공이 사랑하는 사람이 큰 병에 걸려서 죽는 슬픈 내용이기에 '비극'이 정답이 됩니다.

1. 글 (가)에서는 '안네 프랑크'가 쓴 일기에 대해 설명하고 있습니다. 따라서 (나)와 (다)의 일기를 쓴 사람은 '안네 프랑크'입니다.

2. '키티'는 안네 프랑크의 일기장 이름입니다.

3. (나)와 (다)는 일기입니다. 일기는 '자신이 보고 느낀 점을 기록하기 위해' 쓰는 개인적인 글입니다.

4. 안네는 독일군을 피해 숨어 지내고 있습니다. 따라서 슬프고 괴롭고 비참하며 불안한 상태입니다.

5. '강제'는 원하지 않는 일을 억지로 시킨다는 뜻입니다. 따라서 ②번의 '강제니까 꼭 하지 않으셔도 된다.'라는 말이 어색합니다.

6. 네덜란드의 도시들이 폭격으로 잿더미가 된 것이 아니라, 수백 대의 비행기가 네덜란드를 지나 독일의 도시를 폭격하는 것입니다.

7. 달콤한 크림 케이크를 먹고 싶어 하는 사람은 판 단 아주머니입니다.

어법·어휘편 해설

[1단계] '가상'이란 '실제가 아닌 것을 생각으로 지어낸다.'라는 뜻입니다. '폭격'이란 비행기 등에서 폭탄을 떨어뜨려 적의 군대나 시설물 등을 파괴하는 것을 뜻합니다. '문병'이란 '아픈 사람을 찾아가 위로한다'라는 뜻을 가지고 있습니다.

[2단계] (1) 병원에 있는 할아버지께 가는 것이기에 '문병'이 적절합니다. (2) 모든 집들이 부서져 버렸다는 뜻은 '폭격'과 어울립니다. (3) 게임은 진짜가 아니라 있다고 가정하고 만든 '가상'의 세계입니다.

[3단계] '대전'은 한자어에 따라 큰 전쟁을 뜻하는 대전(大戰)과 어떤 분야에 대한 사항이나 어떤 사람이 쓴 글을 빠짐없이 모아 엮은 책이란 대전(大全)이 있습니다. (2)는 큰 전쟁이기에 ②의 대전이 적절합니다.

유형별 분석표 독서(비문학)

유형별 분석표 사용법

· 회차를 마칠 때마다 해당 회차의 틀린 문제 번호에 표시를 해주세요.

· 회차가 진행될수록 학생이 어떤 유형의 문제를 어려워하는지 한눈에 알 수 있습니다.

· 뒷면에 있는 [유형별 해설]을 보고 부족한 부분을 채워나가게 지도해 주세요.

주	회차	중심생각	세부내용	구조알기	어휘·표현	내용적용	추론
1	1	1.☐ 2.☐	3.☐ 4.☐			5.☐	6.☐ 7.☐
	2	1.☐ 2.☐	3.☐	4.☐	5.☐	6.☐	7.☐
	3		1.☐ 2.☐ 3.☐	4.☐	5.☐	6.☐	7.☐
2	6	1.☐	2.☐ 3.☐	4.☐	5.☐	6.☐	7.☐
	7		1.☐ 2.☐ 3.☐ 4.☐		5.☐	6.☐	7.☐
	8	1.☐	2.☐ 3.☐	4.☐	5.☐	6.☐	7.☐
3	11	1.☐	2.☐ 3.☐	4.☐	5.☐		6.☐ 7.☐
	12	1.☐	2.☐	7.☐	3.☐ 5.☐	6.☐	4.☐
	13	1.☐ 2.☐	3.☐	7.☐	5.☐ 6.☐	4.☐	
4	16	1.☐	2.☐ 3.☐	4.☐	5.☐	6.☐	7.☐
	17	1.☐	2.☐ 3.☐	4.☐	5.☐	6.☐	7.☐
	18	1.☐	2.☐ 3.☐	4.☐	5.☐	6.☐	7.☐
5	21	1.☐	2.☐	4.☐	3.☐	5.☐	6.☐ 7.☐
	22	1.☐	2.☐ 3.☐ 5.☐	4.☐	7.☐	6.☐	
	23	1.☐	2.☐ 3.☐ 5.☐		4.☐	6.☐	7.☐
6	26	1.☐	2.☐	5.☐	4.☐	3.☐ 6.☐	7.☐
	27	1.☐	4.☐ 5.☐		3.☐	6.☐	2.☐ 7.☐
	28	1.☐ 2.☐	5.☐	4.☐	3.☐	6.☐	7.☐
7	31	1.☐	2.☐ 4.☐	3.☐	5.☐	6.☐	7.☐
	32	1.☐	2.☐ 5.☐	7.☐	3.☐	6.☐	4.☐
	33	1.☐	2.☐ 3.☐	4.☐	5.☐	6.☐	7.☐
8	36	1.☐	2.☐ 3.☐	4.☐	5.☐	6.☐	7.☐
	37	1.☐	2.☐ 3.☐	5.☐	4.☐	6.☐	7.☐
	38	1.☐	2.☐ 3.☐	4.☐	5.☐	6.☐	7.☐

유형별 분석표 문학

주	회차	중심생각	요소	세부내용	어휘·표현	작품이해	추론·적용
1	4	1. ☐	2. ☐ 4. ☐	3. ☐	5. ☐	6. ☐	7. ☐
	5	2. ☐	1. ☐	3. ☐	4. ☐ 6. ☐	7. ☐	5. ☐
2	9	1. ☐			2. ☐	3. ☐ 4. ☐ 6. ☐	5. ☐ 7. ☐
	10		1. ☐	2. ☐ 4. ☐	6. ☐	5. ☐	3. ☐ 7. ☐
3	14	1. ☐	2. ☐		4. ☐	3. ☐ 5. ☐ 6. ☐	7. ☐
	15	1. ☐	2. ☐	5. ☐	4. ☐ 6. ☐	7. ☐	3. ☐
4	19	2. ☐		1. ☐	4. ☐ 5. ☐ 6. ☐	3. ☐	7. ☐
	20	1. ☐		2. ☐	4. ☐ 5. ☐	3. ☐ 6. ☐	7. ☐
5	24	1. ☐	2. ☐	6. ☐	3. ☐ 5. ☐	4. ☐	7. ☐
	25	1. ☐ 2. ☐		3. ☐ 5. ☐	4. ☐	7. ☐	6. ☐
6	29		1. ☐	2. ☐ 4. ☐ 5. ☐	3. ☐	6. ☐	7. ☐
	30		1. ☐ 2. ☐	3. ☐	4. ☐ 6. ☐	5. ☐	7. ☐
7	34	1. ☐		2. ☐	4. ☐	3. ☐ 6. ☐	5. ☐ 7. ☐
	35	1. ☐	2. ☐ 4. ☐	3. ☐	6. ☐	5. ☐ 7. ☐	
8	39		1. ☐ 2. ☐	4. ☐ 5. ☐	3. ☐	6. ☐	7. ☐
	40	1. ☐	2. ☐	6. ☐	5. ☐	4. ☐	3. ☐ 7. ☐

유형별 길잡이 독서(비문학)

중심생각
비문학 지문에서는 대체로 중심생각을 직접 드러냅니다. 글의 맨 처음 또는 맨 마지막에 나오는 경우가 많습니다. 중심생각을 찾는 것은 글을 읽는 까닭이자 독해의 기본입니다. 만약 학생이 중심생각을 잘 찾아내지 못한다면 글을 읽는 데에 온전히 집중하지 못하고 있을 가능성이 높습니다. 이 글이 어떤 이야기를 하는지 관심을 기울여서 읽도록 지도해야 합니다.

세부내용
중심생각을 찾기 위해서는 글을 능동적으로 읽어야 한다면 세부내용을 찾기 위해서는 글을 수동적으로 읽어야 합니다. 학생이 주관에만 매여 글을 읽게 하지 마시고, 글에서 주어진 내용을 그대로 읽도록 해야 합니다. 문제를 먼저 읽고 찾아야 할 내용을 숙지한 다음 지문을 읽는 것도 세부내용을 잘 찾는 방법 중 하나입니다.

구조알기
글의 구조를 묻는 문제는 독해 문제를 처음 접하는 학생들이 특히 어려워하는 문제 유형입니다. 평소 글을 읽을 때, 글 전체의 중심내용뿐 아니라 단락마다 중심내용을 찾는 습관을 기르면 구조를 묻는 문제의 답을 잘 찾을 수 있습니다. 또한 글 전체가 어떤 흐름으로 전개되고 있는지 관심을 갖고 글을 읽으면 글의 구조를 파악하는 데 도움이 될 것입니다.

어휘·표현
글을 읽을 때, 문장 하나, 그리고 낱말 하나도 모르는 것 없이 꼼꼼히 읽는 버릇을 들이는 것이 중요합니다. 학생이 모르는 어려운 낱말을 찾는 문제는 글 속에서 그 낱말을 따로 설명하는 부분을 찾는 요령만 있으면 의외로 쉽게 맞힐 수 있습니다.

내용적용
내용 적용 문제는 무엇보다 문제가 요구하는 바를 정확히 읽어내는 것이 중요합니다. 또한 비슷비슷한 선택지에서 가장 가까운 표현을 찾아낼 줄도 알아야 합니다. 이를 위해서는 정확한 답이 보이지 않을 때, 선택지끼리 비교하는 연습을 평소에 하면 도움이 될 수 있습니다.

추론
추론 문제 또한 내용 적용 문제처럼 무엇보다 문제가 요구하는 바를 정확히 읽어낼 줄 알아야 합니다. 추론 문제는 그 주제에 대해 잘 알고 있으면 푸는 데 아주 도움이 됩니다. 따라서 평소 배경지식을 많이 쌓아두면 추론 문제에 쉽게 접근할 수 있을 것입니다.

유형별 길잡이 문학

중심생각
문학 문제는 중심생각뿐 아니라 모든 유형의 문제를 풀 때, 글쓴이의 생각이 무엇인지 계속 궁금해하면서 읽어야 합니다. 독해 문제를 풀 때뿐 아니라 다른 문학 작품을 읽을 때, 학생이 끊임없이 주제와 제목에 대해 호기심을 갖는다면 보다 쉽게 작품을 파악할 수 있을 것입니다.

요소
작품의 요소를 파악하는 문제는 그리 어려운 유형의 문제는 아닙니다. 작품 자체에 드러난 인물과 사건, 배경, 정서 등을 묻는 문제입니다. 만약 요소 유형의 문제를 학생이 많이 틀린다면 작품을 꼼꼼히 읽지 않기 때문입니다. 글을 꼼꼼히 읽는 습관을 들이도록 해야 합니다.

세부내용
비문학에서 세부내용을 찾는 문제는 사실이나 개념, 또는 정의에 대한 것을 묻지만 문학 지문에서는 사건의 내용, 일어난 사실 간의 관계, 눈에 보이는 인물의 행동에 대해 묻습니다. 때문에 작품이 그리고 있는 상황을 정확히 머릿속에 그리고 있다면 세부내용 또한 찾기 수월할 것입니다.

어휘·표현
문학에서 어휘와 표현을 묻는 문제는 인물의 심경을 담은 낱말을 글 속에서 찾거나, 아니면 그에 적절한 어휘를 고르는 문제가 대부분입니다. 성격이나 마음의 상태를 표현하는 어휘를 많이 알고 있으면 이 유형의 문제를 푸는 데 유리합니다. 이와 관련된 기본적인 어휘는 미리 공부해둘 필요도 있습니다. 비슷한 말과 반대되는 말을 많이 공부해두는 것도 큰 도움이 됩니다.

작품이해
작품이해 유형 문제는 학교 단원평가에서도 자주 출제되는 문제입니다. 작품을 미리 알고 그 주제와 내용을 이해하고 있다면 보다 쉽게 풀 수 있는 문제이지만, 처음 보는 작품을 읽고 풀면 쉽지 않을 수 있습니다. 이런 경우, 전에 읽었던 작품들 중 유사한 주제를 담고 있는 작품을 떠올리는 것이 문제 접근에 도움이 될 수 있습니다.

추론·적용
문학의 추론 문제에서는 [보기]를 제시하고 [보기]의 내용과 지문의 유사점 등을 찾아내는 문제가 많습니다. 이런 문제를 풀기 위해서는 지문의 주제나 내용을 하나로 정리할 줄 알아야 하고, 또한 문제 속 [보기]의 주제를 단순하게 정리하여 서로 비교할 줄 알아야 합니다. 무엇보다 문제 출제의 의도를 파악하는 것이 중요합니다.

뿌리깊은 국어 독해 시리즈

뿌리깊은 초등국어 독해력	뿌리깊은 초등국어 독해력 어휘편	뿌리깊은 초등국어 독해력 한자	뿌리깊은 초등국어 독해력 한국사
하루 15분으로 국어 독해력의 기틀을 다지는 초등국어 독해 기본 교재	국어 독해로 초등국어에서 반드시 익혀야 할 속담·관용어·한자성어를 공부하는 어휘력 교재	하루 10분으로 한자 급수 시험을 준비하고 초등국어 독해력에 필요한 어휘력의 기초를 세우는 교재	하루 15분의 국어 독해 공부로 초등 한국사의 기틀을 다지는 새로운 방식의 한국사 교재
• 각 단계 40회 구성 • 매회 어법·어휘편 수록 • 독해에 도움이 되는 읽을거리 8회 • 배경지식 더하기·유형별 분석표 • 지문듣기 음성 서비스 제공 (시작~3단계)	• 각 단계 40회 구성 • 매회 어법·어휘편 수록 • 초등 어휘력에 도움 되는 주말부록 8회 • 지문듣기 음성 서비스 제공 (1~3단계)	• 각 단계 50회 구성 • 수록된 한자를 활용한 교과 단어 • 한자 획순 따라 쓰기 수록 • 한자 복습에 도움이 되는 다양한 주간활동	• 각 단계 40회 구성 • 매회 어법·어휘편 수록 • 한국사능력검정시험 대비 정리 노트 8회 • 지문듣기 음성 서비스 제공 • 한국사 연표와 암기 카드

시작단계 / 예비 초등

독해력 시작단계
• 한글 읽기를 할 수 있는 어린이를 위한 국어 독해 교재
• 예비 초등학생이 읽기에 알맞은 동요, 동시, 동화 및 짧은 지식 글 수록

1단계 / 초등 1·2학년

독해력 1단계
• 처음 초등국어 독해 공부를 시작하는 학생을 위한 재밌고 다양한 지문 수록

어휘편 1단계
• 어휘의 뜻과 쓰임을 쉽게 공부할 수 있는 이솝 우화와 전래 동화 수록
• 맞춤법 공부를 위한 받아쓰기 수록

한자 1단계
• 한자능력검정시험 (한국어문회) 8급 한자 50개

한국사 1단계
(선사 시대~삼국 시대)
• 한국사를 쉽고 재미있게 이해할 수 있는 다양한 유형의 지문 수록
• 당시 시대를 보여 주는 문학 작품 수록

2단계 / 초등 1·2학년

독해력 2단계
• 교과 과정과 연계한 다양한 유형의 지문 수록
• 교과서 수록 작품 중심으로 선정한 지문 수록

어휘편 2단계
• 어휘의 쓰임과 예문을 효과적으로 공부할 수 있는 다양한 이야기 수록
• 맞춤법 공부를 위한 받아쓰기 수록

한자 2단계
• 한자능력검정시험 (한국어문회) 7급 2 한자 50개

한국사 2단계
(남북국 시대)
• 한국사능력시험 문제 유형 수록
• 초등 교과 어휘를 공부할 수 있는 어법·어휘편 수록

3단계 / 초등 3·4학년

독해력 3단계
• 초대장부터 안내문까지 다양한 유형의 지문 수록
• 교과서 중심으로 엄선한 시와 소설 수록

어휘편 3단계
• 어휘의 뜻과 쓰임을 다양하게 알아볼 수 있는 여러 가지 종류의 글 수록
• 어휘와 역사를 한 번에 공부할 수 있는 지문 수록

한자 3단계
• 한자능력검정시험 (한국어문회) 7급 한자 50개

한국사 3단계
(고려 시대)
• 신문 기사, TV드라마 줄거리, 광고 등 한국사 내용을 바탕으로 한 다양한 유형의 지문 수록

4단계 / 초등 3·4학년

독해력 4단계
• 교과 과정과 연계한 다양한 유형의 지문 수록
• 독해에 도움 되는 한자어 수록

어휘편 4단계
• 공부하고자 하는 어휘가 쓰인 실제 문학 작품 수록
• 이야기부터 설명문까지 다양한 종류의 글 수록

한자 4단계
• 한자능력검정시험 (한국어문회) 6급 한자를 세 권 분량으로 나눈 첫 번째 단계 50개 한자 수록

한국사 4단계
(조선 전기)(~임진왜란)
• 교과서 내용뿐 아니라 조선 전기의 한국사를 이해하는 데 알아 두면 좋은 다양한 역사 이야기 수록

5단계 / 초등 5·6학년

독해력 5단계
• 깊이와 시사성을 갖춘 지문 추가 수록
• 초등학생이 읽을 만한 인문 고전 작품 수록

어휘편 5단계
• 어휘의 다양한 쓰임새를 공부할 수 있는 다양한 소재의 글 수록
• 교과 과정과 연계된 내용 수록

한자 5단계
• 한자능력검정시험 (한국어문회) 6급 한자를 세 권 분량으로 나눈 두 번째 단계 50개 한자 수록

한국사 5단계
(조선 후기)(~강화도 조약)
• 한국사능력시험 문제 유형 수록
• 당시 시대를 보여 주는 문학 작품 수록

6단계 / 초등 5·6학년

독해력 6단계
• 조금 더 심화된 내용의 지문 수록
• 수능에 출제된 작품 수록

어휘편 6단계
• 공부하고자 하는 어휘가 실제로 쓰인 문학 작품 수록
• 소설에서 시조까지 다양한 장르의 글 수록

한자 6단계
• 한자능력검정시험 (한국어문회) 6급 한자를 세 권 분량으로 나눈 세 번째 단계 50개 한자 수록

한국사 6단계
(대한 제국~대한민국)
• 한국사를 쉽고 재미있게 이해할 수 있는 다양한 유형의 지문 수록
• 초등 교과 어휘를 공부할 수 있는 어법·어휘편 수록

중학 / 예비 중학~예비 고1

1단계
(예비 중학~중1)

2단계
(중2~중3)

3단계
(중3~예비 고1)

뿌리깊은 중학국어 독해력
• 각 단계 30회 구성
• 독서 + 문학 + 어휘 학습을 한 권으로 완성
• 최신 경향을 반영한 수능 신유형 문제 수록
• 교과서 안팎의 다양한 글감 수록
• 수능 문학 갈래를 총망라한 다양한 작품 수록

※단계별로 권장 학년이 있지만 학생에 따라 느끼는 난이도는 다를 수 있습니다. 학생의 독해 실력에 맞는 단계를 공부하는 것이 좋습니다.
※<뿌리깊은 초등국어 한자>는 해당 학년을 참고하시기보다는 학생의 실력에 맞는 단계를 선택해 주세요. ※<뿌리깊은 초등국어 독해력 한국사>의 단계는 독해력 난이도가 아닌 시대 순서를 바탕으로 구성되었습니다.

뿌리 깊은 나무는 바람에 움직이지 않아
꽃이 좋고 열매도 열립니다.

– 〈용비어천가〉 제2장 –

〈뿌리깊은 초등국어 독해력〉은 국어 독해를 처음 시작하는 초등학생이 뿌리 깊은 나무와 같은
국어 독해력의 기틀을 다질 수 있도록 도움을 주는 교재입니다.
또한 국어 성적뿐만 아니라 다른 과목의 성적에서도 좋은 결실을 거둘 것입니다.
국어 독해는 모든 공부의 시작입니다.

뿌리깊은 초등국어 독해력 시리즈

시 작 단 계	→	1 단 계	→	2 단 계	→	3 단 계	→	4 단 계	→	5 단 계	→	6 단 계
예비 초등(7세)~ 초등1학년		초등 1~2학년		초등 1~2학년		초등 3~4학년		초등 3~4학년		초등 5~6학년		초등 5~6학년

1. 체계적인 독해력 학습 〈뿌리깊은 초등국어 독해력〉은 모두 6단계로 이루어져 있습니다. 초등학생의 학년과 수준에 바탕을 두어 단계를 나누었습니다. 또한 일주일에 다섯 종류의 글을 공부할 수 있도록 묶었습니다. 이 책으로 초등국어 독해 공부를 짜임새 있게 할 수 있습니다.

2. 넓고 다양한 배경지식 국어 독해력은 무엇보다 배경지식입니다. 배경지식을 갖고 읽는 글과 아닌 글에 대한 독해력은 그야말로 하늘과 땅 차이입니다. 이 책은 그러한 배경지식을 쌓기 위해 초등학생 수준에 맞는 다양한 소재와 장르의 글을 지문으로 실었습니다.

3. 초등 어휘와 어법 완성 영어를 처음 공부할 때, 학생들이 가장 어려워하는 부분이 바로 어휘와 문법입니다. 국어도 다르지 않습니다. 특히 초등국어 독해에서 어휘와 어법이 제대로 잡혀 있지 않으면 글을 읽는 것 자체를 힘겨워 합니다. 때문에 이 책에서는 어법 · 어휘만을 따로 복습할 수 있는 장을 두었습니다.

4. 자기주도 학습 이 책은 학생 스스로 계획을 세우고 자신의 학습 결과를 평가할 수 있도록 꾸며져 있습니다. 학습결과를 재밌게 기록할 수 있는 학습평가 붙임딱지가 들어있습니다. 또한 공부한 날이 쌓여갈수록 학생 독해력의 어떤 점이 부족한지 알게 해주는 '문제 유형별 분석표'도 들어있습니다.

5. 통합교과 사고력 국어 독해는 모든 학습의 시작입니다. 국어 독해력은 국어뿐만 아니라 다른 모든 과목의 교과서를 읽는 데도 필요한 능력입니다. 이 책은 국어 시험에서 나올 법한 유형의 문제뿐 아니라 다른 과목시험에서 나올만한 내용이나 문제도 실었습니다.

6. 독해력 기본 완성 이 책은 하나의 글을 읽어나가는 데 꼭 짚어줘야 할 점들을 각각의 문제로 구성했습니다. 1번부터 7번까지 짜임새 있게 이루어진 문제들을 풀다보면 글의 내용을 빠짐없이 독해하도록 각 회차를 구성했습니다.

MOTHERTONGUE
마더텅출판사
since1999.4.1.

쓰레기는 봉투에 ☐☐ 된 날짜에 내놓으세요.

(실마리) 겉에 표시해 기록함 **7칸**

힘내라는 선생님의 ☐☐ 에 모두 기운을 냈다.

(실마리) 용기나 의욕이 솟아나도록 북돋워 줌 **3칸**

의사 선생님은 환자들을 ☐☐ 해주었다.

(실마리) 의사가 환자의 병 상태를 판단하는 일 **3칸**

별자리 ☐☐ 은 맑은 날 밤에 하는 것이 좋다.

(실마리) 눈이나 기계로 자연 현상을 보고 측정하는 것 **4칸**

게임에 ☐☐ 하다보면 시간이 훌쩍 지나있다.

(실마리) 어떤 일에 온 정신을 다 기울여 집중함 **9칸**

전염병을 ☐☐ 하기 위해 반 친구들 모두 주사를 맞았다.

(실마리) 일이 일어나기 전에 미리 막는 일 **3칸**

명절에 차가 많아지자 도로는 점점 ☐☐ 해졌다.

(실마리) 여럿이 뒤섞여 어수선함 **4칸**

길을 가다 물벼락을 맞다니, 이런 ☐☐ 이 있나!

(실마리) 뜻밖에 당하는 안 좋은 일 **10칸**

그 인형은 ☐☐ 중인 상품이 아닙니다.

(실마리) 상품을 팖 **3칸**

전부터 사고 싶었던 물건이 마침 ☐☐ 을 하고 있어, 기쁜 마음으로 구매했다.

(실마리) 일정한 값에서 얼마를 뺌 **3칸**

도둑질을 한 것이 ☐☐ 되었다.

(실마리) 숨겼던 것이 드러남 **10칸**

고사성어의 ☐☐ 를 알면 그 고사성어를 이해하기 쉬워진다.

(실마리) 사물이나 일이 생겨남 **9칸**

그 고을에는 잔칫상에 국수를 올리는 ☐☐ 이 있다.

(실마리) 옛날부터 전해 내려오는 생활 전체에 걸친 습관 **7칸**

봉사활동은 많은 사람들이 ☐☐ 할수록 좋다.

(실마리) 어떤 일에 끼어들어 관련 맺음 **3칸**

형제는 여러 번의 ☐☐ 끝에 결국 성공할 수 있었다.

(실마리) 어떤 것을 이루어 보려고 계획하거나 행동함 **4칸**

자동차는 연료를 태우고 가스를 ☐☐ 한다.

(실마리) 안에서 밖으로 내보냄 **7칸**

장군은 왕 앞에서 굳은 ☐☐ 를 보였다.

(실마리) 뜻을 정하여 굳게 마음을 먹음, 또는 그 결심 **10칸**

격려	표기
激 勵	表 記
격할 **격**　힘쓸 **려**	겉 **표**　기록할 **기**

몰두	관측	진단
沒 頭	觀 測	診 斷
가라앉을 **몰**　머리 **두**	볼 **관**　잴 **측**	진찰할 **진**　끊을 **단**

봉변	혼잡	예방
逢 變	混 雜	豫 防
만날 **봉**　변할 **변**	섞을 **혼**　섞일 **잡**	미리 **예**　막을 **방**

발각	할인	판매
發 覺	割 引	販 賣
쏠 **발**　깨달을 **각**	벨 **할**　끌 **인**	팔 **판**　팔 **매**

참여	풍습	유래
參 與	風 習	由 來
참여할 **참**　줄 **여**	바람 **풍**　익힐 **습**	말미암을 **유**　올 **래**

결의	배출	시도
決 意	排 出	試 圖
맺을 **결**　뜻 **의**	밀칠 **배**　날 **출**	시험할 **시**　그림 **도**

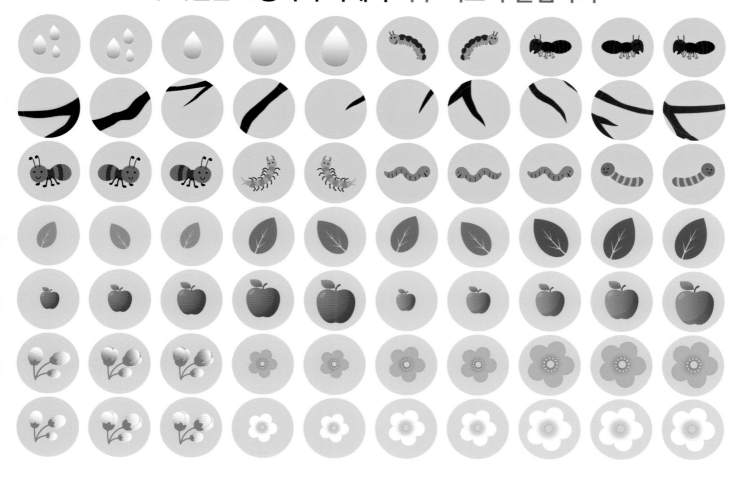